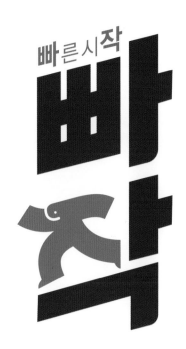

중학 국어 **비문학 독해**

3

빠른시작
빠작

| 중학 국어 빠작 시리즈

비문학 독해 0, 1, 2, 3 | 독해력과 어휘력을 함께 키우는 독해 기본서

문학 독해 1, 2, 3 | 필수 작품을 통해 문학 독해력을 기르는 독해 기본서

문학x비문학 독해 1, 2, 3 | 문학 독해력과 비문학 독해력을 함께 키우는 독해 기본서

고전 문학 독해 | 필수 작품을 통해 고전 문학 독해력을 기르는 독해 기본서

어휘 1, 2, 3 | 내신과 수능의 기초를 마련하는 중학 어휘 기본서

한자 어휘 | 한자를 통해 중학 국어 필수 어휘를 배우는 한자 어휘 기본서

첫 문법 | 중학 국어 문법을 쉽게 익히는 문법 입문서

문법 | 풍부한 문제로 문법 개념을 정리하는 문법서

서술형 쓰기 | 유형으로 익히는 실전 TIP 중심의 서술형 실전서

빠른시작

빠작

중학 국어
비문학 독해

3

차례
CONTENTS

구성과 특징
STRUCTURES

하나!

다양한 영역과 주제의 지문을 읽고 실전 문제로 비문학 독해 감 잡기

교과 학습과 연계된 다양한 주제의 지문

인문, 사회, 과학, 기술, 예술 등 5개 분야에 걸쳐 다양한 주제의 지문을 수록했습니다. 교과 학습과 연계된 유익한 지문, 최신 이슈를 반영한 흥미로운 지문은 읽는 것만으로도 학생들에게 큰 도움이 될 것입니다.

빠작ON⁺

빠른 채점, 지문 해제, 배경 지식 영상 자료, 추가 어휘 퀴즈를 온라인으로 이용 가능합니다.

TIP 다양한 영역의 지문을 읽는 것이 왜 필요한가요?

수능 국어 영역은 인문, 사회, 과학, 기술, 예술 등 다양한 분야에 걸쳐 고르게 출제됩니다. 학생들은 평소에 접하지 못한 낯선 분야의 지문이 출제되면 당황하기 때문에, 미리미리 다양한 영역의 지문을 읽어 보며 훈련을 해 두는 것이 좋습니다.

사회

03

문제 풀이
지문 해제
관련 영상
어휘 퀴즈

다문화 사회의 패러다임

한국 사회는 구성원의 출신국이나 인종 등을 보면 이제 더 이상 단일 민족 국가라고 부를 수 없는 것이 현실이다. 이러한 변화에 대응하기 위해 우선 다문화 사회의 주요 패러다임에 대해 살펴보고, 다문화 사회로서의 궁극적 지향점을 생각해 보기로 하자.

다문화 사회를 정의하는 패러다임에는 (가) 차별 배제˚ 모형, (나) 동화 모형, (다) 다문화 모형이 있다. 이 세 모형은 외국인과 이민자를 받아들이는 데 있어 국가가 어떠 5한 정책과 제도를 채택하고 있는지에 따라 분류한 것이다. 먼저 차별 배제 모형은 국가가 특정 경제 영역에만 외국인이나 이민자를 받아들이고, 복지 및 사회적 영역에서는 받아들이지 않는 배타적˚ 모형이다. 그러나 경제적 세계화의 거대한 흐름과 결혼 이민자의 증대와 맞물려 점차 그 입지가 제한되고 있다. 그리고 동화 모형은 외국인이나 이민자의 모든 면이 주류 사회와 똑같아져야 한다는 모형이다. 그러나 이 10모형은 외국인이나 이민자의 정체성을 무시하였다는 비판과 함께 그들에 대한 불이익과 편견을 간과˚했다는 비난을 받고 있다. 이 두 모형과 달리, 다문화 모형은 다른 인종과 민족에 대해 포용적인 태도를 취하는 모형으로, 외국인이나 이민자가 그들만의 문화를 지키는 것을 인정하고 장려하며, 정책의 목표를 '동화'가 아닌 '공존'에 두고 있다. 따라서 지금까지 살펴본 모형들을 바탕으로 할 때, 현재 급속하게 변화하는 15세계 속에서 한국 사회는 다문화 모형에 초점을 두고 접근할 필요가 있다.

다문화 모형은 다시 문화다원주의와 다문화주의로 나눌 수 있다. 문화다원주의와 다문화주의는 다양성을 인정하고 사회적 통합을 추구한다는 점에서는 유사하다. 그러나 문화다원주의는 주류˚ 사회가 존재함을 분명히 하면서 문화의 다양성과 다원성을 인정하는 정도의 소극적인 다문화 모형이다. 이에 비해 보다 발달된 개념인 다문 20화주의는 주류 사회의 중요성을 부각하기보다는 다양한 문화가 평등하게 인정되어야 함을 강조한다. 주류 사회 안에서 외국인과 이민자의 문화를 인정한다는 점에서 문화다원주의는 매력적으로 보일 수 있다. 그러나 '단일 민족 국가'라는 인식이 강하게 작용하는 한국 사회에서 외국인과 이민자에 대한 차별적 태도와 이중적 기준 적용의 문제를 해소하고 조화와 소통을 지향하기 위해서 한국 사회는 다문화주의라는 25목표를 지향해야 할 것이다.

그러나 사회 조직 내의 다양성을 강조하기만 하고, 다양성과 다문화적인 요소들을 제대로 운영하지 못하면 오히려 사회에 극심한 혼란만 ⓐ더하게 되어, 사회의 통합이 아닌 분열을 조장할 수 있다. 따라서 한 사회의 다문화에 대한 목표가 정해지면, 그에 따른 정책들을 적정한 단계에 맞추어 진행해야 문제가 최소화될 수 있다. 그러 30므로 우리는 장기적 목표를 다문화주의에 두고, 단·중기적으로 실시할 수 있는 단계별 정책 목표와 구체적 사업을 정하고 추진해야 한다.

˚**배제** 받아들이지 아니하고 물리쳐 제외함.
˚**배타적** 남을 배척하는. 또는 그런 것.
˚**간과** 큰 관심 없이 대강 보아 넘김.
˚**주류** 조직이나 단체 따위의 내부에서 다수파를 이르는 말.

1

윗글을 통해 답을 구할 수 있는 물음이 <u>아닌</u> 것은?

① 다문화 모형의 정책 목표는 무엇인가?
② 다문화주의를 지향해야 하는 이유는 무엇인가?
③ 다문화 관련 정책 중 현재 시행되고 있는 것들은 무엇인가?
④ 다문화 사회를 정의하는 패러다임에는 어떤 것들이 있는가?
⑤ 다문화 모형에 초점을 두고 접근해야 하는 필요성은 무엇인가?

실전 문제

지문을 읽은 후 문제를 풀며 자신이 지문을 올바르게 읽었는지 확인해 볼 수 있습니다. 지문의 내용과 일치하는지를 묻는 문제, 지문의 내용을 구체적인 사례에 적용하는 문제 등 독해력을 키우는 데 도움이 되는 문제들로만 구성했습니다.

2

(가)~(다)에 해당하는 사례를 〈보기〉에서 골라 바르게 배열한 것은?

> **보기**
> ㄱ. A국은 이민자들이 A국의 언어를 습득할 수 있도록 돕고, 이민자의 자녀가 정규 학교에 취학하는 것을 지원했다.
> ㄴ. B국은 인력난으로 인해 외국인 노동자를 대거 받아들였지만, 그들에게 영주권이나 시민권을 주는 데는 상당한 제약을 가했다.
> ㄷ. C국은 이민자들이 출신국에 따른 특성을 간직하면서 전체 사회를 조화롭게 구성할 수 있도록 정책을 펼쳤다.

	(가)	(나)	(다)
①	ㄱ	ㄴ	ㄷ
②	ㄱ	ㄷ	ㄴ
③	ㄴ	ㄱ	ㄷ
④	ㄴ	ㄷ	ㄱ
⑤	ㄷ	ㄴ	ㄱ

3 (어휘)

ⓐ의 문맥적 의미와 가장 유사한 것은?

① 그것은 원액에 물을 <u>더하여</u> 만들었다.
② 날이 갈수록 그들의 횡포가 점점 <u>더한다</u>.
③ 동구 밖의 실버들이 푸른빛을 <u>더하고</u> 있다.
④ 부지런하기로 말하면 그녀가 나보다 <u>더하다</u>.
⑤ 그는 원장의 생각에 의견을 <u>더하는</u> 일이 없었다.

어휘 문제

실제 수능 비문학 시험에서는 독해 외에 어휘 문제도 출제되는 점을 감안하여 실전 형태의 어휘 문제를 추가했습니다.

구성과 특징
S T R U C T U R E S

독해의 기초를 다져 주는 '지문 분석'

빈칸을 채워 나가는 과정을 통해 독해의 기본 원리인 지문 분석 방법을 자연스럽게 익힐 수 있습니다. '지문 분석'은 단답형·서술형 문항으로 되어 있어 학교에서 치르는 서술형 평가에 대비하기에도 좋습니다.

둘!

독해력과 어휘력을 함께 키우는 특별한 구성

지문 분석

1 정보 확인

다문화 사회를 정의하는 패러다임을 다음과 같이 정리해 보자.

차별 배제 모형	동화 모형	다문화 모형
• 특정 경제 영역에만 외국인이나 이민자를 받아들이고, 복지와 사회적 영역에서는 받아들이지 않는 ( ) 모형 • 경제적 ( )와 결혼 이민자 증가로 그 입지가 제한됨.	• 외국인이나 이민자의 모든 면이 ( )와 똑같아져야 한다는 모형 • 외국인이나 이민자의 ( )을 무시하고, 그들에 대한 불이익과 ( )을 간과했다는 점에서 비난을 받음.	• 다른 인종과 민족에 대해 ( ) 태도를 취하는 모형 • 외국인이나 이민자가 그들만의 문화를 지키는 것을 인정하고 장려하며, 정책의 목표를 ( )에 두고 있음.

2 중심 내용

글쓴이는 다문화 사회와 관련하여 우리 사회가 궁극적으로 지향해야 할 바를 무엇이라고 하였는지 한 문장으로 써 보자.

(   )

3 정보 확인

다문화 모형의 구체적 종류를 분류하고, 그 특징을 정리해 보자.

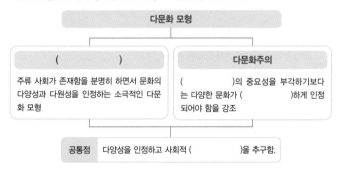

다문화 모형	
( )	다문화주의
주류 사회가 존재함을 분명히 하면서 문화의 다양성과 다원성을 인정하는 소극적인 다문화 모형	( )의 중요성을 부각하기보다는 다양한 문화가 ( )하게 인정되어야 함을 강조

공통점	다양성을 인정하고 사회적 ( )을 추구함.

TIP 국어 독해에서 왜 지문 분석이 중요한가요?

실제 독해 강의에서 가장 중요하게 다루는 것이 지문 분석입니다. 각 문단의 중심 내용을 정리한 후 이를 바탕으로 글의 구조를 파악하고 주제를 찾아내는 것이 독해의 기본 원리이기 때문입니다. 이 책에서는 '지문 분석'을 통해 독해의 기본 원리를 수월하게 익힐 수 있습니다.

■ 정답과 해설 11쪽

배 경 지 식

단일 민족 국가란 무엇일까?

사회 03

단일 민족 국가란 대부분의 국민이 하나의 민족으로 이루어진 나라를 말해요. 이는 좁은 의미의 민족 국가를 나타내는 개념이기도 합니다. 한국이나 일본은 이러한 민족 국가의 대표적인 예에 해당하는데, 민족 국가에서는 언어나 문화 등의 이질성이 초래하는 정치 문제로부터 자유롭다는 장점이 있어요.

그러나 역사적으로 볼 때 우리나라도 외국인이 한반도에 들어와 자손을 낳고 산 경우가 많았는데, 이로 미루어본다면 우리나라는 오천 년의 시간을 거치며 여러 민족이 섞인 다양한 사람들로 이루어졌음을 짐작할 수 있어요. 최근 결혼 이민자도 더욱 늘어 이제 우리나라는 다양한 민족과 인종으로 이루어진 국민들이 함께 어울려 사는 다민족 국가가 되어 가고 있습니다.

#단일 민족 국가   #다민족 국가

지문 이해를 도와주는 '배경지식'

지문 내용과 관련된 배경지식을 수록하여 지문 내용을 보다 쉽게 이해할 수 있습니다. 배경지식을 꼼꼼하게 읽다 보면 독해나 논술에 도움이 되는 기초 교양을 차곡차곡 쌓아 나갈 수 있습니다.

어 휘 · 어 법

1~5 다음 뜻풀이에 해당하는 단어를 〈보기〉에서 찾아 써 보자.

> **보기**
> 패러다임   지향점   정체성   불이익   편견

1 도달하고자 하는 목표로 지정한 점. (   )
2 공정하지 못하고 한쪽으로 치우친 생각. (   )
3 이익이 되지 아니하고 손해가 되는 데가 있음. (   )
4 변하지 아니하는 존재의 본질을 깨닫는 성질. 또는 그 성질을 가진 독립적 존재. (   )
5 어떤 한 시대 사람들의 견해나 사고를 근본적으로 규정하고 있는 테두리로서의 인식의 체계. 또는 사물에 대한 이론적인 틀이나 체계. (   )

6~9 다음 단어와 그 의미가 맞으면 ○, 틀리면 ×를 표시해 보자.

6 간과하다: 큰 관심 없이 대강 보아 넘기다.   (   )
7 장려하다: 좋은 일에 힘쓰도록 북돋아 주다.   (   )
8 공유: 두 가지 이상의 사물이나 현상이 함께 존재함.   (   )
9 조장: 바람직하지 않은 일을 더 심해지도록 부추김.   (   )

Tip • 배타(물리칠 排, 다를 他) 남을 배척함. ᄤ 의타(依他) ᄤ 외국 문물을 배타하다.
　　　• 의타(의지할 依, 다를 他) 남에게 의지하거나 부탁함. ᄤ 의지가 약한 사람을 계속 도와주면 의타심만 커질 것이다.

지문과 연계해 익히는 '어휘·어법'

'어휘·어법'을 통해 지문에 나온 어휘의 의미와 쓰임을 바로 확인할 수 있어서 독해력과 어휘력을 함께 키울 수 있습니다. 특히 〈 Tip 〉에서는 서로 혼동하기 쉬운 어휘나 시험에 자주 출제되는 어법 등 꼭 기억해야 할 어휘들을 모아 소개했습니다.

순자의 하늘에 대한 관점

고대 중국인들은 인간이 행하지 못하는 불가능한 일은 그들이 신성하다고 생각한 하늘에 의해서 해결 가능하다고 보았다. 그리하여 하늘은 인간에게 자신의 의지를 심어 두려움을 갖고 복종하게 하는 의미뿐만 아니라 인간의 모든 일을 책임지고 맡아서 처리하는 의미로까지 인식되었다. 그 당시에 하늘은 인간에게 행운과 불운을 가져다 줄 수 있는 힘이고, 인간의 개별적 또는 공통적 운명을 지배하는 신비하고 절 5 대적인 존재라는 믿음이 형성되었다. 이러한 하늘에 대한 인식은 결과적으로 하늘을 권선징악의 주재자로 보고, 모든 새로운 왕조의 탄생과 정치적 변천까지도 그것에 의해 결정된다는 믿음의 근거로 작용하였다. 하지만 그러한 하늘에 대한 인식은 인간 지혜의 성숙과 문명의 발달로 인한 새로운 시대의 요구에 의해서 대폭 수정될 수밖에 없었다. 10

순자의 하늘에 대한 주장은 그 당시까지 진행된 하늘의 논의와 엄격히 구분될 뿐만 아니라 그것을 매우 새롭게 변모시킨 하나의 획기적인 사건으로 규정지을 수 있다. 순자는 하늘을 단지 자연 현상으로 보았다. 그가 생각한 하늘은 별, 해와 달, 사계절, 추위와 더위, 바람 등의 모든 자연 현상을 가리킨다. 따라서 하늘은 사람을 가난하게 만들 수도 없고, 병들게 할 수도 없고, 재앙을 내릴 수도 없고, 부자로 만들 수 15 도 없으며, 길흉화복을 줄 수도 없다. 사람들이 치세(治世)와 난세(亂世)를 하늘과 연결시키는 것은 심리적으로 하늘에 기대는 일일 뿐이다. 치세든 난세든 그 원인은 사람에게 있는 것이지 하늘과는 무관하다. 사람이 받게 되는 재앙과 복의 원인도 모두 자신에게 있을 뿐 불변의 질서를 갖고 있는 하늘에 있지 않다.

하늘은 그 자체의 운행 법칙을 따로 갖고 있어 인간의 길과 다르다. 천체의 운행은 20 불변의 정규 궤도에 따른다. 해와 달과 별이 움직이고 비가 내리고 바람이 부는 것은 모두 제 나름의 길이 있다. 사계절은 말없이 주기에 따라 움직일 뿐이다. 물론 일식과 월식이 일어나고 비바람이 아무 때나 일고 괴이한 별이 언뜻 출현하는 경우는 있을 수 있다. 하지만 이런 일이 항상 벌어지는 것은 아니며 하늘이 이상 현상을 드러내 무슨 길흉을 예시하는 것은 더더욱 아니다. 즉, 하늘은 아무 이야기도 하지 않는 25 데 사람들은 하늘과 관련된 이야기를 만들어 낸다는 것이다. 그래서 순자는 천재지변이 일어난다고 해서 하늘의 뜻이 무엇인지 알려고 노력할 필요가 없다고 말한다. 그것이 바로 순자가 말하는 불구지천(不求知天)의 본뜻이다.

순자가 말한 '불구지천'의 뜻은 자연 현상으로서의 하늘이 아니라 하늘에 무슨 의지가 있다고 주장하고 그것을 알아내겠다고 덤비는 종교적 사유의 접근을 비판하려 30 는 것이다. 그러니까 억지로 하늘의 의지를 알려고 힘을 쏟을 필요가 없다. 사람들은 자연 현상에 대해 특별한 의미를 부여하지 말고 오직 인간 사회에서 스스로가 해야

주재자 어떤 일을 중심이 되어 맡아 처리하는 사람.
치세 잘 다스려져 화평한 세상.
난세 전쟁이나 사회의 무질서 따위로 어지러워 살기 힘든 세상.
궤도 행성. 혜성. 인공위성 따위가 중력의 영향을 받아 다른 천체의 둘레를 돌면서 그리는 곡선의 길.

할 일을 열심히 해야 한다. 즉, 재앙이 닥치면 공포에 떨며 기도나 하는 것이 아니라 적극적인 행위로 그것을 이겨 내야 한다는 것이다.

　순자의 관심은 하늘에 있지 않고 사람에 있었다. 특히 인간 사회의 정치야말로 순자가 중점을 둔 문제였다. 순자는 "하늘은 만물을 낳을 수 있지만 만물을 변별할 수는 없다."라고 말한다. 이는 인간도 만물의 하나로 하늘이 낳은 존재이나 하늘은 인간을 낳았을 뿐 인간을 다스리려는 의지는 갖고 있지 않다는 것이다. 따라서 하늘은 혈기나 욕구를 지닌 존재도 아니다. 그저 만물을 생성해 내는 자연일 뿐이다.

■ 정답과 해설 1쪽

윗글의 논지 전개 방식으로 가장 적절한 것은?

① 특정 대상에 대한 새로운 관점을 제시하고 그 관점에 대한 내용을 구체화하고 있다.
② 문제를 제기한 후 그 원인을 다양한 측면에서 논리적으로 분석하고 있다.
③ 특정 이론에 대한 비판들을 검토하고 그 이론에 대한 의의를 밝히고 있다.
④ 상반된 입장의 장점과 단점을 종합하여 더 나은 결론을 도출하고 있다.
⑤ 특정한 가설을 설정하고 구체적 사례를 들어 증명하고 있다.

◆ **도출** 판단이나 결론 따위를 이끌어 냄.

불구지천에 대한 설명으로 적절한 것을 〈보기〉에서 있는 대로 모두 고른 것은?

> 보기
> ㄱ. 재앙이 닥쳤을 때 하늘에 기대기보다 인간들의 의지를 중시한다.
> ㄴ. 자연은 제 나름대로 변화의 길이 있으며 이는 인간의 길과 다르다.
> ㄷ. 치세와 난세의 원인을 권선징악의 주재자인 하늘에서 찾고자 한다.
> ㄹ. 하늘의 의지를 알아보려는 종교적 사유의 접근을 비판하고자 한다.

① ㄱ, ㄴ　　　　　② ㄱ, ㄷ　　　　　③ ㄷ, ㄹ
④ ㄱ, ㄴ, ㄹ　　　　⑤ ㄴ, ㄷ, ㄹ

문단 요약

1

각 문단의 중심 내용을 다음과 같이 정리할 때, 적절한 것은 ○, 적절하지 <u>않은</u> 것은 ×를 표시해 보자.

| 1문단 | 하늘을 신성시했던 고대 중국인들의 인식은 시대의 요구에 따라 수정될 수밖에 없었다. | ( ) |

| 2문단 | 하늘을 인간의 삶과 무관한, 단지 자연 현상의 하나로 보아야 한다는 순자의 주장은 당시로서는 획기적이었다. | ( ) |

| 3문단 | 자연 현상으로서의 하늘이 아니라 하늘에 무슨 의지가 있다고 주장하고 그것을 알아내고자 노력하는 것을 '불구지천'이라 한다. | ( ) |

| 4문단 | 자연 현상에 대해 특별한 의미를 부여하지 말고 인간 스스로 자신의 삶을 살아야 한다는 것이 순자 주장의 핵심이다. | ( ) |

| 5문단 | 순자의 관심은 하늘이 아닌 사람과 정치에 있었다. | ( ) |

중심 내용

2

이 글의 중심 내용을 30자 내외로 써 보자.

(   )

글의 구조

3

1과 2를 바탕으로 이 글 전체의 내용을 정리해 보자.

하늘에 대한 고대 중국인들의 태도	**하늘에 대한 순자의 태도**
• 인간에게 불가능한 일은 하늘에 의해 해결 가능하다고 봄. • 하늘을 인간의 운명을 지배하는 신비하고 ( ) 존재로 인식함.	• 하늘을 ( )의 하나로 간주함. • 인간의 삶과 하늘이 무관함을 강조함. • ( ): 하늘의 뜻이 무엇인지 알려고 노력할 필요가 없음.

▼

(   ) 중심적 사고를 한 순자

배경지식

고대 중국인들에게 하늘이란?

춘추 전국 시대(B.C. 8세기에서 B.C. 3세기에 이르는 중국 고대의 변혁 시대) 지식인의 한 사람인 공자는 하늘을 전능한 존재로 인식하면서 때로는 무언가를 간절하게 기도해도 들어주지 않는 운명적 초월자로 인식했어요. 그래서 자신의 기도를 들어주지 않는 하늘에 대해서 신이 없다고 생각할 것이 아니라, 자신이 잘못한 것은 없는지 인간의 입장에서 문제를 파악하고 하늘에 기도하는 마음을 저버려서는 안 된다고 하였지요.

맹자 때에는 하늘을 기원의 대상으로서가 아니라 사람의 본성은 선(善)하다는 성선설 이념의 바탕으로서 하늘을 인식하거나 그저 하나의 자연으로만 인식하였어요. 이것이 순자 때에 이르러서는 인간을 하늘과 완전히 분리하여 하늘을 신비한 대상이 아닌 자연물 그 자체로만 보았습니다. 한편 묵가는 신으로서 하늘의 위치를 다시 찾아야 한다고 주장했어요. 이처럼 춘추 전국 시대에는 하늘에 대한 다양한 견해가 있었답니다.

하늘에 대한 순자의 견해는 한나라에 이르러 동중서에 의해 또다시 하늘과 인간을 결부함으로써 묵가가 주장한 신으로서의 하늘로 그 인식이 바뀌게 되었어요.

\# 전능한 존재   \# 운명적 초월자   \# 자연물 그 자체

어휘·어법

1~4
다음 의미를 지닌 단어를 〈보기〉에서 찾아 써 보자.

> **보기**
>
> 인식   변별   사유   변천

1 대상을 두루 생각하는 일. (   )
2 사물을 분별하고 판단하여 앎. (   )
3 세월의 흐름에 따라 바뀌고 변함. (   )
4 사물의 옳고 그름이나 좋고 나쁨을 가림. (   )

5~8
다음 문장에 들어갈 올바른 단어를 찾아 ○를 표시해 보자.

5 우리의 지혜를 모아 이 (난세 / 치세)를 헤쳐 나갑시다.
6 법원은 그 단체를 불법 단체로 (규정 / 특징)짓고 해산을 명령하였다.
7 앞에 나와서 연설을 시작한 그 사나이의 모습은 (괴이하기 / 괴이찮기) 짝이 없었다.
8 그들은 (천재지변 / 길흉화복)으로 부서진 집을 수리해 달라고 정부에 도움을 요청했다.

Tip **-찮다** 일부 서술성 체언이나 서술성 어근의 뒤에 쓰여, 그 말을 부정하거나 가치를 비하하는 의미를 더하여 형용사를 만드는 말로, '-하지 않다'의 준말. **예** 가당찮다, 변변찮다, 시원찮다 등

외래어의 개념과 범위

문제 풀이
지문 해제
관련 영상
어휘 퀴즈

우리는 '외국어'나 '외래어'라는 말을 흔히 사용한다. 국어사전을 보면 '외국어'는 '모국어'와 대립하는 개념으로 '다른 나라의 언어'를 가리키는 말이다. '외래어'는 '외국에서 들어온 말로 국어처럼 쓰이는 말'이라고 풀이되어 있다. 외래어는 외국에서 비롯되긴 했으나 국어의 일부로 받아들여진 말이라는 것이다.

그러면 '국어의 일부로 받아들여진 말'이라는 정의가 의미하는 것은 무엇인가? '국어화'한 말이라는 뜻이다. 그렇다면 '국어화'는 구체적으로 무엇을 가리키는가? 그 구체적 내용은 '쓰임의 조건'과 '동화의 조건'이라는 두 기준을 통해 알 수 있다.

쓰임의 조건은 우리말 문맥 속에서 널리 사용되어야 한다는 것이다. 해당 단어가 특정한 담화에 한두 번 사용되고 말거나 특정한 부류의 사람들에게만 사용되는 것이 아니라 일반적으로 널리 쓰여야 한다는 조건이다.

동화의 조건은 해당 단어가 우리말의 특징을 지니게 되어야 한다는 것이다. 동화는 대개 음운, 문법, 의미의 세 가지 측면에서 이루어진다. 음운상의 동화는 원래의 발음이 우리말 소리로 바뀌는 것을 말한다. 영어의 [f]나 [r] 소리가 우리말에서는 [ㅍ], [ㄹ] 소리로 바뀌는 것을 들 수 있다. 문법 면에서의 동화는 원어에서 가졌던 문법적 특징이 없어지고 우리말의 특징을 갖게 되는 것을 말한다. 영어에서 단수와 복수를 구별해서 쓰는 'shirt'가 국어에서는 항상 복수 형태인 '셔츠(shirts)'의 형식으로만 사용된다든가, 외국어 단어가 우리말에서 형용사나 동사 구실을 할 때에는 항상 '-하다' 형태로만 사용되는 것을 들 수 있다. 의미 면에서의 동화는 우리말 속에 들어와 그 고유한 의미가 변화되는 것을 말한다. 국어에서 '미팅(meeting)'이 남녀 학생들이 사교를 목적으로 갖는 모임을 뜻하거나 '마담(madame)'이 술집이나 다방의 여주인을 가리키는 말로 의미가 변화되는 경우를 예로 들 수 있다.

외국어 단어가 처음에 들어올 때에는 해당 언어의 특징을 그대로 지니고 있어 우리말이라 할 수 없다. 따라서 사전에서도 외국어로 보는 단어는 표제어로 등재하지 않는다. 반면 외래어는 일반적으로 널리 쓰이면서 또 우리말에 동화된 것이기 때문에 우리말의 일부로 볼 수 있다. 그런데 외래어가 오랜 시간 널리 쓰여 일반인들에게 외국에서 온 말이라는 의식 없이 고유어와 똑같이 취급되게 되면 그 말은 따로 구분하여 귀화어라 하기도 한다. 귀화어는 사전에서도 어원만 별도로 표시할 뿐 외래어의 경우처럼 원래의 외국어 단어를 병기하지 않는다.

외래어 개념을 엄격하게 정의하는 입장에서는 '쓰임의 조건'과 '동화의 조건'을 모두 갖춘 부류만을 외래어로 인정하지만, 오늘날 우리가 외래어로 인식하는 어휘들은 상당 부분 국어 속에 널리 쓰이기는 하나 동화 과정을 완전히 거치지 못한 것들도 포함한다. 해당 고유어나 한자어가 있는데도 생활 속에서 지속적으로 사용되고 있어

담화 서로 이야기를 주고받음.
표제어 사전 따위의 표제 항목에 넣어 알기 쉽게 풀이해 놓은 말.
등재 일정한 사항을 장부나 대장에 올림.
병기 함께 나란히 적음.

순화 대상이 되는 어휘들이 이에 해당한다. 이러한 어휘들은 동화 과정이 일부 진행되고 있는 것이기 때문에 무조건 배척할 수만은 없다. 사전에서도 이러한 어휘들은 순화할 말과 함께 표제어로 등재하고 있다.

1

어떤 단어가 외래어인지 여부를 판단하려고 한다. 윗글로 보아 판단 과정에서 사용해야 하는 기준으로 볼 수 없는 것은?

① 외국에서 들어온 말인가?

② 우리말의 특징을 지니고 있는가?

③ 우리말 문맥 속에서 널리 쓰이는가?

④ 국어사전에 표제어로 등재되어 있는가?

⑤ 단어가 유래한 나라에서 현재 쓰이고 있는가?

2

〈보기〉는 단어를 사전에서 검색한 결과이다. 윗글을 바탕으로 〈보기〉를 이해한 것으로 적절하지 않은 것은?

> **보기**
>
> ㄱ. **타이트-하다**(tight-) 〔-하여(-해), -하니〕 휑 ① 몸에 꼭 끼다. '팽팽하다'로 순화. ② 시간적인 여유가 없다. '빠듯하다'로 순화. ③ 내용 따위가 자세하고 충실하다. '밀도 있다'로 순화.
>
> ㄴ. **아나운서**(announcer) 명 뉴스 보도, 사회, 실황 중계의 방송을 맡아 하는 사람. 또는 그런 직책.◆
>
> ㄷ. **트러블**(trouble) 명 '말썽', '충돌', '고장', '문제점', '불화'로 순화.
>
> ㄹ. **빵** 명 ① 밀가루를 주원료로 하여 소금, 설탕, 버터, 효모 따위를 섞어 반죽하여 발효한 뒤에 불에 굽거나 찐 음식. 서양 사람들의 주 음식이다. ② 먹고살 양식. 【〈(포)pão】

◆
직책 직무상의 책임.

① ㄱ은 외래어 중 우리말의 문법적 특징을 지니게 된 경우에 해당한다.

② ㄴ은 우리말에 동화되어 널리 쓰이는, 우리말의 일부로 볼 수 있는 외래어이다.

③ ㄷ의 '트러블'에서 '러'는 원래의 소리와 우리말 소리가 일치하는 경우에 해당한다.

④ ㄹ은 일반인들에게 외국에서 온 말이라는 의식 없이 사용되는 어휘이다.

⑤ ㄱ과 ㄷ은 널리 쓰이기는 하나 동화 과정을 완전히 거치지 못한 어휘로 볼 수 있다.

정보확인

1

다음에 제시된 내용 중, 이 글의 내용과 일치하는 것은 ○, 일치하지 않는 것은 ×를 표시해 보자.

1) 외국에서 들어온 말로 국어처럼 쓰이는 말을 외래어라고 한다. ⋯⋯⋯⋯⋯⋯⋯ (　　　)

2) 외래어가 되었음은 국어화의 과정을 거쳤음을 의미한다. ⋯⋯⋯⋯⋯⋯⋯⋯⋯ (　　　)

3) 국어화는 쓰임의 조건과 동화의 조건을 모두 충족해야 한다. ⋯⋯⋯⋯⋯⋯⋯ (　　　)

4) 외래어와 귀화어의 구분은 사전에 표제어로 등재되는지의 여부에 따라 결정된다.

⋯⋯⋯⋯⋯⋯⋯⋯⋯⋯⋯⋯⋯⋯⋯⋯⋯⋯⋯⋯⋯⋯⋯⋯⋯⋯⋯⋯⋯⋯⋯⋯⋯⋯⋯⋯⋯ (　　　)

5) 외래어는 항상 순화할 말과 함께 표제어로 등재되어 있다. ⋯⋯⋯⋯⋯⋯⋯⋯ (　　　)

중심내용

2

이 글의 중심 내용을 10자 이내로 써 보자.

(　　　　　　　　　　　　　　　　　　　　　　　　　　　　　　　　　　　　　)

글의구조

3

다음 빈칸을 채워 가며 외래어의 개념과 특징을 정리해 보자.

외래어의 개념	(　　　　　)에서 (　　　　　) 말로 국어처럼 쓰이는 말

▼

외래어의 성립 조건	① 우리말 문맥 속에서 널리 (　　　　　)되어야 함. ② 우리말의 (　　　　　)을 지니게 되어야 함.

▼

외래어의 범위	① 외국에서 들어왔으나 사전에 (　　　　　)로 등재된 단어 ② (　　　　　)가 병기되어 있는 단어 ③ 동화 과정을 완전히 거치지 못해 (　　　　　)의 대상이 되는 단어

배경지식

우리나라에서만 쓰는 이상한 외래어가 있다고?

우리말의 어휘는 어종에 따라 고유어, 한자어, 외래어로 나눌 수 있어요. 외래어는 국어 어휘의 체계를 구성하고 있는 또 하나의 중요한 어휘군이에요. 국어에서 외래어라고 하면 대체로 영어와 그 외 서양어, 일본어 등을 말하는데 최근에는 영어가 범람하고 있어 문제가 되고 있어요. 심지어 원어를 직접 노출시키는 경우도 있습니다. 외래어를 사용한 경우에는 외래어 표기법에 맞지 않게 사용하거나 다음과 같이 해당 언어에 존재하지 않는 엉터리 외래어가 많다는 점도 문제가 됩니다.

- 백미러[rearview mirror] → 뒷거울
- 핸드폰[cellphone/mobile phone] → 휴대 전화

영어 표현을 아는 것도 필요하지만 불가피한 경우가 아닌데 과시를 하거나 허세를 부리기 위해 외래어와 외국어를 남용하는 일은 없어야 합니다.

\# 외국어와 외래어   \# 올바른 우리말 사용

어휘·어법

1~3

〈보기〉를 참고하여 다음 밑줄 친 단어를 바르게 고쳐 써 보자.

> **보기**
>
> 이중 피동 표현이란 피동이 이중으로 실현된 것을 말한다. 이중 피동 표현은 피동 표현이 과도하게 적용된 것이므로 되도록 중복을 피해 표현하는 것이 바람직하다.

1 이 수익금은 연꽃 아동회의 복지 사업에 <u>쓰여집니다</u>. → _____

2 문이 안 <u>잠겨져서</u> 한참 고생했다. → _____

3 이 옷이 사람들에게 어떻게 <u>보여질지</u> 궁금했다. → _____

4~7

다음 내용이 맞으면 ○, 틀리면 ×를 표시해 보자.

4 동일한 범주에 속하는 대상들을 일정한 기준에 따라 나누어 놓은 갈래를 '분류'라고 한다. (   )

5 성질, 양식, 사상 따위가 다르던 것이 서로 같게 되는 것을 '동화'라고 한다. (   )

6 함께 나란히 적는 것을 '병기'라고 한다. (   )

7 따돌리거나 거부하여 밀어 내침을 '배척'이라고 한다. (   )

Tip 이중 피동 피동 접미사(-이-, -히-, -리-, -기-)와 '-어지다'를 겹쳐 쓰는 경우로, 국어 문법에 어긋난 표현이다.
　 예 그의 말은 <u>믿겨지지</u> 않는다. → 믿 + -기-(피동 접미사) + -어지- + -지 (×)

귀인(歸因)

문제 풀이
지문 해제
관련 영상
어휘 퀴즈

친구가 울고 있으면 '왜 울까?'라는 의문을 품고 그 원인을 찾게 되는데, 이처럼 행동의 원인이 무엇인지를 추론하는 것을 '귀인(歸因)'이라 한다. 귀인은 타인의 행동뿐만 아니라 자신의 행동에 대해서도 이루어진다. 행동의 원인은 행동을 한 당사자의 성격, 태도, 능력 등과 같은 내적인 것과 운, 압력, 날씨 등과 같은 외적인 것으로 나눌 수 있다. 행동 원인을 내적인 것에서 찾는 것을 '내부 귀인'이라 하고, 외적인 것에서 찾는 것을 '외부 귀인'이라 한다.

사람들은 귀인하는 과정에서 독특성, 일치성, 일관성 등을 주요 판단 요소로 고려한다. 먼저 독특성은 어떤 행동이 특정한 대상에 한해서만 일어났는지를 따지는 것이다. 가령 영희가 다른 책을 볼 때는 울지 ㉠않는데 특정한 책을 볼 때만 운다면 울음이 그 책 때문이라고 외부 귀인할 수 있다. 다음으로 일치성은 그 상황에 처해 있는 다른 사람들도 같은 식으로 행동했느냐를 따지는 것이다. 만일 영희가 강연을 듣던 도중 다른 학생들과 마찬가지로 강연자의 어떤 말에 웃었다면, 그 말이 영희 웃음의 원인이라고 외부 귀인할 수 있다. 마지막으로 일관성은 원인이 있을 때마다 그 행동이 일어나는가를 따지는 것이다. 영희가 특정한 산에 갈 때마다 경치를 보고 탄성을 지른다면 그 산의 경치가 탄성의 원인이라고 외부 귀인할 수 있다.

일반적으로 사람들은 귀인을 할 때 논리적으로 하지만, 때로는 자존심이나 인상 등에 영향을 받아 독특성, 일치성, 일관성 등의 요소를 고려하지 않고 귀인하는 오류를 범하기도 한다. 이를 '귀인 오류'라고 한다. 귀인 오류는 사실을 왜곡해 문제가 될수 있는데, 대표적인 것은 자신과 타인의 행동에 대하여 다르게 귀인하는 것이다. 사람들은 다른 사람의 잘못된 행동에 대해서는 내부 귀인을 하고 자신의 잘못된 행동에 대해서는 외부 귀인을 하는 경향이 있다. 또한 다른 사람의 성공에 대해서는 외부귀인을 하고 자신의 성공에 대해서는 내부 귀인을 하곤 한다. 이는 귀인 오류가 자존심을 높이려는 의도에서 생길 수 있다는 사실을 보여 준다. 그리고 귀인 오류는 타인에 대해 갖고 있는 인상 때문에 나타나는 경우도 많다. 가령 인상이 나쁜 사람이 잘못을 하면, 그 사람의 잘못이 없어도 외부 요소는 고려하지 않고 그 사람의 책임이라며 내부 귀인을 하는 경향이 있는 것이다.

귀인은 태도를 형성하는 데 영향을 미칠 수 있기 때문에 적절하게 이루어져야 한다. 예를 들어 어떤 일을 성공적으로 끝마쳤을 때 자신의 능력은 생각하지 않고 보상때문에 일을 마쳤다고 생각하는 사람과 반대로 보상보다는 자신의 능력 때문에 일을마쳤다고 생각하는 사람이 있다고 하자. 이 두 사람 중 나중에 그 일을 또 하게 될때, 좋아하며 능동적으로 일하는 사람은 주로 후자이다. 이는 성공과 같은 긍정적인결과에 대해서는 외부 귀인보다 내부 귀인을 하는 것이 능동적인 태도를 더 잘 기를

5

10

15

20

25

30

◆
추론 미루어 생각하여 논함.
탄성 몹시 감탄하는 소리.
왜곡 사실과 다르게 해석하거나 그릇되게 함.
보상 어떤 것에 대한 대가로갚음.

수 있음을 나타낸다. 이처럼 귀인을 상황에 따라 적절하게 수행한다면 삶에서 긍정적인 효과를 거둘 수 있을 것이다.

1

윗글에서 확인할 수 있는 내용이 <u>아닌</u> 것은?

① 일반적으로 사람들은 귀인을 할 때 논리적으로 사고한다.
② 사람의 태도를 형성하는 데 귀인이 영향을 미칠 수 있다.
③ 편향된 관점에서 이루어지는 귀인은 사실을 왜곡할 수 있다.
④ 타인에 대한 인상은 논리적인 귀인을 가로막는 요인이 될 수 있다.
⑤ 외부 귀인보다 내부 귀인이 이루어지는 과정이 복잡한 경우가 많다.

◆ **편향** 한쪽으로 치우침.

2

윗글을 참조해 〈보기〉의 속담에 담긴 의미를 이해했을 때 가장 적절한 것은?

> 보기
> 글 잘 못 쓰는 사람은 붓 타박을 하고 농사지을 줄 모르는 사람은 밭 타박을 한다.

① 외부 귀인을 할 때 행동의 결과를 원인으로 착각하면 안 된다.
② 행동을 한 당사자가 처한 환경을 고려해 외부 귀인해야 한다.
③ 내부 귀인을 해야 할 때 외부 귀인을 하는 잘못을 범하지 말아야 한다.
④ 내부 귀인에만 의존해서 행동의 원인을 파악하는 것은 잘못된 태도이다.
⑤ 내부 귀인과 외부 귀인의 장점을 모두 취해 행동의 원인을 파악해야 한다.

3 어휘

㉠의 '–는데'와 쓰임이 가장 유사한 것은?

① 철수는 아침은 안 먹는데 저녁은 꼭 먹는다.
② 비가 갑자기 많이 오는데 우산 하나씩 사자.
③ 지금 백화점에 가는데 부탁할 것이 있으면 해라.
④ 거실에서 소설책을 재미있게 보고 있는데 영희가 찾아왔어.
⑤ 지난주에 큰 교통사고가 일어났는데 그 사고로 30여 명이 다쳤다.

지문
분석

문단 요약

1

다음에 제시된 질문의 답을 찾을 수 있는 문단을 찾아 바르게 연결해 보자.

자존심이나 인상과 같은 잘못된 요소에 영향을 받아 귀인하면 어떻게 될까?	•		•	1문단

행동의 원인이 무엇인지 추론하는 것을 무엇이라 할까?	•		•	2문단

귀인하는 과정에서 고려해야 하는 주요 판단 요소는 무엇일까?	•		•	3문단

상황에 따라 적절하게 귀인하게 될 경우 어떤 효과가 발생할까?	•		•	4문단

정보 확인

2

다음 괄호에 들어갈 귀인의 종류를 골라 ○를 표시해 보자.

대표적 귀인 오류는 자신과 타인에 대한 귀인을 다르게 하는 것이다. 가령 다른 사람의 잘못된 행동에는 (내부 / 외부) 귀인을 하고, 자신의 잘못된 행동에 대해서는 (내부 / 외부) 귀인을 한다. 또한 귀인 오류는 타인에 대한 인상 때문에 발생하기도 한다. 인상이 나쁜 사람이 잘못을 하면 그 사람이 잘못이 없어도 (내부 / 외부) 귀인하여 그 사람의 책임으로 보기도 한다.

글의 구조

3

다음 빈칸을 채워 가며 귀인의 과정을 정리해 보자.

왜 그런 행동을 할까?

▼

내부 귀인	외부 귀인
독특성 일치성	( )

▼

적절한 귀인은 ( )인 태도를 형성하고 삶에 ( ) 효과가 있음.

배경지식

귀인이 행동에 영향을 준다고?

귀인의 또 다른 사례를 확인해 볼까요? 잘 알고 있는 '바보 온달과 평강 공주'를 보면 바보 온달이 평강 공주 덕분에 훌륭한 장수가 되는 것을 확인할 수 있어요. 여기에서 외부 귀인의 사례를 확인할 수 있는데, 바보 온달이 바보 같은 행동을 하는 것에 대해 내적인 기질에서 귀인을 했다면 온달은 훌륭한 장수가 될 수 없었을 거예요. 이러한 귀인은 학습에도 영향을 줄 수 있어요. 어떤 학생을 머리가 좋다거나 성품이 못됐다 등 내적인 요소에 두고 귀인을 할 경우 해당 학생의 학습 태도는 이에 따라 각기 달라질 수 있어요. 하버드 심리학자인 로젠탈과 제이콥슨의 연구에 따르면 무작위로 선정한 학생들을 지능이 높다고 인식하게 한 후 8개월이 지난 후에 확인해 보니 그 학생들의 성적이 모두 향상되었다고 해요. 이러한 사례들은 **귀인하는 것에 따라 이후의 행동이 달라질 수 있음**을 보여 주는 것이라고 할 수 있어요.

귀인   # 태도와 행동

어휘·어법

1~3

다음에 제시된 초성과 뜻을 참고하여 빈칸에 알맞은 단어를 써 보자.

1 특별하게 다른 성질. (ㄷ ㅌ ㅅ ➡   )

　🔑 영희가 다른 책을 볼 때는 울지 않는데 특정한 책을 볼 때만 운다.

2 비교되는 두 개의 내용이 서로 어긋나지 아니하고 맞는 성질. (ㅇ ㅊ ㅅ ➡   )

　🔑 영희가 강연을 듣던 도중 다른 학생들처럼 강연자의 어떤 말에 웃는다.

3 방법이나 태도 따위가 한결같은 성질. (ㅇ ㄱ ㅅ ➡   )

　🔑 영희가 특정한 산에 갈 때마다 경치를 보고 탄성을 지른다.

4~8

다음 내용이 맞으면 ○, 틀리면 ×를 표시해 보자.

4 몹시 감탄하는 소리를 '탄식'이라고 한다. (   )

5 사실과 다르게 해석하거나 그릇되게 하는 것을 '왜곡'이라고 한다. (   )

6 남에게 굽히지 아니하고 자신의 품위를 스스로 지키는 마음을 '자존심'이라고 한다. (   )

7 어떤 사물의 효과나 작용이 다른 것에 미치는 일을 '영향'이라고 한다. (   )

8 마음속에 품은 감정이나 정서 따위의 심리 상태가 겉으로 드러나는 것을 '인상'이라고 한다.

(   )

Tip • **탄식** 한탄하여 한숨을 쉼. 또는 그 한숨.
　　　• **탄성** ① 몹시 한탄하거나 탄식하는 소리. ② 몹시 감탄하는 소리.
　　　• **인상** 어떤 대상에 대하여 마음속에 새겨지는 느낌. 🔑 딱딱한 인상을 풍기다.
　　　• **표정** 마음속에 품은 감정이나 정서 따위의 심리 상태가 겉으로 드러남. 또는 그런 모습. 🔑 슬픈 표정을 짓다.

04

흄의 경험론

문제 풀이
지문 해제
관련 영상
어휘 퀴즈

18세기 경험론의 대표적인 철학자 흄은 '모든 지식은 경험에서 나온다.'라고 주장하면서, 이성을 중심으로 진리를 탐구했던 데카르트의 합리론을 비판하고 경험을 중심으로 한 새로운 철학 이론을 구축하려 하였다. 그러나 지나치게 경험만을 중시한 나머지, 그는 과학적 탐구 방식 및 진리를 인식하는 문제에 대해서도 비판하기에 이른다. 그 결과 흄은 서양 근대 철학사에서 극단적인 회의주의자로 평가받는다.

흄은 지식의 근원을 경험으로 보고 이를 인상과 관념으로 구분하여 설명하였다. 인상은 오감(五感)을 통해 얻을 수 있는 감각이나 감정 등을 말하고, 관념은 인상을 머릿속에 떠올리는 것을 말한다. 가령, 혀로 소금의 '짠맛'을 느끼는 것은 인상이고, 머릿속으로 '짠맛'을 떠올리는 것은 관념이다. 인상은 단순 인상과 복합 인상으로 나뉘는데, 단순 인상은 단일 감각을 통해 얻은 인상을, 복합 인상은 단순 인상들이 결합된 인상을 의미한다. 따라서 '짜다'는 단순 인상에, '짜다'와 '희다' 등의 단순 인상들이 결합된 소금의 인상은 복합 인상에 해당한다. 그리고 단순 인상을 통해 형성되는 관념을 단순 관념, 복합 인상을 통해 형성되는 관념을 복합 관념이라 한다. 흄은 단순 인상이 없다면 단순 관념이 존재하지 않는다고 보았다. 그런데 '황금 소금'은 현실에 존재하지 않기 때문에 그 자체에 대한 복합 인상은 없지만, '황금'과 '소금' 각각의 인상이 존재하기 때문에 복합 관념이 존재할 수 있다. 따라서 복합 관념은 복합 인상이 없더라도 존재할 수 있다. 하지만 흄은 '황금 소금'처럼 인상이 없는 관념은 과학적 지식이 될 수 없다고 말하였다.

흄은 과학적 탐구 방식으로서의 인과 관계에 대해서도 비판적 태도를 보였다. 그는 인과 관계란 시공간적으로 인접한 두 사건이 반복해서 발생할 때 갖는 관찰자의 습관적인 기대에 불과하다고 말하였다. 즉, '까마귀 날자 배 떨어진다.'라는 속담이 의미하는 것처럼 인과 관계는 필연적 관계임을 확인할 수 없다는 것이다. 그는 '까마귀가 날아오르는 사건'과 '배가 떨어지는 사건'을 관찰할 수는 있지만, '까마귀가 날아오르는 사건이 배가 떨어지는 사건을 야기했다.'라는 생각은 추측일 뿐 두 사건의 인과적 연결 관계를 관찰할 수 없다고 주장한다. 결국 인과 관계란 시공간적으로 인접한 두 사건에 대한 주관적 판단에 불과하므로, 이런 방법을 통해 얻은 과학적 지식이 필연적이라는 생각은 적합하지 않다고 흄은 비판하였다.

또한 흄은 진리를 알 수 있는가의 문제에 대해서도 회의적인 태도를 취했다. 전통적인 진리관에서는 진술의 내용이 사실(事實)과 일치할 때 진리라고 본다. 하지만 흄은 진술 내용이 사실과 일치하는지의 여부를 판단할 수 없다고 보았다. 예를 들어 '소금이 짜다.'라는 진술이 진리가 되기 위해서는 실제 소금이 짜야 한다. 그런데 흄에 따르면 우리는 감각 기관을 통해서만 세상을 인식할 수 있기 때문에 실제 소금이

5

10

15

20

25

30

◆ **구축** 체제, 체계 따위의 기초를 닦아 세움.
극단적 중용을 잃고 한쪽으로 크게 치우치는. 또는 그런 것.
인접 이웃하여 있음. 또는 옆에 닿아 있음.

짠지는 알 수 없다. 그러므로 '소금이 짜다.'라는 진술은 '내 입에는 소금이 짜게 느껴진다.'라는 진술에 불과할 뿐이다. 따라서 비록 경험을 통해 얻은 과학적 지식이라 하더라도 그것이 진리인지의 여부는 확인할 수 없다는 것이 흄의 입장이다.

5 　이처럼 흄은 경험론적 입장을 철저하게 고수한 나머지, 과학적 지식조차 회의적으로 바라보았다는 점에서 비판을 받기도 했다. 하지만 그는 이성만 중시했던 당시 철학 사조에 반기를 들고 경험을 중심으로 지식 및 진리의 문제를 탐구했다는 점에서 근대 철학에 새로운 방향성을 제시했다는 평가를 받는다.

고수 차지한 물건이나 형세 따위를 굳게 지킴.
사조 한 시대의 일반적인 사상의 흐름.

■ 정답과 해설 4쪽

1

윗글을 통해 알 수 있는 내용이 <u>아닌</u> 것은?

① 데카르트는 이성을 중시하는 관점에서 진리를 찾으려고 하였다.
② 전통적 진리관에 따르면 진리 여부를 판단하는 것은 불가능하다.
③ 흄은 지식의 탐구 과정에서 감각을 통해 얻은 경험을 중시하였다.
④ 흄은 합리론에 반기를 들고 새로운 철학 이론을 구축하려 하였다.
⑤ 흄은 인상을 갖지 않는 관념은 과학적 지식이 될 수 없다고 보았다.

2

윗글에서 언급된 '흄'의 관점에서 〈보기〉를 이해한 것으로 적절하지 <u>않은</u> 것은?

① 사과를 보면서 달콤한 맛을 떠올리는 것은 관념에 해당한다.
② 사과를 보면서 '빨개'라고 느끼는 것은 복합 인상에 해당한다.
③ 사과의 실제 색을 알 수 없으므로 '이 사과는 빨개.'라는 생각은 '내 눈에는 이 사과가 빨갛게 보여.'라는 의미일 뿐이다.
④ 사과를 먹는 것과 피부가 고와지는 것 사이의 인과적 연결 관계를 관찰할 수 없다.
⑤ '매일 사과를 먹으니 피부가 고와졌어.'라는 생각은 반복되는 경험을 통해 형성된 습관적 기대에 불과하다.

1 빈칸을 채우며 각 문단의 내용을 정리해 보자.

> **1문단** 흄은 ( )을 중심으로 한 새로운 ( ) 이론을 구축하려 함.

▼

> **2문단** 흄은 지식의 근원을 ( )으로 보고 이를 ( )과 ( )
> 으로 구분하여 설명함.

▼

> **3문단** 흄은 과학적 탐구 방식으로서의 ( )에 대해서도 비판적 입장을 보임.

▼

> **4문단** 흄은 경험을 통해 얻은 과학적 지식조차 ( ) 여부는 판단할 수 없다고 봄.

▼

> **5문단** 흄은 ( )에 새로운 방향성을 제시했다는 평가를 받음.

2 흄의 지식에 대한 입장에서 볼 때 적절한 것은 ○, 적절하지 <u>않은</u> 것은 ×를 표시해 보자.

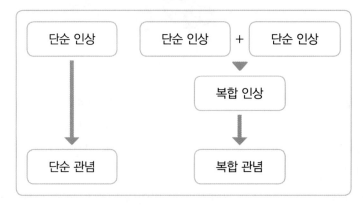

1) 복합 인상이 없어도 복합 관념은 성립할 수 있다. ──────────── ( )

2) 인상 없는 관념도 과학적 지식으로 성립할 수 있다. ──────────── ( )

3) 단순 인상의 결합으로 복합 관념이 성립할 수 있다. ──────────── ( )

4) 단순 인상이 없어도 단순 관념은 존재할 수 있다. ──────────── ( )

배경지식

데카르트는 무엇을 의심했나?

데카르트는 이성을 통해 진리를 파악할 수 있다고 보는 **합리론**을 내세웠어요. 데카르트는 감각적 경험을 통해 얻은 지식은 주관적일 뿐만 아니라 단편적이고 우연한 것이어서 명백한 진리로 믿을 수 있는 것이 못 된다고 보았지요. 그래서 그는 확실한 지식을 찾기 위해 일단 모든 것을 의심해 보았습니다. 이를 '**방법적 회의론**'이라고 해요. 이러한 방법을 통해 그는 아무리 모든 것을 의심한다고 해도 더 이상 의심할 수 없는 한 가지 사실은 '의심하고 있는 내가 있다.'는 사실임을 깨닫게 돼요. 이를 통해 "**나는 생각한다. 그러므로 나는 존재한다.**"라는 확실한 명제를 얻을 수 있게 되었어요.

데카르트의 합리론은 비합리적이고 우연적인 것은 거부하고 이성적이고 논리적인 것을 중시해요. 즉, 모든 지식은 이성을 통해 진리를 파악할 수 있다는 주장으로, 모든 지식은 감각적 경험을 통해 얻을 수 있다는 흄의 경험론과는 상반됩니다.

데카르트의 합리론   # 이성 중시

데카르트

어휘·어법

1~5

다음 제시된 단어의 사전적 의미를 찾아 바르게 연결해 보자.

1 구축하다 •
2 회의주의 •
3 고수 •
4 관념 •
5 인접하다 •

• ㉠ 이웃하여 있다. 또는 옆에 닿아 있다.
• ㉡ 어떤 대상에 관한 인식이나 의식 내용.
• ㉢ 체제, 체계 따위의 기초를 닦아 세우다.
• ㉣ 차지한 물건이나 형세 따위를 굳게 지킴.
• ㉤ 인간의 인식은 주관적·상대적이라고 보아서 진리의 절대성을 의심하고 궁극적인 판단을 하지 않으려는 태도.

6~9

다음 의미를 지닌 단어를 〈보기〉에서 찾아 써 보자.

> 보기
>
> 반기   사조   형성   추측

6 어떤 형상을 이룸. (   )

7 미루어 생각하여 헤아림. (   )

8 한 시대의 일반적인 사상의 흐름. (   )

9 반대의 뜻을 나타내는 행동이나 표시. (   )

Tip • 회의(품을 懷, 의심할 疑) 의심을 품음. 또는 마음속에 품고 있는 의심. ⑩ 인생에 회의를 느끼다.
   • 회의(모일 會, 의논할 議) 여럿이 모여 의논함. 또는 그런 모임. ⑩ 회의를 소집하다.

휴리스틱의 종류와 특성

인문 05

문제 풀이
지문 해제
관련 영상
어휘 퀴즈

사람들은 하루에도 수많은 일들을 판단하면서 살아간다. 판단을 할 때마다 필요한 모든 정보를 수집하여 이용하고자 하면, 정보를 수집하는 것도 힘들뿐더러 그 정보를 처리하는 것도 부담이 된다. 그렇기 때문에 사람들은 과거 경험을 바탕으로 어림 짐작을 하게 되는데, 이를 휴리스틱이라고 한다. 이러한 휴리스틱에는 대표성 휴리스틱과 회상 용이성 휴리스틱, 그리고 시뮬레이션 휴리스틱 등이 있다.

대표성 휴리스틱은 어떤 대상이 특정 집단에 속할 가능성을 판단할 때, 그 대상이 특정 집단의 전형적인 이미지와 얼마나 닮았는지에 따라 판단하는 경향을 말한다. 우리는 키 198cm인 사람이 키 165cm인 사람보다 농구 선수일 가능성이 높을 것이라 판단한다. 이와 같이 대표성 휴리스틱은 흔히 첫인상을 형성할 때나 타인에 대해 판단을 할 때 작용한다. 그런데 대표성 휴리스틱에 따른 판단은 그 대상이 가지고 있는 특정 집단의 전형적인 속성에만 주목하여 이루어진 것이다. 따라서 이러한 판단은 신속한 결정을 내리는 데 도움이 되기도 하지만, 항상 정확하고 객관적인 것이라고 보기는 어렵다.

회상 용이성 휴리스틱은 당장 머릿속에 잘 떠오르는 정보에 의존하여 판단하는 경향을 말한다. 사람들에게 작년 겨울 독감에 걸린 환자들이 얼마나 많았는지 물어보면, 일단 자기 주변에서 발생한 사례들을 떠올려 추정하게 된다. 이러한 추정은 적절할 수도 있지만, 실제 발생 확률과는 다를 수도 있다. 사람들은 최근에 자신이 경험한 사례, 생동감 있는 사례, 충격적이거나 극적인 사례들을 더 쉽게 회상한다. 그래서 비행기 사고 장면을 담은 충격적인 뉴스 보도 영상을 접하게 되면, 그 장면이 자꾸 떠올라 자동차보다 비행기가 더 위험하다고 생각하게 되는 것이다. 그러나 이것은 실제 사고 발생 확률을 고려하지 못한 잘못된 판단이다.

시뮬레이션 휴리스틱은 과거에 발생한 특정 사건이나 미래에 일어날 일들을 마음속에 떠올려 그 장면을 상상해 보는 것이다. 범죄 용의자를 심문하는 경찰관이 그 용의자의 진술에 기초해서 범죄 장면을 머릿속에 그려보는 것이 이에 해당한다. 이때 경찰관은 그 용의자를 범인으로 가정해야만 그가 범죄를 저지르는 장면을 머릿속에 떠올려 볼 수 있다. 이러한 가상적 장면을 자꾸 머릿속에 떠올리다 보면, 그 용의자가 정말 범인인 것처럼 생각하게 된다. 그래서 그가 범인임을 입증하는 객관적인 증거를 충분히 수집하기도 전에 그를 범인이라고 판단할 가능성이 높아지는 것이다.

이처럼 휴리스틱은 종종 판단 착오를 낳기도 하지만, 경험에 기반하여 답을 찾는 효율적인 방법이라고 볼 수도 있다. 일상생활에서 우리의 판단과 추론이 항상 합리적인 사고 과정을 거쳐 일어나는 것은 아니다. 우리는 '결정을 위한 시간이 많지 않다.'는 가정을 무의식적으로 하고 있다. 휴리스틱은 우리가 쓰고 싶지 않아도 거의

◆ **용이성** 어렵지 아니하고 매우 쉬운 성질.
속성 사물의 특징이나 성질.
추정 미루어 생각하여 판정함.
기반 기초가 되는 바탕. 또는 사물의 토대.

자동적으로 작용한다. 그리고 수많은 대안 중 순식간에 몇 가지 혹은 단 한 가지의 대안만을 남겨 판단하기 쉽게 만들어 준다. 이런 점에서 인간은 ⊙'인지적 구두쇠'라고 할 만하다.

1

윗글의 내용과 일치하지 <u>않는</u> 것은?

① 일상생활 속에서 사람들은 과거 경험을 바탕으로 어림짐작을 하게 된다.

② 사람들은 충격적인 경험을 충격적이지 않은 경험보다 더 쉽게 회상한다.

③ 휴리스틱에 따른 판단은 사실에 부합하는 판단일 수도 있고 그렇지 않을 수도 있다.

④ 가상적인 상황을 반복하여 상상하면 마치 그 상황이 실제 사실인 것처럼 느껴질 수 있다.

⑤ 다른 사람의 입장이 되어 가상적인 상황을 생각함으로써 정확하고 객관적인 판단을 내릴 수 있다.

◆ **부합** 사물이나 현상이 서로 꼭 들어맞음.

2

⊙의 의미를 가장 잘 나타내고 있는 것은?

① 인간은 세상의 수많은 일들을 판단할 때 가능하면 노력을 덜 들이려는 경향이 있다.

② 인간은 주변 세계에 의미를 부여하고 앞으로 일어날 일을 예측하려는 욕구를 가지고 있다.

③ 인간은 과학적이고 체계적으로 정보를 처리하여 정확하고 객관적인 판단을 하려는 경향이 있다.

④ 인간은 판단에 필요한 정보나 판단하기 위한 시간이 부족하기 때문에 휴리스틱을 의도적으로 사용한다.

⑤ 인간은 일상생활 속에서 판단이나 결정을 할 때 가능한 모든 대안의 장점과 단점을 분석하여 결론을 도출한다.

각 문단의 중심 내용으로 적절한 것끼리 연결해 보자.

1문단 •

2문단 •

3문단 •

4문단 •

5문단 •

• 시뮬레이션 휴리스틱의 개념과 특징

• 휴리스틱의 개념과 종류

• 대표성 휴리스틱의 개념과 특징

• 휴리스틱의 가치

• 회상 용이성 휴리스틱의 개념과 특징

글의 구조

2

다음 빈칸을 채워 가며 휴리스틱에 대해 정리해 보자.

대표성 휴리스틱	개념	어떤 대상이 특정 집단의 (　　　　　) 이미지와 닮은 정도를 기준으로 그 집단에 속할지 여부를 판단하는 것
	특징	• (　　　　　)을 내리는 데 도움이 됨. • 항상 (　　　　　)하고 (　　　　　)인 것이라고 보기 어려움.
회상 용이성 휴리스틱	개념	당장 머릿속에 잘 떠오르는 (　　　　　)에 의존하여 판단하는 것
	특징	실제 사건 발생 확률과는 다를 수 있음.
(　　　　　) 휴리스틱	개념	과거의 사건이나 미래의 사건을 상상해 보는 것
	특징	상상을 사실처럼 생각하여 오류를 범할 수 있음.

휴리스틱

배 경 지 식

휴리스틱이 생존 습관이라고?

인간은 정신적 에너지를 아끼며 인지적 부담을 줄이려 노력하거나 간단한 단서로 무언가를 쉽게 판단하려고 하는 경향이 있어요. 이때 **인지**란 온갖 사물을 알아보고 그것을 기억하며 추리해서 결론을 얻어 내고 문제를 해결하는 정신적 **과정**을 말해요. 인간은 의사 결정을 할 때 많은 정보를 토대로 논리적인 추론을 하기보다는 복잡한 정보 처리 없이 판단하고 싶어 해요. 즉, **심적 노력을 덜 들여서 신속하게 판단하고자 하는 인지적 구두쇠(Cognitive Miser)**인 것이지요.

인지적 구두쇠인 인간은 판단을 할 때 휴리스틱을 이용해 시간과 노력을 절약해요. 휴리스틱은 원시 시대부터 주어진 환경에 적응할 수 있도록 진화하는 과정에서 인간의 뇌가 변화한 오래된 생존 습관이라고 할 수 있어요. 인간은 자신을 둘러싼 위협과 위험으로부터 자신을 지키기 위해 신속한 판단과 선택이 필요했는데, 살아남기 위해 **특정 정보나 기억의 조각들로부터 빠르고 효율적인 판단을 내리기 위한 수단**이 바로 휴리스틱이에요.

휴리스틱   # 인지적 부담 감소   # 효율적 판단의 방법

어 휘 · 어 법

1~4 다음 의미를 지닌 단어를 〈보기〉에서 찾아 써 보자.

> 보기
>
> 추정   전형적   속성   어림짐작

1 대강 헤아리는 짐작. (   )
2 사물의 특징이나 성질. (   )
3 미루어 생각하여 판정함. (   )
4 어떤 부류의 특징을 가장 잘 나타내는. 또는 그런 것. (   )

5~9 〈보기〉에서 알맞은 단어를 골라 다음 문장의 빈칸에 써 보자.

> 보기
>
> 심문   입증   착오   기반   대안

5 요즘엔 실화에 (   )한 영화가 인기다.
6 서점에서 담당자의 (   )(으)로 책이 잘못 배송되었다.
7 얼마 전 유력한 용의자인 피의자를 경찰관이 (   )했다.
8 사거리 교통사고는 목격자가 없어 (   )이/가 불가능한 것처럼 보였다.
9 이 디자인이 썩 마음에 드는 것은 아니지만 (   )이/가 없으니 어쩔 수 없다.

Tip • 뿐 (어미 '-을' 뒤에 쓰여) 다만 어떠하거나 어찌할 따름이라는 뜻을 나타내는 말. ⑩ 소문으로만 들었을 뿐이네.
• -ㄹ뿐더러 어떤 일이 그것만으로 그치지 않고 나아가 다른 일이 더 있음을 나타내는 연결 어미. ⑩ 라일락은 꽃이 예쁠 뿐더러 향기도 좋다.

조선 시대의 신분 구조

고려 말 중앙 집권 체제의 약화와 왕권의 쇠퇴 속에서 조선 왕조를 세운 신흥 사대부들은 지주층이었기 때문에 노비 노동력이 필요했다. 그러나 이들은 강력한 중앙 집권 체제의 확립을 위해 국역(國役) 대상인 양인 계층의 폭을 넓히려 하였다. 따라서 노비가 꼭 있어야 하더라도 되도록 양인을 더 많이 확보하려는 것이 새 왕조가 추구한 국역 정책의 기본 방향이었다.

이처럼 국역 대상의 확보를 새 왕조 통치 체제의 발판으로 추구하면서, 법제적으로 모든 사회 구성원을 일단 양인과 천인으로 나누었다. 이들 사이에는 의무와 권리에서 차등이 있었는데 먼저 의무 면에서 양인 남자는 국역인 군역(軍役)과 요역(搖役)의 의무가 있었다. 이에 비해 천인은 군역에서 철저히 배제되었다.

권리 면에서 양인과 천인은 신체와 생명의 보호와 같은 인간의 기본권을 공권력으로 보장받을 수 있는지에서 뚜렷이 차이가 났다. 천인인 노비는 재산으로 보아 매매·상속·양도·증여의 대상이 되었으며, 사는 곳을 옮길 자유가 없었다. 노비와 양인이 싸우면 노비가 한 등급 더 무거운 벌을 받는 것은 양·천 사이의 법적 지위의 차이를 잘 보여 준다. 그보다 권리 면에서 양·천의 가장 분명한 차이는 관직 진출권이 있느냐는 것이었다. 양인 중에도 관직 진출권이 제한된 사람이 적지 않았으나 양인은 일단 관직 진출권이 있었다. 더러 노비가 국가에 큰 공로를 세워 정규 관직인 유품직(流品職)을 받기도 하였으나 이때는 반드시 양인이 되는 종량(從良) 절차를 먼저 밟아야 했다. / 그러나 이러한 양·천 구분은 국가의 법적 구분이었지, 실제 사회 구성은 좀 더 복잡했다. 양·천이라는 법적 구분 아래 사회 구성원은 상급 신분층인 양반 계층, 의관·역관과 같은 기술관이나 서얼 등의 중인 계층, 양인 중 수가 가장 많았던 평민 계층, 노비가 주류인 천민 계층으로 나뉘었다.

조선을 양반 관료 사회라고 규정하듯이 양반은 정치·사회·경제 면에서 갖가지 특권과 명예를 독점적으로 누리면서 그 아래인 중인·평민·천민과는 격을 달리했다. 이를 반상(班常)이라는 말로 표현한다. 반상은 곧 신분을 지배자와 피지배자로 나눈 것으로서, 반상의 반(班)에는 중인이 들어가지 않았지만 상(常)에는 평민부터 노비까지 포함되었다. 이러한 구분은 법적 구분과는 달리 사회 통념상으로 최고 신분인 양반의 지배자적 위치를 돋보이게 하려는 의식에서 생겼다고 하겠다.

이처럼 국가 차원의 법적 규범인 양천제와 당시 실제 계급 관계를 반영한 사회 통념상 구분인 반상제가 서로 섞여 중세의 신분 구조를 이루었다. 중세 사회가 발전하면서 신분 구조는 양천제라는 법제적 틀에서 차츰 사회 통념상의 신분 규범이 규정 요소로 확고히 자리 잡는 방향으로 변화했다. 이는 지주제의 확대와 발전, 그리고 조선 사회의 안정과 변동을 나타내는 것이기도 하였다.

문제 풀이
지문 해제
관련 영상
어휘 퀴즈

◆ **국역** 나라에서 백성들에게 지우던 부역.
양인 조선 시대에, 양반과 천민의 중간 신분으로 천역(賤役)에 종사하지 아니하던 백성.
요역 나라에서 16세에서 60세까지의 남자에게 관아의 임무 대신 시키던 노동.
종량 천민이 양민이 되던 일. 납속(納粟)이나 국가에 대한 공훈 따위로 양민의 신분으로 올라갈 수 있었다.

1

윗글을 통해 알 수 있는 내용으로 적절하지 <u>않은</u> 것은?

① 중인은 반상제에서 '반'에 포함되지 않았다.

② 양인 가운데 평민층의 수가 양반층의 수보다 더 많았다.

③ 조선 시대 사회 구성원은 사회 통념상 네 계층으로 나뉘었다.

④ 지주제의 확대와 발전은 양천제에서 반상제로의 변화와 관련이 있었다.

⑤ 조선의 국역 정책은 노동력 확보를 위해 노비의 수를 최대한 늘리는 것을 우선시하였다.

2

'채수'의 견해를 윗글과 관련지어 이해한 내용으로 가장 적절한 것은?

> 사헌부 대사헌 **채수**가 아뢰었다. "어제 전지를 보니 역관, 의관을 권장하고 장려하고자 능통하고 재주가 있는 자는 동서 양반에 발탁하여 쓰라고 특별히 명령하셨다니 듣고 놀랐습니다. 무릇 벼슬에는 높고 낮은 것이 있고 직책에는 가볍고 무거운 것이 있습니다. 의관, 역관은 사대부 반열에 낄 수 없습니다. 의관, 역관 무리는 모두 미천한 계급 출신으로 사족(士族)이 아닙니다."
>
> ─ 「성종실록(成宗實錄)」

◆
전지 상벌(賞罰)에 관한 임금의 명(命)을 그 맡은 관아에 전달하던 일.

① 벼슬에는 높고 낮음이 있고 직책에는 가볍고 무거운 것이 있다고 한 것은 당시 모든 사회 구성원을 양인과 천인으로 나누려는 의도로 볼 수 있군.

② 의관, 역관 무리는 모두 미천한 계급 출신으로 사족이 아니라고 한 것은 국가의 법적 규범인 양천제가 흔들릴 것에 대한 위기감을 드러낸 것이군.

③ 의관, 역관과 같은 중인을 동서 양반에 발탁하려는 임금의 조치에 반대하는 것은 양반의 지배자적 위치를 돋보이게 하려는 의식을 반영한 것이겠군.

④ 기술직을 권장하는 대책을 세우고 시행하는 데 대해 우려를 나타낸 것은 양반들이 누려 온 독점적 권력이 중인에게 집중될 것에 대한 불만을 표시한 것으로 보아야겠군.

⑤ 재주가 있는 자를 양반에 발탁하도록 한 임금의 명령에 놀라움을 드러낸 것은 신분에 따라 공권력으로 인간의 기본권을 보장받을 수 있는 범위에 대한 시각 차를 보여 주는군.

1 문단과 문단의 핵심 내용을 바르게 연결해 보자.

1문단 •	• 조선의 실제 사회 구성
2문단 •	• 양반이 누린 특권과 명예
3문단 •	• 양인과 천인의 의무 면에서의 차이
4문단 •	• 양인과 천인의 권리 면에서의 차이
5문단 •	• 중세 사회가 발전하면서 확고히 자리 잡은 반상제
6문단 •	• 조선이 추구한 국역 정책의 기본 방향

2 다음 빈칸을 채워 가며 조선의 국역 정책에 대해 정리해 보자.

강력한 중앙 집권 체제 확립을 위해 국역 대상인 (   )을 확보하고자 함.

▼

의무

• 양인: 군역, 요역의 의무가 있음.
• 천인: 군역에서 배제됨.

권리

• (   )은 인간의 기본권을 공권력으로 보장받지 못하였으며 관직 진출권을 갖지 못함.
• 양인은 (   )을 보장받으며 (   )을 가짐.

▼

(   )은 갖가지 특권과 명예를 독점적으로 누리며 중인·평민·천민과 격을 달리함.

▼

사회 통념상의 (   )가 중세 신분 구조로 확고히 자리 잡음.

배경지식

조선 사회는 어떤 계층으로 구성되어 있었을까?

조선의 사회 구성원은 양반, 중인, 평민, 천민 계층으로 구분됩니다.

양반	– 문반과 무반을 아우르는 말임. – 과거를 통해 조선 최고의 지배층인 양반이 될 수 있음. – 국가를 위해 일하고 각종 세금이 면제되는 특권을 지님.
중인	– 신분과 직업이 세습됨. – 기술관과 서얼을 의미함.
평민	– 전체 인구의 대부분을 차지함. – 대부분이 농민이고 상인과 수공업자도 이에 해당함. – 과거에 응시할 자격이 있었지만 생계 때문에 거의 응시하는 일이 없음. – 무거운 세금 부담을 지녔으며 '농〉공〉상'의 순서로 차별이 있었음.
천민	– 대부분이 노비에 해당함. – 재산처럼 여겨 인간으로 존중받지 못함.

조선의 신분제   # 양천제   # 반상제

어휘·어법

1~4

다음 내용이 맞으면 ○, 틀리면 ×를 표시해 보자.

1 기세나 상태가 쇠하여 전보다 못하여 가는 것을 '쇠퇴'라고 한다. ( )

2 체계나 견해, 조직 따위가 굳게 섬. 또는 그렇게 하는 것을 '확립'이라고 한다. ( )

3 서로 같지 아니하고 다름. 또는 그런 정도나 상태를 '차등'이라고 한다. ( )

4 국가나 공공 단체가 우월한 의사의 주체로서 국민에게 명령하고 강제할 수 있는 권력을 '공권력'이
라고 한다. ( )

5~7

다음에 제시된 한자의 뜻을 참고하여 단어의 의미를 써 보자.

5 매매(賣買): 賣(매: 팔다), 買(매: 사다) → ( )

6 양도(讓渡): 讓(양: 사양하다), 渡(도: 건너다) → ( )

7 증여(贈與): 贈 (증: 주다), 與(여: 주다) → ( )

8~9

다음 단어와 뜻을 바르게 연결해 보자.

8 종량(從良) •   • ㉠ 고려·조선 시대에, 정1품에서 종9품까지의 18품계를 통틀어 이르던 말.

9 유품(流品) •   • ㉡ 천민이 양민이 되던 일. 납속(納粟)이나 국가에 대한 공훈 따위로 양민
                              의 신분으로 올라갈 수 있었음.

Tip • 유품(흐를 流, 물건 品) 고려·조선 시대에, 정1품에서 종9품까지의 18품계를 통틀어 이르던 말.
         • 유품(남길 遺, 물건 品) 고인(故人)이 생전에 사용하다 남긴 물건. ⑩ 부모님의 유품

07 행복, 에우다이모니아

문제 풀이
지문 해제
관련 영상
어휘 퀴즈

그리스어인 '에우다이모니아(eudaimonia)'는 일반적으로 '행복'이라고 번역된다. 현대인들은 행복을 물질적인 것을 통해 느끼는 안락이나 단순한 쾌감과 동일시하는 경향이 있다. 그러나 아리스토텔레스는 에우다이모니아를 현대인들이 생각하는 행복과는 다르게 설명한다. 그는 에우다이모니아를 인간 고유의 기능인 이성을 발휘하여 그것을 완전하게 실현한 상태라고 규정하였다. 막스 뮐러는 아리스토텔레스가 말한 에우다이모니아에 시간적 속성을 부여하여 이를 세 가지 측면으로 나누어 설명하였다. 막스 뮐러의 견해는 다음과 같다.

첫째, ㉠'감각적 향유로서의 에우다이모니아'는 먹고 마시는 행위와 같은 신체적 감각을 통한 향유가 이성의 테두리 안에서 이루어질 때 얻게 되는 것이다. 인간은 정신과 신체의 통일체로서 존재하기 때문에 감각을 통한 향유도 무시할 수 없다. 다만 감각적 향유가 이성을 벗어나 타인을 배려하지 않고 극단적 탐닉에 빠질 때에는 부정적인 것으로 인식된다. 그런데 감각적 향유 자체는 찰나적인 것이므로 감각적 향유의 과정에서 실현할 수 있는 에우다이모니아는 순간적인 것으로 규정된다.

둘째, '공동체적 삶을 통해 실현할 수 있는 에우다이모니아'는 공동체 속에서 인간이 자유를 누리면서도 이성을 발휘하여 책임 있는 행동을 함으로써 얻게 되는 것이다. 인간의 이성은 공동체의 훈육을 통해서만 개발될 수 있으므로 인간은 공동체를 떠나서 에우다이모니아를 구하려고 해서는 안 된다. 그런데 공동체에서의 인간의 행위는, 수시로 변화하는 역사적 상황 속에서 이루어지기 때문에 이러한 에우다이모니아는 역사적 시간에 의해 규정되는 것이다.

셋째, ㉡'관조(觀照)의 삶을 통해 실현할 수 있는 에우다이모니아'는 인간이 세계의 영원한 질서를 인식하게 됨으로써 얻을 수 있는 것이다. 여기서 '관조'란 쾌락을 목적으로 하는 향락적 활동이나 부를 목적으로 하는 영리적 활동이 아니라, 감각적으로 포착할 수 없는 영원불변한 진리를 학문을 통해 바라보는 영혼의 활동을 말한다. 이는 이성을 통해 이루어지며 인간에게 가장 궁극적인 에우다이모니아를 가져다준다. 이러한 에우다이모니아는 시간적 한계를 뛰어넘는 영원성을 갖는다.

뮐러에 따르면 인간의 이성을 통해 실현되는 에우다이모니아는 모두 그 자체로 의미가 있다. 그리고 그는 에우다이모니아의 순간성, 역사성, 영원성이 서로 무관한 것이 아니므로, 인간은 전 생애에 걸쳐 이 세 가지 에우다이모니아를 함께 구현하기 위해 노력해야 한다고 보았다.

향유 누리어 가짐.
탐닉 어떤 일을 몹시 즐겨서 거기에 빠짐.
훈육 품성이나 도덕 따위를 가르쳐 기름.
관조 고요한 마음으로 사물이나 현상을 관찰하거나 비추어 봄.

㉠과 ㉡에 대한 설명으로 적절하지 <u>않은</u> 것은?

① ㉠은 감각적 향유의 과정에서 극단적 탐닉에 빠지지 않음으로써 실현된다.

② ㉡은 감각적 차원을 넘어선 질서에 대한 인식을 통해서 실현된다.

③ ㉠과 ㉡은 모두 이성의 발휘를 통해 이루어질 수 있다.

④ ㉠은 ㉡과 달리 정신을 배제한 신체적 감각을 중시하는 가치 판단을 전제한다.

⑤ ㉡은 ㉠과 달리 시간적 속성에 있어서 순간성이 아니라 영원성에 의해서 규정된다.

2

윗글을 바탕으로 〈보기〉를 이해한 내용으로 적절하지 <u>않은</u> 것은?

> **보기**
>
> ㄱ. 김 씨는 고기가 정말 맛있어서 많이 먹으려고 하다 보니 다른 사람을 고려하지 않고 그들의 몫까지 다 먹어 버렸다.
>
> ㄴ. 이 씨는 자신의 편의를 위해 불법 주차를 자주 했는데 불법 주차 근절을 홍보하는 주민 회의에 지속적으로 참여한 후 자신의 습관을 고치게 되었다.
>
> ㄷ. 윤 씨는 모든 공식들을 설명할 수 있는 불변의 수학적 질서를 알아내기 위해 다양한 수학적 공식들을 활용하여 끊임없이 연구하고 있다.

① ㄱ에서 김 씨가 고기를 모두 먹어 버린 행위는 극단적인 탐닉에 빠진 것이라고 볼 수 있겠군.

② ㄱ에서 김 씨가 다른 사람들을 배려하여 고기를 나누어 먹는다면 에우다이모니아를 실현할 수 있겠군.

③ ㄴ에서 이 씨의 행동이 긍정적으로 변화한 원인은 주민 회의가 공동체의 훈육으로 작용했기 때문이겠군.

④ ㄷ에서 윤 씨가 끊임없이 연구를 하는 것은 궁극적인 에우다이모니아를 실현해 나가는 과정이라고 할 수 있겠군.

⑤ ㄷ에서 윤 씨가 수학적 공식들을 활용하여 연구를 한 것은 수학 자체를 즐기기 위한 향락적 활동이라고 할 수 있겠군.

1 각 문단의 내용 이해에 도움을 주는 핵심 구절들을 찾아 문단별로 분류해 보자.

1문단	그리스어 '에우다이모니아', ( )의 에우다이모니아, 막스 뮐러의 에우다이모니아
2문단	( ) 감각을 통한 향유, 순간성
3문단	공동체적 삶, 공동체 속 자유와 책임 있는 행동, ( ) 시간
4문단	( )의 삶, 진리를 향한 ( ) 활동, 영원성
5문단	전 생애에 걸친 에우다이모니아의 구현

2 이 글의 중심 내용을 20자 내외로 써 보자.

( )

3 1과 2를 바탕으로 이 글 전체의 내용을 정리해 보자.

막스 뮐러의 에우다이모니아	
의미	• 그리스어로 '( )'을 의미함. • 아리스토텔레스의 에우다이모니아에 시간적 속성을 부여한 것
속성	① 감각적 향유로서의 에우다이모니아 ② ( )적 삶을 통해 실현할 수 있는 에우다이모니아 ③ 관조의 삶을 통해 실현할 수 있는 에우다이모니아
시사점	전 생애에 걸쳐 순간성, 역사성, ( )의 에우다이모니아를 함께 구현하기 위해 노력해야 함.

아리스토텔레스가 말하는 행복이란?

아리스토텔레스(Aristoteles, B.C.384.~B.C.322.)는 현실 속에서 참다운 존재를 찾고자 하였는데, 존재하는 모든 것은 어떤 목적을 가지고 있으며 **인간의 궁극적 목적은 행복**이라고 하였습니다. 그리고 인간이 행복해지기 위해서는 덕을 쌓아야 한다고 했지요. 그런데 덕은 우리에게 본래 있는 것이 아니라 지속적인 실천과 노력을 통해 형성되는 것이며, 따라서 아리스토텔레스는 이러한 덕을 **형성하기 위해서는 좋은 행동이 몸에 배도록 끊임없이 습관화해야 하며 어느 한쪽으로 치우치지 않는 중용의 생활** 자세가 필요하다고 강조하였어요.

행복한 삶이란 쾌락적이고 무절제한 것이 아니며 무절제한 삶은 더 큰 고통만을 가져다준다고 했어요. **행복은 쾌락과 도덕 사이의 균형을 잃지 않는 데서 오며 이것이 바로 중용**입니다. 친절이 과하면 아첨이 되고 부족하면 퉁명이 될 수 있어요. 용기가 과하면 만용이 되고 부족하면 비겁이 되지요. 중용을 택하기 위해서는 먼저 무엇이 옳은지에 대한 이성적인 판가름이 중요하며 구체적인 실천을 통해 행복에 다다를 수 있습니다.

아리스토텔레스의 동상

아리스토텔레스   # 행복한 삶   # 중용

1~5 다음 뜻풀이에 해당하는 단어를 〈보기〉에서 찾아 써 보자.

> **보기**
>
> 쾌감   안락   향유   훈육   탐닉

1 누리어 가짐. (   )
2 상쾌하고 즐거운 느낌. (   )
3 몸과 마음이 편안하고 즐거움. (   )
4 어떤 일을 몹시 즐겨서 거기에 빠짐. (   )
5 품성이나 도덕 따위를 가르쳐 기름. (   )

6~9 다음 뜻풀이에 알맞은 단어를 바르게 연결해 보자.

6 관조 •　　　　　• ㉠ 어떤 일이나 사물 현상이 일어나는 바로 그때.

7 찰나 •　　　　　• ㉡ 고요한 마음으로 사물이나 현상을 관찰하거나 비추어 봄.

8 한계 •　　　　　• ㉢ 어떤 기회나 정세를 알아차림.

9 포착 •　　　　　• ㉣ 사물이나 능력, 책임 따위가 실제 작용할 수 있는 범위. 또는 그런 범위를 나타내는 선.

Tip • -시 '그렇게 여김' 또는 '그렇게 봄'의 뜻을 더하는 접미사. ⓔ 동일시 / 등한시 / 적대시
　　• 시 (일부 명사나 어미 '-을' 뒤에 쓰여) 어떤 일이나 현상이 일어날 때나 경우. ⓔ 비행 시에는 휴대 전화를 사용하면 안 된다.

08

콜버그의 도덕성 단계 이론

문제 풀이
지문 해제
관련 영상
어휘 퀴즈

　　도덕적 판단이란 어떤 행위나 의도를 일정한 기준에 따라 좋은 것 혹은 정당한 것으로 판단하는 것을 의미한다. 그런데 도덕적 판단의 기준은 사람이 성장하면서 달라질 수 있다. 도덕성 발달 단계를 연구한 콜버그는 사람들에게 '하인츠 딜레마'를 들려주고 하인츠의 행동의 옳고 그름에 대한 질문을 하였다. 그리고 그는 사람들의 대답에서 단순하게 '예' 혹은 '아니오'라는 응답에 관심을 둔 것이 아니라 그 판단 근거를 기준으로 도덕성 발달 단계를 '전 관습적 수준', '관습적 수준', '후 관습적 수준'의 세 수준으로 나누었다. 그리고 이를 다시 세분화하여 총 여섯 단계로 구성했다.　5

　　콜버그가 구성한 가장 낮은 도덕성 발달 단계는 ㉠전 관습적 수준이다. 이 수준은 판단의 기준이 오로지 행위자에게 미치는 직접적인 결과와 연관되어 있기 때문에 자기중심적인 단계라고 할 수 있다. 이 수준은 다시 두 단계로 구성된다. 가장 낮은 도덕성인 1단계에서 판단의 기준은 처벌이다. 벌을 받으면 나쁜 것이고 칭찬을 받으면 좋은 것으로 인식한다. 2단계에 도달하면 자신의 이익이 판단의 기준이 된다. 즉 자신의 욕망을 충족하는 것을 옳다고 간주한다.　10

　　전 관습적 수준을 넘어서면 대다수의 사람들이 속하는 ㉡관습적 수준에 다다르게 된다. 이 수준에서는 행위자에게 미치는 결과를 고려하는 것에서 벗어나 사회 집단이나 국가의 기대를 따르게 된다. 관습적 수준의 첫 단계인 3단계에서는 자신이 속한 사회의 구성원들이 동의하는 것을 좋은 것으로 인식한다. 즉 사회에 속한 사람들이 추구하는 것이 도덕적 판단의 기준이 되는 것이다. 4단계에 이르면 모든 잘잘못은 법에 의해 판단되어야 한다고 생각하며, 어떤 예외도 허용하지 않는다. 질서 유지를 위한 법의 준수가 도덕적 판단의 기준이 되는 것이다. / 관습적 수준을 넘어서면　15　20 ㉢후 관습적 수준에 도달하게 된다. 이 수준은 자신의 가치관과 도덕적 원칙이 자신이 속한 집단과 별개임을 깨닫고 집단을 넘어 개인의 양심에 근거하는 단계라고 할 수 있다. 후 관습적 수준의 첫 번째 단계인 5단계에 이르면 법의 합리성이 도덕적 판단의 기준이 된다. 법이 합리적이지 못할 경우, 법적으로는 잘못이지만 도덕적으로는 옳다고 판단하는 것이다. 6단계에 이르면 도덕적 판단은 스스로 선택한 양심의 결정을 따르는 것이라고 인식한다. 따라서 법이나 관습과 같은 제약을 넘어 인간 존엄, 생명 존중과 같은 본질적 가치가 중요한 판단의 기준이 되는 것이다.　25

　　콜버그 이론의 특징으로는 우선 인간의 도덕성 발달이 단계에 따라 순차적으로 이루어진다고 보았다는 점을 들 수 있다. 즉 사람은 각 단계를 순서대로 거쳐 간다는 것이다. 그리고 도덕성 발달은 자기 수준보다 높은 도덕적 난제를 스스로 해결하는　30 과정에서 이루어진다고 보았다는 점을 들 수 있다. 이러한 콜버그의 이론은 도덕성 발달을 이끌어 줄 수 있는 유용한 도덕 교육의 틀을 제시했다는 점에서 가치가 있다.

◆ **딜레마** 선택해야 할 길은 두 가지 중 하나로 정해져 있는데, 그 어느 쪽을 선택해도 바람직하지 못한 결과가 나오게 되는 곤란한 상황.
간주 상태, 모양, 성질 따위가 그와 같다고 봄. 또는 그렇다고 여김.
준수 전례나 규칙, 명령 따위를 그대로 좇아서 지킴.
난제 해결하기 어려운 일이나 사건.

1

윗글에 대한 설명으로 가장 적절한 것은?

① 특정한 이론을 소개한 후 그 의의를 밝히고 있다.

② 권위자의 이론을 설명한 후 그 장단점을 분석하고 있다.

③ 다양한 이론을 제시한 후 각각의 한계를 지적하고 있다.

④ 상반된 두 이론의 차이점을 설명한 후 이를 절충하고 있다.

⑤ 어떤 이론에 대한 통념을 제시한 후 그 문제점을 설명하고 있다.

◆
절충 서로 다른 사물이나 의견, 관점 따위를 알맞게 조절하여 서로 잘 어울리게함.

2

㉠~㉢을 이해한 내용으로 가장 적절한 것은?

① ㉠은 소수의 사람들이, ㉡은 대다수의 사람들이 거쳐 가는 수준이라고 할 수 있겠군.

② ㉠은 이기적인 욕망을, ㉡은 집단의 가치를 추구하는 수준이라고 할 수 있겠군.

③ ㉠은 집단의 질서를, ㉢은 보편적인 도덕 원칙을 지향하는 수준이라고 할 수 있겠군.

④ ㉡은 개인의 자율성이, ㉢은 집단에 의한 강제성이 중시되는 수준이라고 할 수 있겠군.

⑤ ㉡은 성인들에게서, ㉢은 아동들에게서 많이 보이는 수준이라고 할 수 있겠군.

각 문단의 중심 내용을 다음과 같이 정리할 때, 적절한 것은 ○, 적절하지 <u>않은</u> 것은 ×를 표시해 보자.

1문단 | 어떤 행위나 의도를 일정한 기준에 따라 좋거나 정당하다고 판단하는 것을 도덕적 판단이라 하며, 이에 따라 도덕성 발달 단계를 구분한다. | ( )

2문단 | 콜버그의 가장 낮은 도덕성 발달 단계는 자기중심적인 단계이다. | ( )

3문단 | 도덕성 발달 3단계는 전 관습적 수준으로, 사회에 속한 사람들이 욕망하는 것이 곧 판단 기준이 된다. | ( )

4문단 | 도덕성 발달 5단계부터는 집단을 넘어 개인의 양심을 기준으로 한 판단이 가능하다. | ( )

5문단 | 콜버그는 사회성 발달을 위한 도덕 교육을 제안하였다. | ( )

다음 빈칸을 채워 가며 콜버그의 도덕성 발달 단계별 판단 기준을 정리해 보자.

도덕성 발달 단계

전 ( ) 수준
1단계 | 처벌
2단계 | 자신의 이익

관습적 수준
3단계 | 사회에 속한 사람들이 추구하는 것
4단계 | ( )의 준수 여부

후 관습적 수준
5단계 | 법의 ( )
6단계 | ( )의 결정

배 경 지 식

하인츠 딜레마란 무엇일까?

하인츠의 부인은 암으로 죽어 가고 있었어요. 그의 부인을 살리는 약은 오직 한 가지밖에 없었지요. 이 약은 같은 마을에 사는 약사가 개발한 새로운 약으로 이 약의 원가는 200달러였어요. 그 약사는 적은 분량의 약을 만든 후 원가의 10배인 2000달러를 요구했어요. 아픈 부인을 구하기 위해 남편 하인츠는 집과 재산을 팔고 주변 사람들을 찾아다니며 돈을 구하기 위해 애를 썼으나 약값의 절반인 1000달러밖에 마련하지 못했어요. 남편은 약사에게 부인이 죽기 직전이라며 애원했으나 약사는 "안 됩니다. 나는 이 약을 개발하기 위해 일생의 공을 들였고, 이 약을 통해서 돈을 벌려고 합니다."라며 거부하였어요. 절망에 빠진 하인츠는 약국 문을 부수고 부인을 위해 약을 훔치게 돼요.

콜버그는 사람들에게 이 이야기를 들려준 후 다음과 같은 질문을 하였고 이를 바탕으로 도덕적 발달 단계를 연구합니다.

• 남편은 약을 훔쳤기 때문에 벌을 받아야 하는가?
• 약사는 비싼 약값을 요구할 권리가 있는가?
• 약사 때문에 아내가 죽게 되었다고 비난하는 것은 정당한가?

\# 콜버그의 도덕성 이론 \# 하인츠 딜레마

어 휘 · 어 법

1~5

다음 뜻풀이에 해당하는 단어를 〈보기〉에서 찾아 써 보자.

> **보기**
>
> 간주　　　별개　　　근거　　　순차　　　난제

1 돌아오는 차례. (　　　　　　)
2 관련성이 없이 서로 다름. (　　　　　　)
3 해결하기 어려운 일이나 사건. (　　　　　　)
4 어떤 일이나 의논, 의견에 그 근본이 됨. 또는 그런 까닭. (　　　　　　)
5 상태, 모양, 성질 따위가 그와 같다고 봄. 또는 그렇다고 여김. (　　　　　　)

6~7

다음 뜻풀이에 알맞은 단어를 연결해 보자.

6 존엄 •　　　　• ㉠ 인물이나 지위 따위가 감히 범할 수 없을 정도로 높고 엄숙함.
7 존중 •　　　　• ㉡ 높이어 귀중하게 대함.

Tip • **거치다** '무엇에 걸리거나 막히다.', '오가는 도중에 어디를 지나거나 들르다.', '어떤 과정이나 단계를 겪거나 밟다.'의 뜻으로 쓰이는 동사. ◉ 칡덩굴이 발에 거치다. / 대구를 거쳐 부산으로 가다. / 우리 반은 예선을 거쳐 본선에 진출했다.
• **걷히다** '구름이나 안개 따위가 흩어져 없어지다.', '비가 그치고 맑게 개다.'의 뜻으로 쓰이는 '걷다'의 피동사. ◉ 안개가 걷히다. / 비가 걷힌 뒤의 하늘

노블레스 오블리주

문제 풀이
지문 해제
관련 영상
어휘 퀴즈

'노블레스 오블리주(noblesse oblige)'는 높은 지위에 맞는 도덕적 의무감을 일컫는 말이다. 높든 낮든 사람들은 모두 지위를 가지고 이 사회를 살아가고 있다. 그러나 '노블레스 오블리주'는 '높은 지위'를 강조하고, 그것도 사회를 이끌어 가는 지도층에 속하는 사람들의 지위를 강조한다. 지도층은 '엘리트층'이라고도 하고 '상층'이라고도 한다. 좀 부정적 의미로는 '지배층'이라고도 한다. '노블레스 오블리주'는 지도층의 지위에 맞는 도덕적 양심과 행동을 이르는 말로, 사회의 중요 덕목으로 자주 인용된다.

그렇다면 지도층만 도덕적 의무감이 중요하고 일반 국민의 도덕적 의무감은 중요하지 않다는 말인가? 물론 그럴 리도 없고 그렇지도 않다. 도덕적 의무감은 지위가 높든 낮든 다 중요하다. '사회는 도덕 체계다.'라는 말처럼, 사회가 존속하고 지속되는 것은 기본적으로는 법 때문이 아니라 도덕 때문이다. 한 사회 안에서 수적으로 얼마 안 되는 '지도층'의 도덕성만이 문제될 수는 없다. 화합하는 사회, 인간이 존중되는 사회는 국민 전체의 도덕성이 더 중요하다.

그런데도 왜 '노블레스 오블리주'인가? 왜 지도층만의 도덕적 의무감을 특히 중요시하는가? 이유는 명백하다. 우리 식 표현으로는 윗물이 맑아야 아랫물이 맑기 때문이다. 서구식 주장으로는 지도층이 '도덕적 지표(指標)'가 되기 때문이다. 그런데 우리 식의 표현이든 서구식의 주장이든 이 두 생각이 사회에서 그대로 적용되는 것은 아니다. 사회에서는 위가 맑아도 아래가 부정한 경우가 비일비재(非一非再)하다. 또한 도덕적 실천에서는 지도층이 꼭 절대적 기준이 되는 것도 아니다. 완벽한 기준은 세상 어디에도 존재하지 않는다. 단지 건전한 사회를 만드는 데에 어느 방법이 높은 가능성을 지니느냐, 어느 것이 효과적인 방법이냐만이 있을 뿐이다. 우리 식 표현이든 서구식 생각이든 두 생각이 공통적으로 갖는 의미는 지도층의 도덕적 의무감이 일반 국민을 도덕 체계 속으로 끌어들이는 데 가장 효과적이며 효율적인 방법이라는 것에 있다. 그래서 '노블레스 오블리주'이다.

그런데 우리는 어떠한가? 왜 우리 사회 지도층의 상당수는 '도덕적 상층'이라고 불리지 못하는가? '노블레스 오블리주'가 없기 때문이다. 선진국 사회의 상층과 우리 사회의 상층은 어떤 차이가 있는가? 선진국 사회의 상층은 우리 사회의 상층과 달리 '도덕적 상층'이라 불린다. 이들 사회의 '상층'은 재산과 권력 그리고 위신(威信)만 높게 가지고 있는 것이 아니라 도덕적 수준 또한 그들 국민에 비해 상당히 높다. 이 점이 선진국 사회의 상층이 '존경받는 상층'이 되는 이유다. 이에 비해 우리 사회의 상층은 돈과 힘과 높은 지위는 가지고 있어도 도덕성이 떨어진다는 소리를 듣는다. 우리 사회의 상층이 '존경받는 상층'이 되지 못하는 이유가 여기에 있다. 존경은 고사하

5

10

15

20

25

30

◆
덕목 충(忠), 효(孝), 인(仁), 의(義) 따위의 덕을 분류하는 명목.
존속 어떤 대상이 그대로 있거나 어떤 현상이 계속됨.
지표 방향이나 목적, 기준 따위를 나타내는 표지.
위신 위엄과 신망을 아울러 이르는 말.

고 일부 지도층은 지탄의 대상이 되는 경우도 있다.

　지금 우리 사회의 혼돈(混沌)과 무질서, 계층적, 지역적 갈등의 원인을 지도층의 문제에서 찾는 사람들이 많다. 이유는 도덕성이 떨어지는 사회 지도층이 일반 국민에게 신뢰감을 주지 못하기 때문이다. 다시 말해 사회 지도층의 지도력이 부족해서라기보다는 도덕적 긴장감과 도덕적 의무감이 떨어지는 사회 지도층의 행동 때문이다. 우리 사회의 건전한 발전을 위해서는 이제 '노블레스 오블리주'가 확고한 사회적 덕목으로 자리 잡아야 한다.

5

◆
고사하다 어떤 일이나 그에 대한 능력, 경험, 지불 따위를 배제하다.
지탄 잘못을 지적하여 비난함.

사회
01

1

윗글의 논리 전개 과정을 〈보기〉와 같이 정리할 때, 적절하지 않은 것은?

보기
- '노블레스 오블리주'란 무엇인가?
  - 지도층의 도덕적 의무감을 나타내는 개념이다.　　　　　…… ①
  ↓
- 도덕적 의무감이 지도층에게만 중요한가?
  - 아니다. 일반 국민의 도덕적 의무감도 중요하다.　　　　…… ②
  ↓
- 그런데, 왜 지도층만의 도덕적 의무감을 중요시하는가?
  - 역사적으로 지도층의 행위가 사회의 완벽한 기준이 되어 왔기 때문이다.　…… ③
  ↓
- 그렇다면, 우리 사회의 지도층의 모습은 어떠한가?
  - 도덕성이 떨어져 국민으로부터 존경을 받지 못하고 있다.　…… ④
  ↓
- 따라서, 우리 사회의 발전을 위해 '노블레스 오블리주'가 사회적 덕목으로 확고히 자리 잡아야 한다.　　　　　　　　　　　　　…… ⑤

2

글쓴이의 생각을 비유적으로 정리할 때, 가장 적절한 것은?
① 집안이 바로 서기 위해서는 집안의 어른이 솔선수범하여야 한다.
② 수강생들의 실력이 향상되기 위해서는 강사의 실력이 좋아야 한다.
③ 국가 경제가 진일보하기 위해서는 초일류 기업의 수가 늘어나야 한다.
④ 학교가 발전하기 위해서는 학생과 교사가 각자의 역할에 충실해야 한다.
⑤ 국정을 무리 없이 수행하기 위해서는 대통령에게 권한이 집중되어야 한다.

◆
진일보 한 걸음 더 나아간다는 뜻으로, 한 단계 더 높이 발전해 나아감을 이르는 말.

사회 01 · 41

1 빈칸을 채우며 각 문단의 내용을 정리해 보자.

> **1문단** 노블레스 오블리주의 의미: 높은 지위에 맞는 (　　　　　　) 의무감, 지도층의 지위에 맞는 (　　　　　) 양심과 행동
>
> ▼
>
> **2문단** 지도층의 도덕성 못지않게 중요한 일반 (　　　　　)의 도덕성
>
> ▼
>
> **3문단** 노블레스 오블리주를 강조하는 이유: 지도층의 도덕적 의무감이 일반 국민을 도덕 체계 속으로 끌어들이는 데 가장 (　　　　　　　)인 방법이기 때문임.
>
> ▼
>
> **4문단** 우리 사회 지도층의 현실
> – '도덕적 (　　　　　　)'이라고 불리지 못함.
> – 돈, 힘, 높은 지위를 가지고 있으나 도덕성이 떨어짐. 일부는 (　　　　　)의 대상이 됨.
>
> ▼
>
> **5문단** 우리 사회의 건전한 (　　　　　)을 위해 필요한 노블레스 오블리주

2 이 글에서 우리 사회의 혼돈과 무질서, 갈등의 원인을 지도층의 문제로 보는 이유를 써 보자.

(　　　　　　　　　　　　　　　　　　　　　　　　　　　　　　　　　　　　　)

3 다음 빈칸을 채워 가며, 우리나라의 사회 지도층과 선진국의 사회 지도층을 비교해 보자.

우리나라		선진국
• 도덕적 상층이라 불리지 못함. • (　　　　)의 대상이 되지 못함. • 돈, 힘, 높은 지위를 가지고 있으나 (　　　)이 떨어짐.		• 도덕적 상층이라고 불림. • (　　　　)의 대상이 됨. • 도덕적 수준이 일반 국민에 비해 상당히 높음.

배 경 지 식

'노블레스 오블리주'라는 말은 어디서 시작됐을까?

『골짜기의 백합』이라는 발자크의 자전적 소설에 노블레스 오블리주라는 표현이 최초로 등장해요. 이 작품은 주인공 펠릭스와 귀부인 앙리에트의 순수한 정신적 사랑을 다룬 소설로, 아래에 인용된 부분은 이별을 앞둔 앙리에트가 펠릭스에게 쓴 편지의 내용 중 일부예요. 앙리에트는 개인의 행복이 사회와 무관하지 않으며 사회적 책무를 다하는 사람만이 진정으로 존경받을 가치가 있다고 말하고 있어요.

사람들은 다양한 형태로 서로에게 의무가 있습니다. 내 생각에는, 의원직에 있는 공작은 빈곤한 사람들과 수공업자들에게, 이들이 그에게 진 의무보다 더 많은 의무를 지니고 있습니다. 상업에서나 정치에서나 적용되는, 책임의 무게가 이윤과 비례한다는 원칙에 따라, 의무는 사회가 부여하는 이익에 따라 증가하는 것입니다. 각자는 자신의 방식으로 빚을 갚는 것이죠. 내가 이야기한 모든 것은 '지위가 높으면 덕도 높아야 한다.(noblesse oblige!)'는 옛말로 요약이 됩니다.
　　　　　　　　　　　　　　　　　　　　　　　　　　　　　　　－ 오노레 드 발자크, 『골짜기의 백합』

#노블레스 오블리주　　　#최초 등장

어 휘 · 어 법

1~5　　　다음 단어와 그 의미가 맞으면 ○, 틀리면 ×를 표시해 보자.

1 덕목: 충(忠), 효(孝), 인(仁), 의(義) 따위의 덕을 분류하는 명목.　　　　　（　　　）

2 모방: 남의 말이나 글을 자신의 말이나 글 속에 끌어 씀.　　　　　　　　（　　　）

3 지탄: 잘못을 지적하여 비난함.　　　　　　　　　　　　　　　　　　　（　　　）

4 좌표: 방향이나 목적, 기준 따위를 나타내는 표지.　　　　　　　　　　　（　　　）

5 위신: 위엄과 신망을 아울러 이르는 말.　　　　　　　　　　　　　　　（　　　）

6~9　　　다음 뜻풀이에 해당하는 단어를 〈보기〉에서 찾아 써 보자.

> **보기**
>
> 　　　　　　명백하다　　　　확고하다　　　　혼돈　　　　고사하다

6 의심할 바 없이 아주 뚜렷하다. （　　　　　　）

7 어떤 일이나 그에 대한 능력, 경험, 지불 따위를 배제하다. 앞에 오는 말의 내용이 불가능하여 뒤에 오는 말의 내용 역시 기대에 못 미침을 나타낸다. （　　　　　　）

8 마구 뒤섞여 있어 갈피를 잡을 수 없음. 또는 그런 상태. （　　　　　　）

9 태도나 상황 따위가 튼튼하고 굳다. （　　　　　　）

Tip ・식 '일정한 방식이나 투.'를 뜻하는 의존 명사. ⑩ 그런 식 / 농담 식 / 우리 식
　　　・-식 '방식'의 뜻을 더하는 접미사. ⑩ 강의식 / 계단식 / 서구식

레드오션과 블루오션

1984년 길거리 공연가 몇 사람이 모여 설립한 캐나다 최대 문화 산업 기업인 솔레이유의 공연 작품은 세계 90여 개 도시에서 4천만 명이 관람했다. 이 회사는 서커스 업계에서 세계 최고라고 인정받는 베일리가 100년 이상 걸려 달성한 수입 규모를 20년도 채 안 걸려 벌어들였다. 주목할 것은 솔레이유의 급속한 성장이 잠재˚ 성장력이 한계에 달한 사양 산업에서 이루어졌다는 점이다. 솔레이유는 이렇게 축소되고 있는 5 시장에서 경쟁자의 고객을 빼앗는 방법으로 승리한 것이 아니다. 경쟁과 무관한 미개척 시장 공간을 새로 개발하여 참신한 엔터테인먼트로 전통 서커스 공연보다 몇 배나 비싼 요금을 지불할 의사가 있는 새로운 고객들의 마음을 사로잡았다. 솔레이유가 성공할 수 있었던 것은 경쟁을 멈춰야 성공한다는 사실을 인식했기 때문이다. 경쟁에서 이기는 유일한 방법은 경쟁자를 이기려는 노력을 그만두는 것이다. 즉 솔 10 레이유는 레드오션(Red ocean) 전략이 아니라 블루오션(Blue ocean) 전략으로 승부한 것이다.

레드오션은 존재하는 모든 산업을 뜻하며 이미 세상에 알려진 시장 공간이다. 블루오션은 현재 존재하지 않는 모든 산업을 나타내는 미지의 시장 공간이다. 레드오션에서는 산업 간의 경계선이 명확하게 그어져 있고 경영자는 이를 받아들이고 그 15 게임의 법칙 또한 알고 있다. 기업들은 기존 수요에서 보다 큰 점유율을 얻기 위해 경쟁자를 능가하려 애쓴다. 시장 참가자 수가 늘어남에 따라 수익과 성장에 대한 기대치는 낮아진다. 애써 개발한 상품은 흔한 일상품이 되고 목을 죄는 경쟁으로 시장은 유혈˚의 바다로 변한다. 이와는 대조적으로 블루오션은 미개척 시장 공간으로 새로운 수요 창출과 고수익 성장을 향한 기회로 정의된다. 블루오션은 기존 산업의 경 20 계선 밖에서 완전히 새롭게 창출되기도 하고 기존 산업을 확장하여 만들기도 한다. 블루오션에서는 게임의 규칙이 정해지지 않았기 때문에 경쟁과는 무관하다.

레드오션에서는 경쟁자를 능가하기 위해 붉은 바다를 잘 헤쳐 나가는 것이 중요하다. 공급이 수요를 초과하는 대부분 산업의 경우, 축소되는 시장 공간에서 점유율 경쟁이 필요한 것이 사실이다. 그러나 점유율에서 우위˚를 점한다고 하더라도 지속적으 25 로 높은 실적을 내기는 어렵다. ㉠기업은 이러한 한계를 뛰어넘어야 한다. 그리고 수익과 성장의 새로운 기회를 잡기 위해 블루오션을 창출해야 한다. 그러나 아쉽게도 블루오션은 항해 지도에 잘 나타나 있지 않다. 지난 20년간 절대적 영향력을 미친 기업의 경영 전략 포커스는 경쟁을 바탕으로 한 레드오션이었다. 그 결과, 우리는 경제 구조 분석에서부터 원가 절감, 품질의 차별화, 경쟁자 벤치마킹 등 여러 가지 효 30 과적인 기술로 레드오션에서 경쟁하는 방법을 배워 왔다. 블루오션 창출은 가치 혁신의 패러다임 전환 없이는 실제 전략으로 추구하기에는 위험 부담이 커서 단순히

◆
잠재 겉으로 드러나지 않고 속에 잠겨 있거나 숨어 있음.
점유율 물건이나 영역, 지위 따위를 차지하고 있는 비율.
유혈 피를 흘림. 또는 흘러 나오는 피.
우위 남보다 나은 위치나 수준.

희망 사항으로만 머무를 가능성이 있다.

　블루오션이란 용어는 분명 새로운 것이지만 블루오션 자체가 과거에 존재하지 않았던 것은 아니다. 그럼에도 불구하고 지금까지의 전략적 사고의 최우선 초점은 레드오션 전략이었다. 이제는 레드오션이냐 블루오션이냐 결론을 내려야 한다. 세계
5　시장에서 살아남기 위해서는 경쟁사를 이기는 데 포커스를 맞추지 말고 기업의 가치를 비약적으로 증대시키고 비용을 절감함으로써 시장 경쟁에서 자유로워지고 이를 통해 새로운 시장 공간을 창출하는 비즈니스 세계의 탁월한 힘을 발휘해야 할 때다.

■ 정답과 해설 10쪽

1

레드오션과 블루오션을 비교한 내용으로 적절하지 않은 것은?

	레드오션	블루오션
①	베일리	솔레이유
②	공급 과잉	수요 창출
③	협력 위주	경쟁 위주
④	기존 시장	신시장 개척
⑤	산업 간 경계선 명확	산업 간 경계선 해체

2

윗글에서 설명한 경영 전략을 그림으로 나타낸 것이다. ㉠의 기업이 선택해야 할 영역으로 적절한 것은?

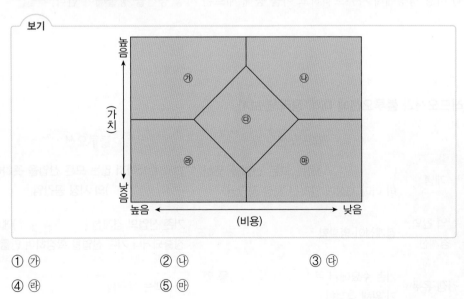

① ㉮　　　　② ㉯　　　　③ ㉰

④ ㉱　　　　⑤ ㉲

1 문단 요약

각 문단의 중심 내용을 다음과 같이 정리할 때, 빈칸에 들어갈 내용을 써 보자.

> **1문단** ( ) 전략으로 성공한 솔레이유
>
> ▼
>
> **2문단** 레드오션과 블루오션의 ( )과 특징
>
> ▼
>
> **3문단** 레드오션에서 ( )하는 방법
>
> ▼
>
> **4문단** ( )의 극복과 블루오션의 창출

2 정보 확인

글쓴이의 주장과 일치하는 것은 ○, 일치하지 <u>않는</u> 것은 ×를 표시해 보자.

1) 이제는 기업 전략을 레드오션과 블루오션 중 어떤 것으로 할 것인지 결정해야 한다.
··· ( )

2) 세계 시장에서 살아남으려면 경쟁사를 이기는 데 집중해야 한다. ············· ( )

3) 기업의 가치와 비용을 축소하기 위해 노력해야 한다. ····························· ( )

4) 시장 경쟁에서 자유로워지고 이를 통해 새로운 시장 공간을 창출해야 한다. ····· ( )

3 정보 확인

레드오션과 블루오션에 대해 정리해 보자.

	레드오션	블루오션
개념	( )하는 모든 산업을 뜻하며 이미 세상에 알려진 시장 공간임.	현재 존재하지 않는 모든 산업을 뜻하며 ( )의 시장 공간임.
산업 간의 경계선	경계선이 명확함.	기존 산업의 경계선 ( )에서 창출되거나 기존 산업을 확장하여 만듦.
경쟁 유무	기존 수요에서 큰 ( )을 얻기 위해 경쟁함.	경쟁과는 무관함.

배경지식

시르크 뒤 솔레이유의 성공 비결은?

'시르크 뒤 솔레이유(Cirque du Soleil, 태양의 서커스)'는 캐나다의 최대 문화 산업 수출업체예요. 이곳은 세계 최고의 서커스 업체인 '베일리'가 100년 이상 걸려 벌어들인 수익을 단 20년도 안 되어 달성했지요. 그 비밀은 무엇일까요? 솔레이유는 변해 가는 시장을 인식하고 '서커스는 이래야 한다.'라는 업계 관행에 문제가 있다고 판단했어요. 그래서 기존의 동물 서커스를 없애고 스타 배우를 기용하지 않았어요. 동물 서커스는 비용 부담이 크고 동물 학대라는 비판을 받고 있었기 때문이에요. 그 대신 서커스에 연극과 음악을 도입해 공연의 예술성을 높였어요. 그리고 주 고객을 어린이에서 어른으로 재설정했고 혁신적 공연을 위해 러시아, 루마니아, 불가리아 등에서 최고의 연기자들을 발탁했지요. **기존의 서커스와 연극에서 좋은 점을 가려 뽑고 나머지는 과감하게 포기한 것이에요.** 이를 통해 **솔레이유의 서커스는 전통적인 것과는 차원이 다른 서커스로 새로운 블루오션을 창조해 내었고 시장에서 크게 성공할 수 있었어요.**

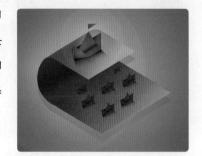

#시르크 뒤 솔레이유   #서커스계의 블루오션

어휘·어법

1~5 다음 빈칸에 들어갈 알맞은 단어를 〈보기〉에서 찾아 써 보자.

> 보기
>
> 잠재   사양   인식   미지   유혈

1 대립하던 두 나라가 또다시 (   ) 충돌을 벌였다.

2 그 소년의 (   ) 능력은 최 선생님 덕분에 발견할 수 있었다.

3 국민들은 이번 선거를 비교적 공정했던 것으로 (   )하고 있다.

4 인쇄 산업은 점점 (   )의 길로 접어들어 앞날을 점치기가 힘들어졌다.

5 (   )의 세계에 대한 두려움은 사라지고 새로운 세상에 대한 기대감이 부풀었다.

6~9 다음에 제시된 단어의 사전적 의미를 찾아 바르게 연결해 보자.

6 창출 •   • ㉠ 아끼어 줄임.

7 초과 •   • ㉡ 남보다 나은 위치나 수준.

8 우위 •   • ㉢ 전에 없던 것을 처음으로 생각하여 지어내거나 만들어 냄.

9 절감 •   • ㉣ 일정한 수나 한도 따위를 넘음. 기준이 수량으로 제시될 경우에는, 그 수량이 범위에 포함되지 않으면서 그 위인 경우를 가리킨다.

Tip ・**개발**(열 開, 드러낼 發) ① 토지나 천연자원 따위를 유용하게 만듦. ② 지식이나 재능 따위를 발달하게 함. ③ 산업이나 경제 따위를 발전하게 함. ④ 새로운 물건을 만들거나 새로운 생각을 내어놓음. ⑩ 유전 개발 / 능력 개발 / 신제품 개발
・**계발**(일깨울 啓, 밝힐 發) 슬기나 재능, 사상 따위를 일깨워 줌. ⑩ 자기 계발 / 외국어 능력의 계발

다문화 사회의 패러다임

문제 풀이
지문 해제
관련 영상
어휘 퀴즈

한국 사회는 구성원의 출신국이나 인종 등을 보면 이제 더 이상 단일 민족 국가라고 부를 수 없는 것이 현실이다. 이러한 변화에 대응하기 위해 우선 다문화 사회의 주요 패러다임에 대해 살펴보고, 다문화 사회로서의 궁극적 지향점을 생각해 보기로 하자.

다문화 사회를 정의하는 패러다임에는 (가) 차별 배제 모형, (나) 동화 모형, (다) 다문화 모형이 있다. 이 세 모형은 외국인과 이민자를 받아들이는 데 있어 국가가 어떠 5 한 정책과 제도를 채택하고 있는지에 따라 분류한 것이다. 먼저 차별 배제 모형은 국가가 특정 경제 영역에만 외국인이나 이민자를 받아들이고, 복지 및 사회적 영역에서는 받아들이지 않는 배타적인 모형이다. 그러나 경제적 세계화의 거대한 흐름과 결혼 이민자의 증대와 맞물려 점차 그 입지가 제한되고 있다. 그리고 동화 모형은 외국인이나 이민자의 모든 면이 주류 사회와 똑같아져야 한다는 모형이다. 그러나 이 10 모형은 외국인이나 이민자의 정체성을 무시하였다는 비판과 함께 그들에 대한 불이익과 편견을 간과했다는 비난을 받고 있다. 이 두 모형과 달리, 다문화 모형은 다른 인종과 민족에 대해 포용적인 태도를 취하는 모형으로, 외국인이나 이민자가 그들만의 문화를 지키는 것을 인정하고 장려하며, 정책의 목표를 '동화'가 아닌 '공존'에 두고 있다. 따라서 지금까지 살펴본 모형들을 바탕으로 할 때, 현재 급속하게 변화하는 15 세계 속에서 한국 사회는 다문화 모형에 초점을 두고 접근할 필요가 있다.

다문화 모형은 다시 문화다원주의와 다문화주의로 나눌 수 있다. 문화다원주의와 다문화주의는 다양성을 인정하고 사회적 통합을 추구한다는 점에서는 유사하다. 그러나 문화다원주의는 주류 사회가 존재함을 분명히 하면서 문화의 다양성과 다원성을 인정하는 정도의 소극적인 다문화 모형이다. 이에 비해 보다 발달된 개념인 다문 20 화주의는 주류 사회의 중요성을 부각하기보다는 다양한 문화가 평등하게 인정되어야 함을 강조한다. 주류 사회 안에서 외국인과 이민자의 문화를 인정한다는 점에서 문화다원주의는 매력적으로 보일 수 있다. 그러나 '단일 민족 국가'라는 인식이 강하게 작용하는 한국 사회에서 외국인과 이민자에 대한 차별적 태도와 이중적 기준 적용의 문제를 해소하고 조화와 소통을 지향하기 위해서 한국 사회는 다문화주의라는 25 목표를 지향해야 할 것이다.

그러나 사회 조직 내의 다양성을 강조하기만 하고, 다양성과 다문화적인 요소들을 제대로 운영하지 못하면 오히려 사회에 극심한 혼란만 ⓐ더하게 되어, 사회의 통합이 아닌 분열을 조장할 수 있다. 따라서 한 사회의 다문화에 대한 목표가 정해지면, 그에 따른 정책들을 적정한 단계에 맞추어 진행해야 문제가 최소화될 수 있다. 그러 30 므로 우리는 장기적 목표를 다문화주의에 두고, 단·중기적으로 실시할 수 있는 단계별 정책 목표와 구체적 사업을 정하고 추진해야 한다.

◆ **배제** 받아들이지 아니하고 물리쳐 제외함.
배타적 남을 배척하는. 또는 그런 것.
간과 큰 관심 없이 대강 보아 넘김.
주류 조직이나 단체 따위의 내부에서 다수파를 이르는 말.

1

윗글을 통해 답을 구할 수 있는 물음이 <u>아닌</u> 것은?

① 다문화 모형의 정책 목표는 무엇인가?

② 다문화주의를 지향해야 하는 이유는 무엇인가?

③ 다문화 관련 정책 중 현재 시행되고 있는 것들은 무엇인가?

④ 다문화 사회를 정의하는 패러다임에는 어떤 것들이 있는가?

⑤ 다문화 모형에 초점을 두고 접근해야 하는 필요성은 무엇인가?

2

(가)~(다)에 해당하는 사례를 〈보기〉에서 골라 바르게 배열한 것은?

> **보기**
> ㄱ. A국은 이민자들이 A국의 언어를 습득할 수 있도록 돕고, 이민자의 자녀가 정규 학교에 취학하는 것을 지원했다.
> ㄴ. B국은 인력난으로 인해 외국인 노동자를 대거 받아들였지만, 그들에게 영주권이나 시민권을 주는 데는 상당한 제약을 가했다.
> ㄷ. C국은 이민자들이 출신국에 따른 특성을 간직하면서 전체 사회를 조화롭게 구성할 수 있도록 정책을 펼쳤다.

	(가)	(나)	(다)
①	ㄱ	ㄴ	ㄷ
②	ㄱ	ㄷ	ㄴ
③	ㄴ	ㄱ	ㄷ
④	ㄴ	ㄷ	ㄱ
⑤	ㄷ	ㄴ	ㄱ

@의 문맥적 의미와 가장 유사한 것은?

① 그것은 원액에 물을 <u>더하여</u> 만들었다.

② 날이 갈수록 그들의 횡포가 점점 <u>더한다.</u>

③ 동구 밖의 실버들이 푸른빛을 <u>더하고</u> 있다.

④ 부지런하기로 말하면 그녀가 나보다 <u>더하다.</u>

⑤ 그는 원장의 생각에 의견을 <u>더하는</u> 일이 없었다.

1 다문화 사회를 정의하는 패러다임을 다음과 같이 정리해 보자.

차별 배제 모형	동화 모형	다문화 모형
• 특정 경제 영역에만 외국인이나 이민자를 받아들이고, 복지와 사회적 영역에서는 받아들이지 않는 ( ) 모형 • 경제적 ( )와 결혼 이민자 증가로 그 입지가 제한됨.	• 외국인이나 이민자의 모든 면이 ( )와 똑같아져야 한다는 모형 • 외국인이나 이민자의 ( )을 무시하고, 그들에 대한 불이익과 ( )을 간과했다는 점에서 비난을 받음.	• 다른 인종과 민족에 대해 ( ) 태도를 취하는 모형 • 외국인이나 이민자가 그들만의 문화를 지키는 것을 인정하고 장려하며, 정책의 목표를 ( )에 두고 있음.

2 글쓴이는 다문화 사회와 관련하여 우리 사회가 궁극적으로 지향해야 할 바를 무엇이라고 하였는지 한 문장으로 써 보자.

(   )

3 다문화 모형의 구체적 종류를 분류하고, 그 특징을 정리해 보자.

다문화 모형

( )

주류 사회가 존재함을 분명히 하면서 문화의 다양성과 다원성을 인정하는 소극적인 다문화 모형

다문화주의

( )의 중요성을 부각하기보다는 다양한 문화가 ( )하게 인정되어야 함을 강조

공통점   다양성을 인정하고 사회적 ( )을 추구함.

배경지식

단일 민족 국가란 무엇일까?

　단일 민족 국가란 대부분의 국민이 하나의 민족으로 이루어진 나라를 말해요. 이는 **좁은 의미의 민족 국가**를 나타내는 **개념**이기도 합니다. 한국이나 일본은 이러한 민족 국가의 대표적인 예에 해당하는데, 민족 국가에서는 언어나 문화 등의 이질성이 초래하는 정치 문제로부터 자유롭다는 장점이 있어요.

　그러나 역사적으로 볼 때 우리나라도 외국인이 한반도에 들어와 자손을 낳고 산 경우가 많았는데, 이로 미루어본다면 우리나라는 오천 년의 시간을 거치며 여러 민족이 섞인 다양한 사람들로 이루어졌음을 짐작할 수 있어요. 최근 결혼 이민자도 더욱 늘어 이제 **우리나라는 다양한 민족과 인종으로 이루어진 국민들이 함께 어울려 사는 다민족 국가**가 되어 가고 있습니다.

#단일 민족 국가　　#다민족 국가

어휘·어법

1~5

다음 뜻풀이에 해당하는 단어를 〈보기〉에서 찾아 써 보자.

보기				
패러다임	지향점	정체성	불이익	편견

1 도달하고자 하는 목표로 지정한 점. (　　　　　)
2 공정하지 못하고 한쪽으로 치우친 생각. (　　　　　)
3 이익이 되지 아니하고 손해가 되는 데가 있음. (　　　　　)
4 변하지 아니하는 존재의 본질을 깨닫는 성질. 또는 그 성질을 가진 독립적 존재. (　　　　　)
5 어떤 한 시대 사람들의 견해나 사고를 근본적으로 규정하고 있는 테두리로서의 인식의 체계. 또는 사물에 대한 이론적인 틀이나 체계. (　　　　　)

6~9

다음 단어와 그 의미가 맞으면 ○, 틀리면 ×를 표시해 보자.

6 간과하다: 큰 관심 없이 대강 보아 넘기다. 　　　　　　　　　　　　　(　　　)
7 장려하다: 좋은 일에 힘쓰도록 북돋아 주다. 　　　　　　　　　　　　　(　　　)
8 공유: 두 가지 이상의 사물이나 현상이 함께 존재함. 　　　　　　　　　(　　　)
9 조장: 바람직하지 않은 일을 더 심해지도록 부추김. 　　　　　　　　　(　　　)

Tip ・배타(물리칠 排, 다를 他) 남을 배척함. ⑱ 의타(依他) ⑩ 외국 문물을 배타하다.
　　　・의타(의지할 依, 다를 他) 남에게 의지하거나 부탁함. ⑩ 의지가 약한 사람을 계속 도와주면 의타심만 커질 것이다.

세금과 조세 원칙

문제 풀이
지문 해제
관련 영상
어휘 퀴즈

세금이란 정부 또는 지방 정부가 수입을 얻기 위해 법률의 규정에 따라 직접적인 반대급부◆ 없이 자연인이나 법인에게 부과하는 경제적 부담이다. 즉, 세금은 정부가 사회 안전과 질서를 유지하고 국민 생활에 필요한 공공재를 공급하는 비용을 마련하기 위해 가계나 기업의 소득을 가져가는 부(富)의 강제 이전(移轉)인 것이다.

납세자들은 정부에서 제공하는 각종 재정 활동, 즉 각종 공공 시설, 보건 의료, 복 　　5
지 및 후생 등의 편익◆에 대해서 더 큰 혜택을 원한다. 그러나 공공 서비스 확충을 위하여 세금을 더 많이 내겠다고 나서는 사람은 보기 드물다.

역사적으로 볼 때 시민 혁명이나 민중 봉기 등의 배경에는 정부의 과다한 세금 징수도 하나의 요인으로 자리 잡고 있다. 현대에도 정부가 세금을 인상하여 어떤 재정 사업을 하려고 할 때, 국민들은 자신들에게 별로 혜택이 없거나 부당하다고 생각될 　　10
경우 납세 거부 운동을 펼치거나 정치적 선택으로 조세 저항을 표출하기도 한다. 그래서 세계 대부분의 국가는 원활한 재정 활동을 위한 조세 정책에 골몰하고 있다.

경제학의 시조◆인 아담 스미스를 비롯한 많은 경제학자들이 제시하는 바람직한 조세 원칙 중 가장 대표적인 것이 공평과 효율의 원칙이라 할 수 있다. 공평의 원칙이란 특권 계급을 인정하지 않고 국민은 누구나 자신의 능력에 따라 세금을 부담해야 　　15
한다는 의미이고, 효율의 원칙이란 정부가 효율적인 제도로 세금을 과세해야 하며 납세자들로부터 불만을 최소화할 수 있는 방안으로 징세해야 한다는 의미이다.

조세 원칙을 설명하려 할 때 프랑스 루이 14세 때의 재상 콜베르의 주장을 대표적으로 원용◆한다. 콜베르는 가장 바람직한 조세의 원칙은 거위의 털을 뽑는 것과 같다고 하였다. 즉, ㉠거위가 소리를 가장 적게 지르게 하면서 털을 가장 많이 뽑는 것이 　　20
가장 훌륭한 조세 원칙이라는 것이다.

거위의 깃털을 뽑는 과정에서 거위를 함부로 다루면 거위는 소리를 지르거나 달아나 버릴 것이다. 동일한 세금을 거두더라도 납세자들이 세금을 내는 것 자체가 불편하지 않게 해야 한다는 의미이다. 또 어떤 거위도 차별하지 말고 공평하게 깃털을 뽑아야 한다. 이것은 모든 납세자들에게 공평한 과세를 해야 한다는 의미이다. 신용 카 　　25
드 영수증 복권 제도나 현금 카드 제도 등도 공평한 과세를 위해서이다.

더불어 거위 각각의 상태를 감안하여 깃털을 뽑아야 한다. 만일 약하고 병든 거위에게서 건강한 거위와 동일한 수의 깃털을 뽑게 되면 약하고 병든 거위들의 불평·불만이 생길 것이다. 더 나아가 거위의 깃털을 무리하게 뽑을 경우 거위는 죽고 결국에는 깃털을 생산할 수 없게 될 것이다. 　　30

◆ **반대급부** 어떤 일에 대응하여 얻게 되는 이익.
편익 편리하고 유익함.
시조 어떤 학문이나 기술 따위를 처음으로 연 사람.
원용 자기의 주장이나 학설을 세우기 위하여 문헌이나 관례 따위를 끌어다 씀.

1

윗글을 읽고 내용을 정리해 보았다. 적절하지 <u>않은</u> 것은?

- 납세자들의 경제적 여건을 고려하여 세금이 부과되어야 함. ──────── ①
- 대다수의 국민들은 양질의 공공 서비스를 받기 위해 세금을 많이 내려고 함. ──── ②
- 무리한 세금 부과는 국민과 국가를 모두 힘들게 할 수 있으므로 피해야 함. ───── ③
- 정부는 납세자들의 불만을 최소화하는 방법으로 세금을 징수하여야 함. ─────── ④
- 공평의 조세 원칙에 따르면 국민은 누구나 자신의 능력에 따라 세금을 부담해야 함. ─── ⑤

2

〈보기〉의 관점에서 ㉠을 비판한 내용으로 가장 적절한 것은?

> **보기**
> 정부의 재정 활동에서 세입과 세출은 서로 일치해야 한다. 만일 국민 경제가 원활하게 운영되는 시기에 세입이 세출보다 많았다면, 이는 정부가 필요 이상으로 세금을 거두어들여 국민 경제에 나쁜 영향을 미쳤다는 사실을 의미하는 것이다.

① 자유주의 경제 아래서는 원칙적으로 정부가 시장 경제에 개입해서는 안 된다.

② 정부는 국민들이 편리하게 세금을 납부할 수 있도록 조세 제도를 개선해야 한다.

③ 정부는 국민이 내는 세금을 생활 보호, 의료비, 연금 등의 사회 보장 분야에 써야 한다.

④ 한 나라의 경제가 착실하게 발전하기 위해서는 이에 필요한 운영 자금이 원활하게 공급되어야 한다.

⑤ 정부는 사전에 필요한 경비를 정확히 예측하여 필요한 만큼만 세금을 걷어 효율적으로 사용해야 한다.

세입 한 회계 연도에 있어서의 정부 또는 지방 자치 단체의 모든 수입.
세출 국가나 지방 자치 단체의 한 회계 연도에 있어서의 모든 지출.

1 단락 요약

각 문단의 중심 내용을 다음과 같이 정리할 때, 적절한 것은 ○, 적절하지 <u>않은</u> 것은 ×를 표시해 보자.

1문단 세금은 정부가 사회 안전과 질서 유지, 공공재 공급 비용의 마련을 위해 가계나 기업의 소득을 가져가는 것이다. ( )

2문단 납세자 대부분은 정부에서 제공하는 공공 서비스의 확충을 위해 세금을 늘리는 것에 동의한다. ( )

3문단 세계 대부분의 국가는 조세 저항을 줄이고 원활한 재정 활동을 위한 조세 정책 마련에 힘쓰고 있다. ( )

4문단 많은 경제학자들이 제시하는 바람직한 조세 원칙 중 대표적인 것으로는 공평의 원칙과 정의의 원칙이 있다. ( )

5문단 콜베르는 거위가 소리를 가장 크게 지르게 하면서 털을 가장 많이 뽑는 것이 가장 훌륭한 조세 원칙이라고 주장했다. ( )

6문단 세금을 거둘 때에는 납세자들이 세금을 내는 것이 불편하지 않게 해야 하며, 납세자 모두에게 공평하게 과세해야 한다. ( )

7문단 세금을 거둘 때에는 납세자의 상태를 감안하여 과세하여야 한다. ( )

2 정보 확인

이 글에 제시된 대표적인 조세의 원칙에 대해 정리해 보자.

공평의 원칙	( )의 원칙
특권 계급을 인정하지 않고 국민은 누구나 자신의 ( )에 따라 세금을 부담해야 한다는 조세 원칙	정부가 효율적인 제도로 세금을 과세해야 하며 납세자들로부터 ( )을 최소화할 수 있는 방안으로 징세해야 한다는 조세 원칙

배경지식

세금은 어떻게 걷을까?

정부는 재정 활동에 필요한 돈을 각종 조세 수입과 수수료 등의 조세 외 수입을 통해 마련하는데, 재정 수입의 대부분을 차지하는 것이 바로 조세, 즉 세금이에요.

세금에는 소득에 부과하는 소득세, 재산에 부과하는 재산세, 상속 재산에 부과하는 상속세, 소비에 부과하는 부가 가치세나 개별 소비세 등이 있어요. **세금은 국민의 부담과 직결될 뿐만 아니라 국민 경제 전반에 미치는 영향이 크기 때문에 반드시 국회에서 정한 법률에 의해서만 걷을 수 있도록 하고 있습니다.**

세금은 납부 방식에 따라 직접세와 간접세로 나눌 수 있는데 직접세는 소득이나 재산에 따라 누진적으로 적용되어 소득 격차를 줄이고 소득을 재분배하는 효과가 있어요. 반면 간접세는 소득이나 재산에 상관없이 모두에게 똑같이 적용되는 세금으로, 세금 징수는 편리하지만 소득이 적은 사람일수록 세금에 대한 부담이 커질 수 있습니다.

#세금의 종류   #직접세   #간접세

어휘·어법

1~5

다음 뜻풀이에 해당하는 단어를 〈보기〉에서 찾아 써 보자.

> **보기**
>
> 규정   반대급부   이전   편익   확충

1 편리하고 유익함. (   )

2 늘리고 넓혀 충실하게 함. (   )

3 어떤 일에 대응하여 얻게 되는 이익. (   )

4 규칙으로 정함. 또는 그 정하여 놓은 것. (   )

5 권리 따위를 남에게 넘겨주거나 또는 넘겨받음. (   )

6~10

다음에 제시된 단어의 사전적 의미를 찾아 바르게 연결해 보자.

6 징세 •   • ㉠ 세금을 거두어들임.

7 과세 •   • ㉡ 들인 노력과 얻은 결과의 비율.

8 효율 •   • ㉢ 어느 쪽으로도 치우치지 않고 고름.

9 공평 •   • ㉣ 세금을 정하여 그것을 내도록 의무를 지움.

10 원용하다 •   • ㉤ 자기의 주장이나 학설을 세우기 위하여 문헌이나 관례 따위를 끌어다 쓰다.

Tip • **원용**(도울 援, 쓸 用) 자기의 주장이나 학설을 세우기 위하여 문헌이나 관례 따위를 끌어다 씀.
　　　 ⓔ 작가는 대장장이 신화를 원용해 우리에게 노동의 소중함을 일깨워 주었다.
　　• **인용**(끌 引, 쓸 用) 남의 말이나 글을 자신의 말이나 글 속에 끌어 씀.
　　　 ⓔ 그의 논문은 수많은 논제에서 인용된다.

집단지성

집단지성(集團知性)이란, 다수의 개체가 서로 협력함으로써 얻게 되는 집단의 지적 능력을 의미한다. 다수의 일반인이 공동의 목표를 이루기 위해 협력하게 되면, 전문가의 능력을 초월하게 된다는 것이다. 주로 공유, 참여, 협업(協業)▪ 등의 방식으로 이루어지는 집단지성은 인지적 능력을 비롯한 두뇌의 모든 활동을 포괄하는 개념이다.

21세기를 전후하여 집단지성은 사회의 다양한 분야에서 주목받고 있는데, 이는 인 5 터넷의 비약적인 발달과 관련이 있다. 인터넷에 의해 지구촌이 하나의 거대한 네트워크를 이루게 되면서, 무수히 많은 사람들이 시공간의 제약을 받지 않고 공동 목표를 위해 집단적으로 참여하고 협력하는 것이 가능해졌기 때문이다.

㉠'우리는 공유한다. 고로 창조한다.'는 명제로 대변되는 집단지성의 대표적인 성공 사례로는 오픈소스▪ 소프트웨어 커뮤니티인 리눅스를 들 수 있다. 1991년 리누스 10 토발즈는 자신이 개발한 리눅스 초판 프로그램과 함께 소스코드▪까지 인터넷에 공개했다. 소프트웨어 마니아들이 무료로 다운받아 마음껏 수정하고 개선할 수 있도록 허용한 것이다. 이를 바탕으로 거대한 리눅스 커뮤니티가 자발적으로 ㉡꾸려졌다. 리눅스 커뮤니티는 헌신적으로 프로그램의 중핵을 관리하는 수백 명의 핵심 그룹과 이들에게 개선 아이디어를 제공하는 수십만 명의 기여자들로 구성되어 있다. 이들은 15 네트워크를 통해 지속적으로 지식과 아이디어를 주고받으며 매우 정교하고도 믿을 수 있는 프로그램을 생산해 냈고, 2006년에는 전 세계 컴퓨터 서버의 80%가 리눅스를 이용하기에 이르렀다. 2005년 발표된 리눅스 배포판을 소프트웨어 전문가 한 사람이 개발했다면 6만 년의 시간과 80억 달러의 비용을 들여야 하는 규모이다.

집단지성 프로젝트가 성공하기 위해서는 몇 가지 요건을 갖추어야 한다. 첫째, 토 20 발즈가 제공한 리눅스 초판과 같이 기여자들을 끌어들일 수 있는 훌륭한 핵심이 있어야 한다. 핵심은 개인이 감당하기 어려울 만큼 복잡한 것이어서 기여자들의 도전 의식을 불러일으킬 수 있어야 하고, 개선에 대해 개방적이어야 하지만, 완벽하지 않아야 한다. 둘째, 핵심의 주변에 모여든 자발적 기여자의 규모가 되도록 크게 성장해야 하고, 기여자들은 다양한 기술과 관점을 지닌 사람들로 구성될 때 효율적이다. 셋 25 째, 조각조각 분열된 공동체에서는 창의성이 발휘될 수 없기 때문에 모든 구성원들이 그물망 같은 네트워크를 형성해 서로 관계를 맺고 교류할 수 있는 통로가 있어야만 한다. 넷째, 집단지성 공동체는 위계적 통제력을 갖춘 세력이 없이 자율적, 수평적, 개방적으로 운영되기 때문에 확고한 자율 규제가 이루어져야만 작동할 수 있다.

아이디어는 다른 사람과 나눌 때 비로소 혁신과 창조를 이루게 된다. 20세기에는 30 무엇을 소유하느냐가 중요했다면, 아이디어 위주의 21세기에는 무엇을 공유하느냐가 중요한 화두▪가 될 전망이다.

문제 풀이
지문 해제
관련 영상
어휘 퀴즈

▪ **협업** 많은 노동자들이 협력하여 계획적으로 노동하는 일.
▪ **비약** 지위나 수준이 갑자기 빠른 속도로 높아지거나 향상됨.
▪ **오픈소스(Open Source)** 소스코드를 누구나 열람할 수 있도록 공개한 소프트웨어.
▪ **소스코드(Source Code)** 컴퓨터 프로그램을 프로그래밍 언어로 기술한 글.
▪ **화두** 관심을 두어 중요하게 생각하거나 이야기할 만한 것.

윗글을 통해 해결할 수 있는 의문이 <u>아닌</u> 것은?

① 집단지성의 개념은 무엇인가?

② 리눅스 커뮤니티는 어떻게 구성되어 있는가?

③ 집단지성이 최근에 주목받게 된 배경은 무엇인가?

④ 리눅스는 어떻게 집단지성의 성공 사례가 되었는가?

⑤ 집단지성이 제약된 사회에서 발생하는 문제는 무엇인가?

2

㉠이 구현된 적절한 사례만을 〈보기〉에서 있는 대로 고른 것은?

> 보기
> ㄱ. ◎◎사는 자사 스마트폰의 기술을 공개하여 누구나 어플리케이션을 개발할 수 있도록 함
> 으로써 사용자들이 만들어 배포한 다양한 프로그램을 확보하게 되었다.
> ㄴ. '세컨드 라이프'는 가상의 현실에서 아바타를 통해 교류하고 활동하는 온라인 가상현실 사
> 이트이다. 세계적인 IT기업 ☆☆사에서는 전 세계에 흩어진 수천 명의 직원들이 세컨드 라
> 이프의 아바타를 통해 정례 회의를 한다.
> ㄷ. ○○사는 개인 소유의 기업을 주식시장에 상장하여 다수의 주주 소유인 주식회사로 전환
> 함으로써 기업의 자산 규모를 키우고 경영 수지도 개선시켰다.
> ㄹ. '위키피디아'는 정보 공유에 자발적으로 참여하려는 사람들의 기고를 바탕으로, 사전의 항
> 목을 구성하여 만들어진 무료 인터넷 백과사전이다. 일반인의 참여만으로 항목 수가 2백만
> 개에 이르는 방대한 규모의 사전이 만들어졌다.

◆
기고 신문, 잡지 따위에 싣
기 위하여 원고를 써서 보
냄. 또는 그 원고.

① ㄱ, ㄴ　　　　② ㄱ, ㄹ　　　　③ ㄴ, ㄷ

④ ㄱ, ㄷ, ㄹ　　　⑤ ㄴ, ㄷ, ㄹ

3 어휘

문맥상 ㉡과 바꾸어 쓸 수 있는 것은?

① 형성(形成)되었다

② 양성(養成)되었다

③ 달성(達成)되었다

④ 작성(作成)되었다

⑤ 완성(完成)되었다

단락 요약

1

각 문단의 중심 내용을 다음과 같이 정리할 때, 빈칸에 들어갈 내용을 써 보자.

1문단   (   )의 개념

▼

2문단   (   )의 비약적인 발달과 집단지성

▼

3문단   집단지성의 대표적인 성공 사례: (   ) 커뮤니티

▼

4문단   집단지성의 (   ) 요건

▼

5문단   아이디어의 (   )가 중요해진 21세기

정보 확인

2

5문단에서 제시한 20세기와 21세기의 차이에 대해 정리해 보자.

(   )

정보 확인

3

성공 사례를 바탕으로 집단지성의 성공 요건을 정리해 보자.

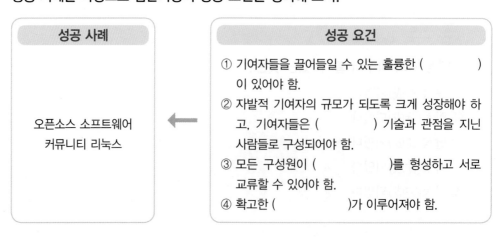

성공 사례	성공 요건
오픈소스 소프트웨어 커뮤니티 리눅스	① 기여자들을 끌어들일 수 있는 훌륭한 ( ) 이 있어야 함. ② 자발적 기여자의 규모가 되도록 크게 성장해야 하고, 기여자들은 ( ) 기술과 관점을 지닌 사람들로 구성되어야 함. ③ 모든 구성원이 ( )를 형성하고 서로 교류할 수 있어야 함. ④ 확고한 ( )가 이루어져야 함.

배 경 지 식

개미의 협업에서 집단지성의 지혜를 발견했다고?

집단지성은 곤충학자인 윌리엄 휠러 교수가 개미를 관찰하고 난 후 얻은 결과에서 처음으로 제시된 개념이에요. 휠러는 하나의 개체로서는 미미한 개미가 다수의 개체로서 협업(協業)하여 거대한 개미집을 만들어 내는 것을 확인하였고, 이를 바탕으로 개미는 협업으로 높은 지능 체계를 이룰 수 있다는 사실을 밝혔어요. 이러한 개념이 철학자, 사회 연구가 등에 의해 대중에게 전파되었고 다수의 개체들이 서로 협력을 통해 지적 능력의 결과물을 얻을 수 있다는 집단지성으로 정리되었어요. 비록 전문가가 아니라 할지라도 일반인 다수가 모여 다양한 의견을 낸다면, 전문가들보다 훨씬 가치 있는 의견을 구성할 수 있는 것이 집단지성의 핵심이에요.

집단지성의 사례로는 리눅스 외에 인터넷을 기반으로 한 '위키피디아'를 꼽을 수 있어요. '위키피디아'는 지식과 정보를 생산하는 사람과 이용하는 사람이 따로 구분되어 있지 않아 누구나 쉽게 공유하고 생산하며 발전하는 집단지성의 특성을 가지고 있습니다.

#집단지성   #협업

어 휘 · 어 법

1~5

다음 뜻풀이에 해당하는 단어를 〈보기〉에서 찾아 써 보자.

> 보기
>
> 비약   네트워크   혁신   창조   화두

1 새로운 성과나 업적, 가치 따위를 이룩함. (   )
2 관심을 두어 중요하게 생각하거나 이야기할 만한 것. (   )
3 지위나 수준이 갑자기 빠른 속도로 높아지거나 향상됨. (   )
4 묵은 풍속, 관습, 조직, 방법 따위를 완전히 바꾸어서 새롭게 함. (   )
5 랜(LAN)이나 모뎀 따위의 통신 설비를 갖춘 컴퓨터를 이용하여 서로 연결시켜 주는 조직이나 체계.
(   )

6~8

다음에 제시된 초성과 뜻을 참고하여 빈칸에 알맞은 단어를 써 보자.

6 일정한 대상이나 현상 따위를 어떤 범위나 한계 안에 모두 끌어 넣음. (ㅍㄱ ➡   )
   예 한국어란 우리말과 우리글을 ㅍㄱ하는 용어이다.
7 잘못된 것이나 부족한 것, 나쁜 것 따위를 고쳐 더 좋게 만듦. (ㄱㅅ ➡   )
   예 모둠 과제를 효율적으로 해결하기 위한 ㄱㅅ 방안을 생각해 보도록 하자.
8 지위나 계층 따위의 등급. (ㅇㄱ ➡   )
   예 지훈이네는 형제간의 ㅇㄱ가 확실하다.

Tip • 드리다 '주다'의 높임말. 예 부모님께 선물을 드리다.
• 들이다 어떤 일에 돈, 시간, 노력, 물자 따위를 쓰다. '들다'의 사동사. 예 책상에 앉아 시간을 많이 들인다고 공부를 잘하는 건 아니다.

사회적 기업

  우리 사회에는 이윤 추구를 목적으로 하는 일반적 기업이 있는 반면, 사회적 가치 추구를 목적으로 하는 비영리기관이 있다. 이와 달리 사회적 가치 추구를 위해 이윤을 창출하는 기업이 있는데, 이를 '사회적 기업'이라 한다. 이러한 기업은 환경 문제, 취약▾ 계층의 복지 등과 같은 사회적 문제를 해결하고자 재화와 서비스를 생산·판매하는 경제 활동을 한다. 사회적 기업은 혼성 조직, 자원 동원의 다양성, 민주적 조직 운영 등의 특성을 가지고 있다. 　5

  이와 같은 사회적 기업의 특성을 구체적인 사례들을 통해 하나씩 살펴보자. 버려진 물건으로 조형물을 ㉠만들고 이를 전시해서 수익을 창출하는 A기업의 경우, 그 수익의 70% 정도를 환경 단체에 기부한다. 그 전시회 활동과 수익 기부 활동을 보면 A기업이 환경 문제 해결이라는 사회적 가치 창출을 목표로 한다는 것을 알 수 있다. 　10 이를 볼 때, 사회적 기업은 사회적 가치 창출을 위한 공익성과 이를 위한 이윤 추구의 성격을 모두 가지고 있는 혼성 조직이라고 할 수 있다.

  취약 계층 사람들을 고용▾하여 결식 이웃에게 저렴한 가격으로 판매할 도시락을 만들고 배달하는 사업체 B기업의 경우, 도시락 판매로 얻은 수익만으로는 지속적인 기업 운영이 불가능하다. 그래서 B기업은 기부나 후원, 정부 보조 등과 같은 여러 방법 　15 으로 자원을 동원하는데, 이는 자원 동원의 다양성을 보여 주는 것이다. 또한 B기업에서는 기업의 설립과 운영에 가장 많은 돈을 기부한 창립자라 하더라도 다른 일반 구성원들과 동등한 의사 결정권을 가진다. 뿐만 아니라 구성원 모두의 자발적인 참여를 유도하고, 구성원의 의견을 민주적으로 ㉡모아서 기업이 운영된다. 이는 조직 운영의 민주성을 보여 주는 것이다. 　20

  이러한 사회적 기업은 이윤을 사회 또는 지역공동체의 취약 계층에 ㉢되돌려 사회 통합에 기여한다. 악기 연주가 가능한 미취업 장애인들을 고용해서 정기 연주회를 열어 얻은 수익을 장애인 복지 사업에 기부하는 C기업이 있다. 이 기업은 미취업 장애인 고용을 통해 취약 계층의 실업 문제를 해결하고 기업 활동에서 창출한 이윤을 장애인 복지 사업에 기부하여 복지 서비스 확대에 기여했다. 이는 취약 계층이 느끼 　25 는 사회적 소외감을 줄여 사회 통합에 ㉣보탬이 된 것이라 할 수 있다.

  오늘날 취약 계층의 실업률 급증, 사회 복지 서비스의 부족, 환경 문제의 심화 등 다양한 사회적 문제 때문에 이를 극복하기 위한 공동체의 역할이 절실하게▾ 요구된다. 사회적 기업은 이런 역할을 지속적으로 수행할 수 있는 대안으로 ㉤떠오르고 있다.

▾**취약** 무르고 약함.
기부 자선 사업이나 공공사업을 돕기 위하여 돈이나 물건 따위를 대가 없이 내놓음.
고용 삯을 주고 사람을 부림.
절실하다 매우 시급하고도 긴요한 상태에 있다.

1

윗글에서 언급하지 <u>않은</u> 것은?

① 사회적 기업의 역할

② 사회적 기업의 권한

③ 사회적 기업의 필요성

④ 사회적 기업의 구체적 사례

⑤ 사회적 기업과 일반 기업의 차이점

2 어휘

㉠~㉤과 바꿔 쓸 수 있는 말로 적절하지 <u>않은</u> 것은?

① ㉠: 제공(提供)하고

② ㉡: 수렴(收斂)하여

③ ㉢: 환원(還元)하여

④ ㉣: 일조(一助)한

⑤ ㉤: 부상(浮上)하고

1

각 문단의 중심 내용을 다음과 같이 정리할 때, 빈칸에 들어갈 내용을 써 보자.

1문단 사회적 기업의 개념: 사회적 가치 추구를 위해 (　　　　　)을 창출하는 기업

▼

2문단 사회적 기업의 특성 ①
→ 사회적 가치 창출을 위한 (　　　　　)과 이를 위한 이윤 추구의 성격을 모두 가지고 있는 혼성 조직

▼

3문단 사회적 기업의 특성 ②, ③
→ 자원 동원 방법이 다양함.
→ 구성원 모두의 (　　　　　)인 참여를 유도하고, 구성원의 의견을 (　　　　　)으로 모아서 기업이 운영됨.

▼

4문단 사회적 기업의 역할
→ 이윤을 사회 또는 취약 계층에 되돌려 사회 (　　　　　)에 기여함.

▼

5문단 사회적 기업의 가치와 의의

2

다음 사례와 사회적 기업의 특성을 바르게 연결하시오.

○○ 기업: 예술품을 만들어 수익을 얻고 그중 70%를 환경 단체에 기부함.　•

•　여러 가지 다양한 방법으로 자원을 동원함.

◇◇ 기업: 기업 창립에 가장 많은 돈을 기부한 창립자도 다른 일반 구성원과 동등한 의사 결정권을 가짐.　•

•　사회적 가치 창출을 위한 공익성과 이윤 추구의 성격을 모두 가짐.

□□ 기업: 회사의 수익만으로는 지속적인 기업 운영이 어려워 기부나 후원, 정부 보조 등을 받음.　•

•　기업 구성원의 의견을 민주적으로 모아서 기업을 운영함.

배경지식

사회적 기업은 어떤 역할을 할까?

사회적 기업은 영업 활동을 하여 얻은 수입으로 어려운 이웃에게 일자리를 제공하고 지역 주민의 삶의 질을 향상하는 것을 주된 목적으로 삼아요. 이러한 사회적 기업은 처음에 유럽에서 시작되어 현재는 전 세계로 확산되었으며, 우리나라는 외환 위기 이후에 정부가 재정을 지원하는 형태의 일자리가 확대되기도 하였으나 크게 발전하지 못하였어요. 이후 2000년대 들어 유럽의 사회적 기업 제도 도입과 관련한 논의가 본격화되면서 사회적 기업이 본격적으로 등장하였어요. 사회적 기업은 조직의 주된 목적에 따라 다음과 같이 그 유형을 정리할 수 있어요.

일자리 제공형	취약 계층에게 일자리를 제공하는 데 있음.
사회 서비스 제공형	취약 계층에게 사회 서비스를 제공하는 데 있음.
지역 사회 공헌형	지역 사회에 공헌하는 데 있음.
혼합형	취약 계층의 일자리 제공과 사회 서비스 제공이 혼합되어 있음.
기타형	사회 목적의 실현 여부를 계량화하여 판단하기 곤란한 경우에 해당함.

#사회적 기업   #일자리 제공   #삶의 질 향상

어휘·어법

1~5

다음 내용이 맞으면 ○, 틀리면 ×를 표시해 보자.

1 장사 따위를 하여 남은 돈을 '이윤'이라고 한다. ( )
2 목적을 이룰 때까지 뒤좇아 구하는 것을 '추구'라고 한다. ( )
3 전에 없던 것을 처음으로 생각하여 지어내거나 만들어 내는 것을 '창출'이라고 한다. ( )
4 돈이나 그 밖의 값나가는 모든 물건을 '재산'이라고 한다. ( )
5 삯을 주고 사람을 부리는 것을 '고용'이라고 한다. ( )

6~9

다음 빈칸에 들어갈 알맞은 단어를 〈보기〉에서 찾아 써 보자.

> 보기
>
> 소외감   취약   절실   대안

6 국제 경쟁력을 키우기 위해서는 기술의 첨단화가 ( )하다.
7 현재의 어려움을 해결하기 위한 현실적인 ( )을 찾도록 하자.
8 특히 수학 과목이 ( )한 학생들은 방학을 이용하여 복습을 하는 편이 효과적이다.
9 새로운 환경에 적응하기도 힘들었지만 교실에서 느끼는 ( ) 때문에 더욱 괴로웠다.

Tip • **고용**(품팔 雇, 쓸 用) 삯을 주고 사람을 부림. ⓓ 사립 탐정을 고용하여 뒷조사를 한 결과 그는 사기꾼임이 밝혀졌다.
• **고용**(품팔 雇, 품팔이 傭) 삯을 받고 남의 일을 해 줌. ⓓ 이 사업은 적어도 만 명의 고용을 창출하게 될 것으로 예상된다.

수요의 가격 탄력성

수요의 법칙에 따르면 어떤 상품의 가격 변화에 따라 그 상품의 수요량은 변화한다. 수요의 가격 탄력성은 가격이 변할 때 수요량이 변하는 정도를 나타내는 지표다. 가격 변화에 따른 수요량의 변화가 ⊙민감하면 탄력적이라 하고, 가격 변화에 따른 수요량의 변화가 민감하지 않으면 비탄력적이라고 한다.

수요의 가격 탄력성에 영향을 주는 대표적인 요인에는 세 가지가 있다. 첫째, 대체 5
재의 존재 여부이다. 어떤 상품에 ⓒ밀접한 대체재가 있으면, 소비자들은 그 상품 대신에 대체재를 사용할 수 있으므로 그 상품 수요의 가격 탄력성은 탄력적이다. 예를 들어 버터는 마가린이라는 밀접한 대체재가 있기 때문에 버터 가격이 오르면 버터의 수요량은 크게 감소하므로 버터 수요의 가격 탄력성은 탄력적이다. 반면에 달걀은 마땅한 대체재가 없으므로, 달걀 수요의 가격 탄력성은 비탄력적이다. 둘째, 필요성 10
의 정도이다. 필수재 수요의 가격 탄력성은 대체로 비탄력적인 반면에, 사치재 수요의 가격 탄력성은 대체로 탄력적이다. 예를 들어 필수재인 휴지의 가격이 오르면 아껴 쓰기는 하겠지만 그 수요량이 ⓒ급격하게 줄어들지는 않는다. 그러나 사치재인 보석의 가격이 상승하면 그 수요량이 감소한다. 셋째, 소득에서 지출이 차지하는 비중이다. 해당 상품을 구매하기 위한 지출이 소득에서 차지하는 비중이 높을수록 수 15
요의 가격 탄력성은 커진다. 소득에서 차지하는 비중이 큰 상품의 가격이 인상되면 개인의 소비 생활에 지장을 ⓔ초래할 수 있으므로 그만큼 가격 변화에 민감하게 반응할 수밖에 없다.

그렇다면 수요의 가격 탄력성은 어떻게 계산할 수 있을까? 수요의 가격 탄력성은 수요량의 변화율을 가격의 변화율로 나눈 값이다. 20

$$\text{수요의 가격 탄력성} = \left| \frac{\text{수요량의 변화율}}{\text{가격의 변화율}} \right| = \left| \frac{\text{수요량 변화분/기존 수요량}}{\text{가격의 변화율 가격 변화분/기존 가격}} \right|$$

예를 들어 아이스크림 가격이 10% 인상되었는데, 아이스크림 수요량이 20% 감소했다고 하자. 이 경우 수요량의 변화율이 가격 변화율의 2배에 해당하므로 수요의 가격 탄력성은 2가 된다. 일반적으로 수요의 가격 탄력성이 1보다 크면 탄력적, 1보 25
다 작으면 비탄력적이라 하고, 수요의 가격 탄력성이 1이면 단위탄력적이라 한다.

수요의 가격 탄력성은 총수입에 큰 영향을 미친다. 총수입은 상품 판매자의 판매 수입이며 동시에 상품에 대한 소비자의 지출액인데, 이는 상품의 가격에 거래량을 곱한 수치로 ⓜ산출할 수 있다. 일반적으로 수요의 가격 탄력성이 비탄력적인 경우 가격이 상승하면 총수입도 증가하지만, 수요의 가격 탄력성이 탄력적인 경우 가격이 30
상승하면 총수입은 감소한다. 예를 들어 어느 상품의 가격이 500원에서 600원으로 20% 상승할 때 수요량이 100개에서 90개로 10% 감소했다면, 이 상품 수요의 가격

◆ **탄력적** 상황에 따라 알맞게 대처하는 것.
대체재 서로 대신 쓸 수 있는 관계에 있는 두 가지 재화.
수치 계산하여 얻은 값.

탄력성은 비탄력적이다. 이때 총수입은 상품의 가격에 거래량을 곱한 수치이므로 가격 인상 전 50,000원에서 인상 후 54,000원으로 4,000원 증가하게 되는 것이다. 그러므로 수요의 가격 탄력성을 파악하는 것은 판매자에게 매우 중요한 일이다.

■ 정답과 해설 15쪽

1

윗글을 통해 알 수 있는 내용으로 적절하지 <u>않은</u> 것은?

① 수요의 가격 탄력성 개념
② 수요의 가격 탄력성 산출 방법
③ 상품 판매자의 판매 수입 산출 방법
④ 대체재의 유무가 수요의 가격 탄력성에 미치는 영향
⑤ 수요의 가격 탄력성에 영향을 주는 요인들 간의 관계

2

윗글을 참고할 때, 〈보기〉의 ㉮~㉰에 들어갈 말을 바르게 짝지은 것은?

> **보기**
>
> 쌀을 주식으로 하는 갑국은 밀을 주식으로 하는 나라에 비해 쌀 수요의 가격 탄력성은 (㉮)이고, 자동차보다 저렴한 오토바이가 주요 이동 수단인 을국은 자동차가 주요 이동 수단인 나라에 비해 자동차를 (㉯)로 인식하여 자동차 수요의 가격 탄력성은 (㉰)이다.

	㉮	㉯	㉰
①	비탄력적	사치재	비탄력적
②	비탄력적	사치재	탄력적
③	비탄력적	필수재	탄력적
④	탄력적	사치재	비탄력적
⑤	탄력적	필수재	탄력적

3

㉠~㉫의 사전적 의미로 적절하지 <u>않은</u> 것은?

① ㉠: 자극에 빠르게 반응을 보이거나 쉽게 영향을 받음.
② ㉡: 아주 가깝게 맞닿아 있음.
③ ㉢: 변화의 움직임 따위가 급하고 격렬함.
④ ㉣: 일의 결과로서 어떤 현상을 생겨나게 함.
⑤ ㉤: 어떤 일에 필요한 돈이나 물자 따위를 내놓음.

문단 요약

1 빈칸을 채우며 각 문단의 내용을 정리해 보자.

1문단 수요의 가격 탄력성은 (　　　　　　　)이 변할 때 (　　　　　　　)이 변하는 정도를 나타내는 지표임.

▼

2문단 수요의 가격 탄력성에 영향을 주는 대표적인 요인 세 가지는 (　　　　　　)의 존재 여부, (　　　　　　)의 정도, 소득에서 (　　　　　　)이 차지하는 비중임.

▼

3문단 수요의 가격 탄력성은 수요량의 (　　　　　　)을 가격의 (　　　　　　)로 나누어 계산함.

▼

4문단 수요의 가격 탄력성은 판매자의 (　　　　　　)에 큰 영향을 미침.

글의 구조

2 다음 빈칸을 채워 가며, 수요의 가격 탄력성과 총수입의 관계를 정리해 보자.

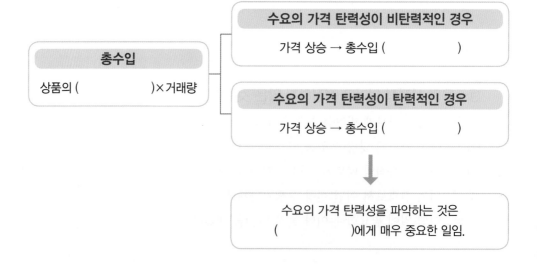

총수입

상품의 (　　　　　　)×거래량

수요의 가격 탄력성이 비탄력적인 경우

가격 상승 → 총수입 (　　　　　　)

수요의 가격 탄력성이 탄력적인 경우

가격 상승 → 총수입 (　　　　　　)

수요의 가격 탄력성을 파악하는 것은
(　　　　　　)에게 매우 중요한 일임.

배경지식

공급의 가격 탄력성이란 무엇일까?

어떤 재화의 가격이 변할 때 수요량이 변하는 정도를 나타내는 지표가 수요의 가격 탄력성이듯이, 가격의 변화에 따라 공급량이 변하는 정도를 나타내는 지표를 공급의 가격 탄력성이라고 해요. 예를 들어 우리가 자주 사용하는 학용품, 매일 입는 옷 등과 같은 공산품은 공급량을 조절하기 비교적 수월하기 때문에 공급의 가격 탄력성은 대체로 탄력적이에요. 하지만 우리가 매일 먹는 쌀, 과일 등과 같은 농산물은 일정한 재배 기간이 필요하고 저장하기에도 어려움이 있어 공급의 가격 탄력성은 비탄력적이지요. 그래서 공산품과 같이 공급의 가격 탄력성이 큰 경우 가격 상승의 효과는 작고, 농산물과 같이 공급의 가격 탄력성이 작은 경우 가격 상승의 효과가 커요.

공급의 가격 탄력성   # 공산품은 탄력적   # 농산물은 비탄력적

어휘·어법

1~4

다음 제시된 단어의 사전적 의미를 찾아 바르게 연결해 보자.

1 지장 •　　　　　　　• ㉠ 계산하여 얻은 값.

2 대체재 •　　　　　　　• ㉡ 상황에 따라 알맞게 대처하는 것.

3 탄력적 •　　　　　　　• ㉢ 일하는 데 거치적거리거나 방해가 되는 장애.

4 수치 •　　　　　　　• ㉣ 서로 대신 쓸 수 있는 관계에 있는 두 가지 재화.

5~9

다음 의미를 지닌 단어를 〈보기〉에서 찾아 써 보자.

> **보기**
>
> 요인　　　　필수재　　　　수요량　　　　증가　　　　감소

5 양이나 수치가 늚. (　　　　　　　)

6 수요의 크기를 나타내는 양. (　　　　　　　)

7 양이나 수치가 줆. 또는 양이나 수치를 줄임. (　　　　　　　)

8 사물이나 사건이 성립되는 까닭. 또는 조건이 되는 요소. (　　　　　　　)

9 소득이 증가하는 폭보다 더 작은 폭으로 소비가 증가하는 재화. (　　　　　　　)

Tip 양/량(量) 분량이나 수량의 뜻을 나타내는 말로, 고유어와 외래어 명사 뒤에서는 '양'을 쓰고 한자어 명사 뒤에서는 '량'을 쓴다. 예 구름양, 알칼리양 / 가사량, 노동량, 작업량

금리의 이해

금리는 이자 금액을 원금으로 나눈 비율로 '이자율'이라고 한다. 자금의 수요자에게는 자금을 빌린 대가로 지급하는 비용이 발생하며, 공급자에게는 현재의 소비를 희생한 대가로 이자 수익이 생긴다. 금융 시장에서 금리는 자금의 수요자와 공급자를 연결시키는 역할을 한다.

문제 풀이
지문 해제
관련 영상
어휘 퀴즈

금리는 일반적으로 '명목 금리'와 '실질 금리'로 구분한다. 명목 금리는 금융 자산의 5
액면 금액에 대한 금리이며, 실질 금리는 물가 상승률을 감안한 금리로 명목 금리에서 물가 상승률을 빼면 알 수 있다. 물가 상승률이 높아지면 돈의 실제 가치인 실질 금리는 낮아지고, 물가 상승률이 낮아지면 실질 금리는 높아진다. 예를 들어 1년 만기 정기 예금의 명목 금리가 6%인데 1년 사이 물가가 7% ㉠올랐다면, 실질 금리는 -1%로 예금 가입자는 돈의 가치인 구매력에서 손해를 본 셈이다. 10

그리고 명목 금리보다는 일정 기간 실현된 실제의 이자 수익률인 '실효 수익률'을 따져 보아야 한다. 실효 수익률은 이자의 계산 방식에 따라 달라진다. 예를 들어 보통 '만기 1년의 연리 6%'는 돈을 12개월 동안 은행에 예치할 경우 6%의 이자가 붙는다는 의미이다. 정기 예금은 목돈인 100만 원을 납입하고 1년 뒤에 이자로 6만 원을 받지만, 매월 일정액을 불입해 목돈을 만드는 정기 적금은 계산법이 ㉡다르다. 정기 15
적금은 첫째 달에 불입한 10만 원은 만기까지 12개월 분 6%의 이자가 붙지만, 둘째 달에 불입한 10만 원은 11개월의 이자 5.5%만 받는다. 돈의 예치 기간이 줄면 이자도 줄어 실효 수익률은 3.9%에 불과하다. 이런 이자 계산의 방식은 대출금리도 유사하다. 1년 뒤에 원금을 한 번에 ㉢갚는다면, 대출금리가 연 6%일 경우 6만 원을 이자로 내야 한다. 하지만 원금을 12개월로 나누어 갚으면, 줄어든 원금만큼 매월 이자 20
도 적어진다.

또 예금이나 적금의 기간이 길어서 이자를 여러 번 받는다면, 매번 지급된 이자가 원금이 되어서 이자에 이자가 붙는 복리인지, 원금에 대한 이자만 ㉣붙는 단리인지도 살펴야 실효 수익률을 알 수 있다. 여기에 이자는 금융 소득이어서 소득세 14.0%와 주민세 1.4%를 내야 한다는 것도 생각해야만 실제로 내 손에 들어오는 이자 금액 25
이 나온다.

결국 돈을 어떻게 쓰고, 모으고, 굴리고, 빌릴지의 선택 상황에서 정확한 계산을 해야 손해를 보지 않는다. 현재의 소비를 ㉤늦추고 미래를 계획하는 사람이라면, 자신의 자산을 안전하게 형성할 필요가 있다. 금리에 대한 정확한 이해와 계산이 현재의 소비와 미래의 소비를 결정하는 중요한 기준이라는 점을 잊지 말아야 한다. 30

◆ **액면** 화폐, 유가 증권 따위의 앞면.
구매력 한 단위의 통화가 여러 가지 재화나 용역을 살 수 있는 능력.
불입 돈을 내는 것.
예치 맡겨 둠.

윗글을 읽은 학생이 정리한 메모이다. 적절하지 않은 것은?

- 금리: (이자 금액÷원금)×100 ··· ①
- 실질 금리: 금융 자산의 액면 금액 − 물가 상승률 ······························ ②
- 실효 수익률: 일정 기간 실현된 실제 이자 수익률 ······························· ③
- 복리: 이자도 원금이 되어 이자가 붙는 방식 ······································· ④
- 금융 소득의 세금: 소득세+주민세 ··· ⑤

2

윗글을 통해 알 수 있는 내용으로 적절하지 않은 것은?

① 금리는 자금의 수요자와 공급자가 존재해야 결정될 수 있다.

② 물가가 하락하면 실질 금리가 명목 금리보다 더 커지는 상황이 발생할 수 있다.

③ 금리는 지금 소비할 것인가와 소비를 늦출 것인가를 판단하는 기준이 될 수 있다.

④ 실효 수익률을 알아내려면 이자가 붙는 시기와 이자가 계산되는 방식을 따져 보아야 한다.

⑤ 정기 예금은 목돈을 형성할 때, 정기 적금은 목돈이 형성되었을 때 각각 이용되는 방법이다.

3 어휘

문맥상 ㉠~㉤과 바꾸어 쓸 수 없는 것은?

① ㉠: 인상(引上)되었다면

② ㉡: 용이(容易)하다

③ ㉢: 상환(償還)한다면

④ ㉣: 부가(附加)되는

⑤ ㉤: 보류(保留)하고

1

각 문단의 중심 내용을 다음과 같이 정리할 때, 빈칸에 들어갈 내용을 써 보자.

1문단
금리의 개념과 역할
– 개념: 이자 금액을 (   )으로 나눈 비율. 이자율이라고도 함.
– 역할: 자금의 수요자와 공급자를 연결함.

▼

2문단
금리의 종류
– 명목 금리: 금융 자산의 (   )에 대한 금리
– 실질 금리: 물가 상승률을 감안한 금리. 명목 금리에서 (   )을 뺌.

▼

3문단
이자와 대출 금리의 실효 수익률 계산

▼

4문단
단리와 복리에 따른 (   ) 계산

▼

5문단
(   )에 대한 정확한 이해와 계산의 필요성

2

금리에 대한 정확한 이해와 계산이 필요한 이유를 써 보자.

(   )

3

다음 빈칸을 채워 가며, 이자의 계산 방식을 정리해 보자.

정기 예금
만기 시 맡긴 돈에 대해 명목 금리를 곱한 금액을 (   )로 받음.

정기 적금
첫째 달에 불입한 금액은 (   ) 까지 약정된 명목 금리를 받음. 둘째 달에는 '만기−1개월'의 명목 금리를 곱해 이자를 받음.

단리
(   )에 대한 이자만 붙음.

복리
매번 지급된 이자가 원금이 되어 이자에 (   )가 붙음.

배경지식

금융 시장은 어떻게 구성되어 있을까?

금융 시장은 경제 주체들이 금융 상품을 통해 자금을 마련하거나 여유 자금을 대어 수익을 얻을 수 있도록 자금을 가진 공급자와 자금이 필요한 수요자가 서로 거래를 하는 곳을 말해요.

대개 자금이 필요한 수요자는 기업이 대부분이지만, 주택이나 자동차를 구입하는 데 많은 지출이 필요한 경우 일반 소비자들도 수요자가 됩니다. 조세 수입보다 지출이 많은 경우 정부도 자금의 수요자가 되지요.

한편 자금의 공급자는 자신이 저축한 돈의 가치를 높이려는 사람들인데 이들은 투자자로서 적극적으로 자금을 증식시키려는 사람들이에요. 이들은 다양한 금융 상품을 구입하고 이자나 배당 소득 등을 통해 자금을 늘립니다. 따라서 금융 상품의 수요자가 자금의 공급자가 되고 금융 상품의 공급자가 자금의 수요자가 돼요. 이때 금융 상품의 종류에 대출 상품은 해당하지 않아요.

#금융 시장 #자금의 수요와 공급

어휘·어법

1~5

다음 뜻풀이에 해당하는 단어를 〈보기〉에서 찾아 써 보자.

> **보기**
>
> 공급자　　대가　　수요자　　원금　　가치

1 본전. 꾸어 주거나 맡긴 돈에 이자를 붙이지 아니한 돈. (　　　　　)

2 필요해서 사거나 얻고자 하는 사람. (　　　　　)

3 대금. 물건의 값으로 치르는 돈. (　　　　　)

4 공급하는 역할을 담당하는 사람이나 기관. (　　　　　)

5 사물이 지니고 있는 쓸모. (　　　　　)

6~8

다음 단어와 그 의미가 맞으면 ○, 틀리면 ×를 표시해 보자.

6 구매력: 한 단위의 통화가 여러 가지 재화나 용역을 살 수 있는 능력.　　　　(　　　)

7 손해: 물질적으로나 정신적으로 밑짐.　　　　(　　　)

8 예치: 돈을 내는 것.　　　　(　　　)

Tip ・-율 (모음으로 끝나거나 'ㄴ' 받침을 가진 일부 명사 뒤에 붙어) '비율'의 뜻을 더하는 접미사. ⑩ 이자율/할인율
　　・-률 ('ㄴ' 받침을 제외한 받침 있는 일부 명사 뒤에 붙어) '비율'의 뜻을 더하는 접미사. ⑩ 경쟁률/사망률/입학률/출생률/취업률

우주 탐사선의 비밀

우주 탐사선이 지구에서 태양계 끝까지 날아가기 위해서는 일정 속도 이상에 이르러야 한다. 그러나 탐사선의 추진력만으로는 이러한 속도에 도달하기 어렵다. 추진력을 마음껏 얻을 수 있을 정도로 큰 추진체가 달린 탐사선을 만들 수 없기 때문이다. 대신에 탐사선을 다른 행성에 접근시키는 '스윙바이(Swing-by)'를 통해 속도를 얻는다. 스윙바이란, 말 그대로 탐사선이 행성에 잠깐 다가갔다가 다시 멀어지는 것 5
이다. 탐사선이 행성에 다가갔다가 멀어지는 것만으로 어떻게 속도를 얻을 수 있는지 그 원리에 대해 알아보자.

스윙바이의 원리를 이해하기 위해서는 행성이 정지한 채로 있지 않고 태양 주위를 공전한다는 점을 떠올려야 한다. 그리고 뒤에서 바람이 불면 달리기 속도가 빨라지듯이 외부의 영향으로 물체의 속도가 변한다는 점도 기억해야 한다. 탐사선을 행성에 접근시켜 행성의 공전을 이용하는 스윙바이는 그림과 같이 나타낼 수 있다. 탐사선이 공전하는 행성에 접근하여 중력의 영향권인 중력장에 진입할 때에는 행성의 공전 방향과 탐사선의

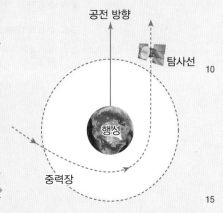

진입 방향이 서로 달라 탐사선의 속도 증가는 크지 않다. 그런데 탐사선이 곡선 궤도를 그리며 방향을 바꾸어 행성의 공전 방향에 가까워지면 탐사선의 속도는 크게 증가된다. 왜냐하면 탐사선이 행성에서 멀어지는 방향이 행성의 공전 방향에 가까울수록 스윙바이를 통한 속도 증가의 효과는 크기 때문이다. 20

탐사선의 속도 증가에 행성의 중력도 영향을 미친다고 생각할 수도 있다. 탐사선이 행성에 다가가다 보면 행성이 끌어당기는 중력의 영향으로 탐사선의 속도가 증가하기 때문이다. 그러나 스윙바이를 마친 후 탐사선의 '속도의 크기' 변화에 행성의 중력이 영향을 미치지는 못한다. 왜냐하면 탐사선이 행성 중력의 영향권에서 벗어나면서 중력의 영향으로 얻은 만큼의 속도를 잃기 때문이다. 탐사선을 롤러코스터에 비 25
유한다면 쉽게 이해할 수 있다. 롤러코스터는 높은 곳에서 낮은 곳으로 내려갈 때 속도가 증가하지만, 가장 낮은 지점을 지나 다시 위로 올라가면서 속도가 감소한다.

스윙바이는 행성의 공전 속도를 훔쳐 오는 것이다. 그런데 운동량 보존 법칙에 따라 스윙바이를 통해 탐사선과 행성이 주고받은 운동량은 같다. 이 말은 탐사선의 속도가 빨라진 것처럼 행성의 속도는 느려졌다는 것을 의미한다. 서로 주고받은 운동 30
량은 질량과 속도 변화량을 곱한 것이므로 행성에 비해 질량이 작은 탐사선은 속도가 크게 증가하지만, 질량이 매우 큰 행성은 속도가 거의 줄어들지 않는다. 실제로

◆ 추진력 물체를 밀어 앞으로 내보내는 힘.
도달 목적한 곳이나 수준에 다다름.
중력장 중력이 작용하고 있는 지구 주위의 공간. 일반적으로 지구에 한하지 않고 만유인력이 작용하는 힘의 마당을 이른다.

지구와의 스윙바이를 통해 초속 8.9km의 속도를 얻은 '갈릴레오호'로 인해 지구의
공전 속도는 1억 년 동안 1.2cm쯤 늦어지게 되었다.

1

윗글을 읽고 답할 수 있는 질문이 <u>아닌</u> 것은?

① 탐사선이 스윙바이를 하는 까닭은?
② 스윙바이 동안에 행성의 중력이 변하는 이유는?
③ 스윙바이를 할 때 행성의 공전이 중요한 이유는?
④ 스윙바이를 통해 속도를 효과적으로 얻는 방법은?
⑤ 스윙바이 후 행성의 공전 속도 변화가 매우 작은 이유는?

2

윗글을 바탕으로 〈보기〉를 이해할 때, 적절하지 <u>않은</u> 것은?

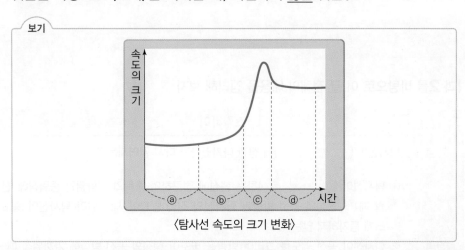

〈탐사선 속도의 크기 변화〉

① ⓐ에서 탐사선은 행성의 중력에 영향을 받지 않는다.
② ⓑ에서 탐사선은 행성에 점점 가까워진다.
③ 스윙바이로 속도가 빨라진 탐사선은 ⓓ에서 행성으로부터 멀어져 간다.
④ ⓑ에서 속도의 크기 변화는 ⓒ에서 속도의 크기 변화와 같다.
⑤ 탐사선은 ⓑ~ⓒ에서 방향을 바꾸어 행성의 공전 방향에 가까워진다.

1 각 문단의 중심 내용을 다음과 같이 정리할 때, 적절한 것은 ○, 적절하지 <u>않은</u> 것은 ×를 표시해 보자.

| 1문단 | 우주 탐사선의 추진력만으로는 일정 속도 이상으로 끌어올릴 수 없으므로 스윙바이를 활용한다. | ( ) |

| 2문단 | 스윙바이는 탐사선이 곡선 궤도를 그리며 방향을 바꾸어 행성의 자전 방향에 가까워지면 탐사선의 속도가 크게 증가하는 원리를 이용한다. | ( ) |

| 3문단 | 탐사선의 속도 증가에 행성의 중력도 영향을 미치지만, 탐사선의 '속도의 크기' 변화에는 영향을 미치지 못한다. | ( ) |

| 4문단 | 스윙바이를 이용하면 탐사선의 속도가 빨라진 것만큼 행성의 속도도 함께 빨라지게 된다. | ( ) |

2 이 글의 중심 내용을 20자 이내로 써 보자.

( )

3 **1**과 **2**를 바탕으로 이 글 전체의 내용을 정리해 보자.

스윙바이	
개념	탐사선이 ( )에 잠깐 다가갔다가 다시 멀어지는 것
원리	① 탐사선이 ( )하는 행성에 접근하여 중력의 영향권인 중력장에 진입할 때 → 행성의 공전 방향과 탐사선의 진입 방향이 서로 달라 탐사선의 속도가 크게 증가하지 않는다. ② 탐사선이 곡선 궤도를 그리며 방향을 바꾸어 행성의 공전 방향에 가까워질 때 → 탐사선이 행성에서 멀어지는 방향이 행성의 공전 방향에 가까울수록 스윙바이를 통한 속도 증가의 효과가 크기 때문에, 탐사선의 속도가 크게 ( ) 한다.
활용 이유	우주 탐사선이 지구에서 태양계 끝까지 날아가기 위해서는 일정 속도 이상에 이르러야 하지만, 탐사선의 ( )만으로는 이러한 속도에 도달하기 어렵기 때문이다.

배 경 지 식

운동량 보존의 법칙이란 무엇일까?

어떤 물체가 외부에서 힘을 받지 않는다면 전체 운동량은 보존돼요. 이를 운동량 보존의 법칙이라고 해요. 이때 운동량이란 운동의 변화를 의미하는 것으로, **운동의 변화는 가해진 힘에 비례하며 힘이 가해진 직선 방향으로 일어나요.** 외부의 힘이 작용하지 않으면 물체의 운동 상태는 변하지 않고 관성(물체가 밖의 힘을 받지 않는 한 정지 또는 일정한 속도의 운동 상태를 지속하려는 성질)을 유지해요. 만약 물체끼리 충돌한다면 각각의 운동량은 바뀌지만 결국 전체의 총합은 변하지 않는 것이지요.

영화 「그래비티」에서는 우주선 밖으로 나왔다가 우주 속에 고립된 인물이 아무리 발버둥을 쳐도 그 자리에서 꼼짝할 수 없는 장면이 나와요. 이 인물이 자신이 원하는 방향으로 움직이려면 반대 방향으로 운동량을 가진 무엇인가를 버려야 하죠. 이는 로켓이 연료를 뒤로 뿜게 되면 연료가 지면 방향으로 운동량을 얻고, 이 운동량을 보존하기 위해 로켓의 본체가 위쪽 방향으로 운동량을 얻는 것과 같은 원리예요.

#운동량 보존의 법칙   #운동량   #운동의 변화

어 휘 · 어 법

1~3

다음 뜻풀이에 해당하는 단어를 〈보기〉에서 찾아 써 보자.

> **보기**
>
> 공전   행성   탐사선

1 우주 공간에서 지구나 다른 행성들을 탐사하기 위해 쏘아 올린 비행 물체. (   )
2 한 천체(天體)가 다른 천체의 둘레를 주기적으로 도는 일. 행성이 태양의 둘레를 돌거나 위성이 행성의 둘레를 도는 따위를 이른다. (   )
3 중심 별의 강한 인력의 영향으로 타원 궤도를 그리며 중심 별의 주위를 도는 천체. 스스로 빛을 내지 못하고, 중심 별의 빛을 받아 반사한다. (   )

4~6

다음 내용이 맞으면 ○, 틀리면 ×를 표시해 보자.

4 '질량'은 물체의 고유한 역학적 기본량을 의미한다. (   )
5 자신과 직접적인 관계가 없는 일에 끼어드는 것을 '진입'이라고 한다. (   )
6 천체가 스스로 고정된 축을 중심으로 회전하는 운동을 '궤도'라고 한다. (   )

Tip −력 (일부 명사 뒤에 붙어) '능력' 또는 '힘'의 뜻을 더하는 접미사. **예** 추진력/경제력/군사력

염증 반응은 왜 생길까

문제 풀이
지문 해제
관련 영상
어휘 퀴즈

우리 몸에 상처가 났을 때 피가 멈춘 후에도 다친 부위가 빨갛게 부어오르고 열과 통증이 동반되기도 하며, 고름이 생기기도 하는데 이를 '염증 반응'이라고 한다. 우리 몸에서 염증 반응은 왜 일어나며 어떻게 진행되는 것일까?

염증 반응은 우리 몸에 침입한 바이러스나 박테리아 등의 병원체를 제거하여 병원체가 몸 전체로 퍼져 나가는 것을 방지하고, 손상된 세포나 조직을 제거하여 수리를 시작하기 위한 면역 반응의 하나이다. 면역 반응에서는 병원체에 대항하여 신체를 보호하는 역할을 하는 혈액 속 백혈구가 주로 관여하게 되는데 염증 반응도 예외는 아니다. 그러나 체내로 들어오는 특정 병원체를 표적으로 하는 다른 면역 반응과 달리 염증 반응은 병원체의 종류를 가리지 않고 나타난다는 특징이 있다.

그렇다면 염증 반응은 어떻게 일어날까? 가령 뾰족한 핀으로 찢긴 피부에 병원체가 침입해 감염을 일으키는 상태가 되면, 병원체들은 우리 몸의 여러 조직에 상주하고 있는, 세포 섭취 능력을 가진 '대식 세포'에 의해 포식되어 파괴되기 시작한다. 대식 세포 표면에는 병원체의 고유한 특징을 인식하는 수용체가 있어서 이것이 병원체 표면의 특징적인 분자들을 인식해 병원체와 결합하면 대식 세포가 활성화되어 병원체를 삼키게 되는 것이다. 이러한 반응과 더불어 피부나 내장 기관을 둘러싸고 있는 조직의 일부에 분포하는 '비만 세포'가 화학 물질인 히스타민을 분비한다. 분비된 히스타민은 화학적 경보 신호로 작용하여, 더 많은 백혈구가 감염 부위로 올 수 있도록 혈관을 확장시킨다. 혈관이 확장되면 혈관 벽을 싸고 있는 내피세포들의 사이가 벌어져 혈장 단백질, 백혈구 등의 혈액 성분들이 혈관에서 쉽게 빠져나올 수 있게 된다.

이때 백혈구의 일종인 단핵구가 혈관 벽을 통과하여 병원체가 있는 감염 부위로 들어오게 된다. 혈관 속에 있을 때 세포 섭취 능력이 없던 단핵구는 혈관 벽을 통과한 후 대식 세포로 분화하여 병원체를 포식하게 된다. 이러한 대식 세포는 사이토카인과 케모카인이라는 단백질을 분비해 병원체를 제거할 다른 방어 체제를 유도한다. 사이토카인은 혈관 내피세포에 작용하여 혈관을 확장시키고, 또 다른 백혈구의 일종인 호중구가 혈관 벽에 잘 달라붙을 수 있게 한다. 그리고 케모카인은 혈관 벽에 붙은 호중구가 혈관 벽 내피세포 사이로 빠져나와 감염 부위로 이동할 수 있도록 유도하는 역할을 한다. 감염 부위로 이동한 호중구는 대식 세포와 같은 방법으로 병원체를 삼킨다.

한편 세포들이 병원체를 포식하여 파괴하는 과정에서 병원체와 함께 죽는 경우도 있는데, 이렇게 죽거나 죽어 가는 세포나 병원체 등은 고름의 주성분이 된다. 고름은 대식 세포에 의해 점차적으로 제거되기도 하고 압력에 의해 밖으로 나오기도 한다. 또한 히스타민에 의해 혈관이 확장되면서 상처 부위가 혈장으로 채워지기 때문에 빨

동반 어떤 사물이나 현상이 함께 생김.
대항 굽히거나 지지 않으려고 맞서서 버티거나 항거함.
표적 목표로 삼는 물건.
상주 늘 일정하게 살고 있음.
분화 생물체나 세포의 구조와 기능 따위가 특수화되는 현상.

갛게 부어오르고, 상처 부위가 부어올라 신경을 물리적으로 누르면 통증이 나타나기
도 한다.

1

윗글을 통해 답을 찾을 수 없는 질문은?

① 대식 세포 표면의 수용체는 어떤 역할을 하는가?

② 상처 부위에서 통증이 나타나는 이유는 무엇인가?

③ 염증 반응에 관여하는 백혈구에는 어떤 것들이 있는가?

④ 병원체는 우리 몸에서 어떤 과정으로 퍼져 나가는가?

⑤ 다른 면역 반응과 구분되는 염증 반응의 특징은 무엇인가?

2

〈보기〉는 감염 부위의 일부를 그림으로 나타낸 것이다. 윗글을 바탕으로 〈보기〉를 이해한 내용으로 적절하지 않은 것은?

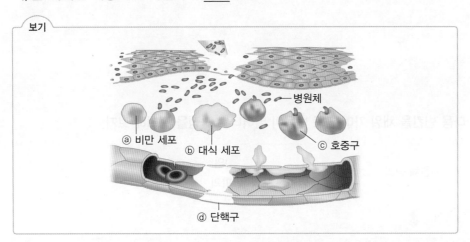

보기

ⓐ 비만 세포
ⓑ 대식 세포
ⓒ 호중구
병원체
ⓓ 단핵구

① ⓐ가 히스타민을 분비하면 ⓓ가 감염 부위로 이동할 수 있을 것이다.

② ⓒ가 혈관을 빠져나와 감염 부위로 이동했다면 특정 단백질이 관여했다고 할
수 있을 것이다.

③ ⓒ가 케모카인을 분비하면 ⓐ가 혈관 확장을 도와 혈액 성분들이 혈관 밖으로
빠져나갈 수 있을 것이다.

④ ⓒ가 병원체를 파괴하고 자신도 죽게 된다면 ⓑ에 의해 제거될 수 있을 것이다.

⑤ ⓓ가 분화하여 ⓑ가 되면 다른 방어 체제를 유도할 수 있을 것이다.

지문
분석

핵심 어휘

1

각 문단의 내용 이해에 도움을 주는 핵심어들을 찾아 문단별로 분류해 보자.

염증 반응, 상처, 병원체 제거, 대식 세포, 비만 세포, 신체 보호, 단핵구, 단백질 분비,
케모카인, 면역 반응의 하나, 사이토카인, 호중구, 고름, 통증, 혈관 확장, 히스타민

1문단	2문단	3문단	4문단	5문단
염증 반응, ( )	병원체 제거, ( ), ( )	대식 세포, 비만 세포, ( ), ( )	단핵구, ( ), 사이토카인, 케모카인, 호중구	( ), 통증

중심 내용

2

이 글의 중심 내용을 20자 이내로 써 보자.

(   )

글의 구조

3

다음 빈칸을 채워 가며 염증 반응이 일어나는 과정을 정리해 보자.

 **배 경 지 식**

히스타민이 분비되면 우리 몸에서 어떤 일이 일어날까?

우리 몸이 상처를 입거나 세균에 감염되어 세포가 손상을 받으면 히스타민이라는 물질이 분비돼요. **히스타민**은 비만 세포에 저장되어 있는 아미노산의 일종으로 면역 기능에 중요한 역할을 하는 물질이에요. 히스타민은 혈관을 확장시켜 더 많은 혈액과 대식 세포들이 모이게 함으로써 병원체를 제거하는 작업을 하고 상처의 회복을 촉진해요. 또한 혈관으로 백혈구나 여러 혈장 단백질 등이 잘 투과할 수 있도록 하지요. 이 과정에서 콧물이 나거나 몸이 붓는 증상이 나타나게 돼요. 이러한 면역 기능 외에도 히스타민은 임신 중 자궁 운동을 조절하고 위액을 분비하기도 한답니다.

그런데 이 히스타민이 과다하게 분비될 경우 알레르기나 아나필락시스(알레르기 반응을 보이는 특정 물질에 대해 몸에서 과민 반응을 일으키는 질환)를 일으키기도 해요. 지나치게 많이 분비된 히스타민이 기관지를 수축시켜 알레르기 천식을 일으키는 경우가 바로 이에 해당하지요.

#히스타민   #비만 세포   #면역 기능

어 휘 · 어 법

1~5

다음에 제시된 초성과 뜻을 참고하여 빈칸에 알맞은 단어를 써 보자.

1 없애 버리다. (ㅈㄱ하다 ➡   )
2 다른 동물을 잡아먹다. (ㅍㅅ하다 ➡   )
3 어떤 일에 관계하여 참여하다. (ㄱㅇ하다 ➡   )
4 생체나 생체 물질의 기능이 발휘되다. (ㅎㅅㅎ되다 ➡   )
5 어떤 일이나 현상이 일어나지 못하게 막다. (ㅂㅈ하다 ➡   )

6~8

다음 의미를 지닌 단어를 〈보기〉에서 찾아 써 보자.

> 보기
> 분포하다   유도하다   인식하다

6 사물을 분별하고 판단하여 알다. (   )
7 일정한 범위에 흩어져 퍼져 있다. (   )
8 사람이나 물건을 목적한 장소나 방향으로 이끌다. (   )

Tip 대항(대답할 對, 막을 抗) ① 굽히거나 지지 않으려고 맞서서 버티거나 항거함. **예** 민주적 대항 세력
② (일부 명사 뒤에 쓰여) 그것끼리 서로 겨룸. **예** 학교 대항 축구 경기

뼈의 재구성

문제 풀이
지문 해제
관련 영상
어휘 퀴즈

뼈는 우리 몸을 지지하고 심장이나 뇌 등의 주요 장기를 보호하며 몸을 움직이는 데에도 중요한 역할을 한다. 이렇게 우리 몸에 중요한 뼈는 평생 동안 길이나 굵기가 변하는 능적인 조직이며 외부 환경에 따라 뼈의 단단한 징도가 바뀌기도 힌다. 뼈를 이루고 있는 무기물과 뼈의 세포는 계속적으로 제거되고 다시 생성되는 교체 과정을 겪는데, 이러한 과정을 뼈의 재구성이라고 한다. 이러한 뼈의 재구성은 뼈의 구조 유 5 지에 필수적인 것으로 일생 동안 일어난다. 그럼 뼈의 재구성은 어떻게 이루어질까?

뼈의 재구성에 관여하는 주요 세포에는 뼈모세포, 뼈세포, 뼈파괴세포가 있다. 뼈모세포는 뼈조직의 표면에 주로 위치하고 있는 세포로 뼈바탕질을 생산하는 역할을 한다. 뼈세포는 뼈모세포가 더 이상 뼈바탕질을 생산할 수 없게 된 세포이고, 뼈파괴세포는 뼈모세포에 비해 크고 운동성이 있는 세포로 뼈바탕질을 분해할 수 있는 10 효소들이 풍부하다.

뼈의 재구성은 뼈바탕질의 교체부터 시작되는데, 이를 위해서는 뼈바탕질이 파괴되어야 한다. 이 역할을 하는 뼈파괴세포는 재구성이 필요한 뼈바탕질로 이동한 후, 산과 단백질 분해 효소를 분비하여 뼈바탕질의 무기물과 아교 섬유를 분해하며 뼈바탕질의 표면을 이동해 가면서 계속 뼈바탕질을 녹여 나간다. 뼈파괴세포가 뼈바탕질 15 을 녹이며 지나간 자리로 주변에 있던 뼈모세포가 이동하여 분열하게 되고, 그 과정에서 뼈파괴세포가 분해한 무기물과 아교 섬유 등을 이용하여 뼈바탕질을 새롭게 형성하고 강화하면서 재구성은 완료된다. 그리고 이렇게 뼈바탕질을 새롭게 생산하던 뼈모세포들 중 일부는 더 이상 새로운 뼈바탕질을 만들어 내지 못하고 뼈세포가 된다. 이러한 과정을 통해 예전의 뼈는 새롭게 보강되고 단단해진다. 20

한편 뼈의 재구성은 압력과 같은 외부 환경에 영향을 받는다. ㉠만일 우주와 같이 중력이 낮은 공간에서 오래 머물게 되면, 뼈에 가해지는 압력이 약해져서 뼈는 지구에 있을 때 받던 압력을 견딜 만큼 단단해질 필요가 없게 된다. 그래서 뼈바탕질을 새롭고 단단하게 교체하는 뼈모세포의 활동은 줄어들게 된다. 반면 뼈의 분해는 계속 진행되기 때문에 뼈의 강도는 지구에서와는 달라지게 된다. 25

또 일반적으로 뼈의 재구성은 나이에 따라 다르게 진행되는데, 소아기부터 약 24세가 되는 시기까지는 뼈의 생성이 뼈의 파괴보다 빠르게 일어나 뼈의 양이 증가하고 뼈는 더 조밀하고 강해진다. 그 이후에는 뼈의 양과 밀도 면에서 큰 변화가 없다가, 30대 후반을 넘어서면서 뼈의 파괴가 생성보다 조금씩 활발해지면서, 뼈의 밀도는 점차 감소되기 시작한다. 30

◆ **무기물** 생명을 지니지 않은 물질을 통틀어 이르는 말.
뼈바탕질 무기물과 유기물로 이루어져 있는 석회화된 뼈의 바탕.
효소 생물의 세포 안에서 합성되어 생체 속에서 행하여지는 거의 모든 화학 반응의 촉매 구실을 하는 고분자 화합물을 통틀어 이르는 말.
아교 섬유 결합 조직의 세포 간 물질에 존재하는 아교질로 이루어진 단백질로 된 섬유.

1

〈보기〉는 뼈의 재구성 과정 중 일부를 도식화한 것이다. 윗글을 바탕으로 〈보기〉를 이해한 것으로 적절하지 <u>않은</u> 것은?

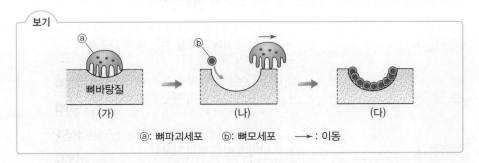

보기

뼈바탕질

(가)　　　　　　(나)　　　　　　(다)

ⓐ: 뼈파괴세포　　ⓑ: 뼈모세포　　⟶ : 이동

① (가)처럼 ⓐ가 뼈바탕질로 이동한 것은 뼈바탕질의 교체를 위한 것이겠군.

② (가)에서 뼈바탕질이 녹았다면 ⓐ가 산과 단백질 분해 효소를 분비한 것이겠군.

③ (나)에서 ⓑ는 ⓐ가 이동한 후 그 자리로 이동하겠군.

④ (다)에서 ⓑ의 분열은 새로운 뼈바탕질을 생산하기 위한 과정이겠군.

⑤ (다)를 통해 뼈의 재구성이 완료되었다면 분열한 ⓑ 중 일부가 뼈세포가 되어 뼈바탕질을 생산하겠군.

2

〈보기〉는 ㉠에 대해 보인 학생의 반응이다. ㉮~㉰에 들어갈 말을 바르게 짝지은 것은?

보기

　　우주에서는 (　㉮　)의 활동이 (　㉯　)의 활동보다 줄어들어 뼈의 강도가 (　㉰　) 해지겠군.

	㉮	㉯	㉰
①	뼈모세포	뼈파괴세포	약
②	뼈모세포	뼈세포	약
③	뼈파괴세포	뼈모세포	강
④	뼈파괴세포	뼈세포	강
⑤	뼈세포	뼈파괴세포	약

지문 분석

문단 요약

1 각 문단의 중심 내용으로 알맞은 것끼리 연결해 보자.

1문단 •	• 외부 환경에 영향을 받는 뼈의 재구성
2문단 •	• 뼈의 역할과 뼈의 재구성의 개념
3문단 •	• 나이에 따른 뼈의 재구성
4문단 •	• 뼈의 재구성이 진행되는 과정
5문단 •	• 뼈의 재구성에 관여하는 주요 세포와 그 역할

글의 구조

2 다음 빈칸을 채워 가며 글 전체의 내용을 정리해 보자.

뼈의 재구성

뼈의 (   )과 (   )가 제거되고 생성되는 교체 과정

뼈의 재구성이 진행되는 과정

뼈파괴세포가 (   )로 이동 → 뼈바탕질 제거 → 뼈바탕질이 제거된 자리로 (   )가 이동하여 분열 → 뼈모세포가 (   )을 생산 → 뼈모세포 중 일부가 (   )가 됨.

뼈의 재구성이 지닌 특징

① 뼈의 구조 유지에 필수적이며 일생 동안 일어남.

② (   )과 같은 외부 환경 및 (   )와 같은 특징에 영향을 받음.

과학
03

배경지식

뼈는 무엇으로 구성되어 있을까?

뼈는 사람의 골격을 이루는 가장 단단한 조직이에요. 성숙한 뼈는 겉질뼈, 해면뼈, 뼈막, 뼈속막 등의 구조를 이루죠. 그렇다면 뼈를 구성하는 것은 무엇일까요?

뼈를 이루는 세포에는 뼈조상세포, 뼈모세포, 뼈세포, 뼈파괴세포, 아직 기능이 밝혀지지 않은 뼈표면세포가 있어요. 그리고 뼈의 세포 사이에는 유기질 성분과 무기질 성분으로 이루어진 뼈바탕질이 있지요. 이때의 유기질 성분은 뼈 무게의 약 1/3을 차지하며, 그중 90% 정도가 콜라겐을 주성분으로 하는 아교 섬유예요. 이 아교 섬유는 뼈의 탄성과 강도를 높이는 역할을 하지요. 한편 무기질 성분은 뼈 무게의 2/3를 차지하며 뼈의 강도를 결정해요. 무기질 성분은 체내 칼슘의 99%, 인의 90%를 포함하고 있어요. 결국 **뼈의 강도와 탄력은 무기질과 유기질의 결합에 따라 결정되는 것**임을 알 수 있어요.

#뼈   #뼈바탕질   #유기질   #무기질

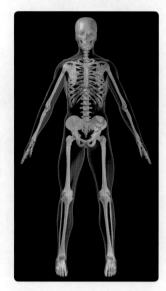

어휘·어법

1~4

다음 뜻풀이에 해당하는 단어를 〈보기〉에서 찾아 써 보자.

> **보기**
>
> 보강하다   분해하다   조밀하다   지지하다

1 촘촘하고 빽빽하다. (   )

2 무거운 물건을 받치거나 버티다. (   )

3 보태거나 채워서 본디보다 더 튼튼하게 하다. (   )

4 한 종류의 화합물이 두 가지 이상의 간단한 화합물로 변화하다. (   )

5~7

다음 단어와 뜻을 바르게 연결해 보자.

5 계속적 •　　　　　• ㉠ 움직이는 성격의 것.

6 필수적 •　　　　　• ㉡ 끊이지 않고 이어 나가는 것.

7 동적　 •　　　　　• ㉢ 꼭 있어야 하거나 하여야 하는 것.

Tip　• 보강(기울 補, 강할 強) 보태거나 채워서 본디보다 더 튼튼하게 함. ⓔ 그는 체력 보강에 힘썼다.

　　　• 보강(채울 補, 강의할 講) 결강이나 휴강 따위로 빠진 강의를 보충함. ⓔ 지난주에 빠먹은 수업을 보강하였다.

04

물 분자 구조의 특징

문제 풀이
지문 해제
관련 영상
어휘 퀴즈

물은 상온에서 액체 상태이며, 100℃에서 끓어 기체인 수증기로 변하고, 0℃ 이하에서는 고체인 얼음으로 변한다. 만일 물이 상온 상태에서 기체이거나 또는 보다 높은 온도에서 끓어 고체 상태라면 물이 구성 성분의 대부분을 차지하는 생명체는 존재하지 않았을 것이다.

[A]

생물체가 생명을 유지하기 위해서 물에 의존하는 것은 무엇보다 물 분자 구조 5
의 특징에서 비롯된다. 물 1분자는 1개의 산소 원자(O)와 2개의 수소 원자(H)가
공유 결합을 이루고 있는데, 2개의 수소 원자는 약 104.5°의 각도로 산소와 결합
한다. 이때 산소 원자와 수소 원자는 전자를 1개씩 내어서 전자쌍을 만들고 이
를 공유한다. 하지만 전자쌍은 전자 친화도가 더 큰 산소 원자 쪽에 가깝게 위치
하여 산소 원자는 약한 음전하(−)를, 수소는 약한 양전하(+)를 띠게 되어 물 분 10
자는 극성을 가지게 된다. 따라서 극성을 띤 물 분자들끼리는 서로 다른 물 분자
의 수소와 산소 사이에 전기적 인력이 작용하는 결합이 형성된다.

물 분자가 극성을 가지고 있어서 물은 여러 가지 물질을 잘 녹이는 특성을 가진다.
그래서 우리 몸에서 용매 역할을 하며, 각종 물질을 운반하는 기능을 담당한다. 물은
혈액을 구성하고 있어 영양소, 산소, 호르몬, 노폐물 등을 운반하며, 대사 반응, 에 15
너지 전달 과정의 매질 역할을 하고 있다. 또한 전기적 인력으로 결합된 구조는 물이
비열이 큰 성질을 갖게 한다. 비열은 물질 1g을 온도 1℃를 높일 때 필요한 열량을
말하는데, 물질의 고유한 특성이다. 체액은 대부분 물로 구성되어 있어서 상당한 추
위에도 어느 정도까지는 체온이 내려가는 것을 막아 준다. 특히 우리 몸의 여러 생리
작용은 효소 단백질에 의해 일어나는데, 단백질은 온도 변화에 민감하므로 체온을 20
유지하는 것은 매우 중요하다.

◆ **상온** 가열하거나 냉각하지 않은 자연 그대로의 기온. 보통 15℃를 가리킨다.
전자쌍 공유 결합을 형성하고 있는 한 쌍의 전자.
극성 전극의 양극과 음극, 자석의 남극과 북극이 가지고 있는 서로 다른 성질.
용매 어떤 액체에 물질을 녹여서 용액을 만들 때 그 액체를 가리키는 말.
매질 어떤 파동 또는 물리적 작용을 한 곳에서 다른 곳으로 옮겨 주는 매개물.

윗글을 통해 알 수 있는 내용으로 적절하지 <u>않은</u> 것은?

① 물 분자는 극성을 띠어 전기적 인력을 가진다.
② 물의 분자 구조는 혈액의 역할에 영향을 미친다.
③ 물은 물질의 전달 과정에서 매질로 역할을 한다.
④ 물 분자를 이루는 산소와 수소는 전자를 공유한다.
⑤ 물의 비열 변화는 단백질의 기능에 영향을 미친다.

2

[A]를 도식화할 때, 가장 적절한 것은?

①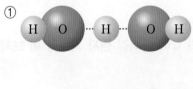

②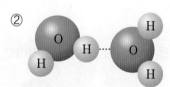

③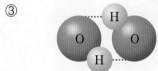

④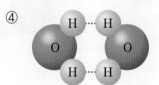

⑤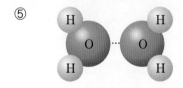

* …은 전기적 인력을 표시

1 문단 요약

각 문단의 중심 내용을 다음과 같이 정리할 때, 적절한 것은 ○, 적절하지 <u>않은</u> 것은 ×를 표시해 보자.

| 1문단 | 물은 상온에서 액체 상태이며, 100℃에서 끓어 기체인 수증기로 변하고, 0℃ 이하에서는 고체인 얼음으로 변한다. | ( ) |

| 2문단 | 극성을 띤 물 분자들끼리는 서로 다른 물 분자의 수소와 산소 사이에 전기적 인력이 작용하는 결합이 형성된다. | ( ) |

| 3문단 | 물은 여러 물질을 잘 녹이는 특성이 있어서 우리 몸에서 용매 역할을 하고 각종 물질을 운반하며, 온도 변화에 민감한 특성도 있어서 체온을 유지해 준다. | ( ) |

2 정보 확인

다음 그림은 물 분자 구조를 나타낸 것이다. ㄱ과 ㄴ에 들어갈 원자 기호를 써 보자.

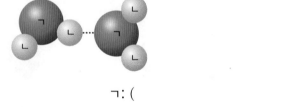

ㄱ : ( )
ㄴ : ( )

3 글의 구조

1과 2를 바탕으로 이 글 전체의 내용을 정리해 보자.

	( )을 가지고 있는 물 분자	전기적 인력으로 결합된 물 분자
특성	여러 물질을 잘 녹이는 특성을 가짐.	물의 ( )을 크게 만듦.
몸에서의 기능	• ( ) 역할을 함. • 각종 물질을 운반하는 기능을 함.	체온이 내려가는 것을 막아 줌.

배경지식

분자는 어떤 특징을 지니고 있을까?

분자란 물질의 성질을 가지고 있는 가장 작은 입자로, 여러 개의 원자가 화학 결합(공유 결합)으로 연결된 한 개의 독립된 입자를 말해요. 분자는 온도와 압력에 따라 고체, 액체, 기체 상태로 존재할 수 있어요. 그리고 상태가 변하더라도 분자 내의 원자 간 결합의 길이는 변하지 않고 분자 사이의 거리가 변화하면서 상태가 변하지요. 또한 분자는 쪼개져 다시 원자로 될 수 있으며, 원자의 종류는 제한적이지만 원자 조성의 변화에 따라 수많은 물질을 만들어 낼 수 있어서 분자의 종류는 새로운 물질의 발견과 함께 계속 증가하고 있어요.

이러한 분자는 원자로 이루어져 있고 원자는 전기적인 성질을 띠고 있어서 **분자에는 전기적인 힘이 작용해요. 분자들 사이에는 서로 잡아당기는 힘인 인력이 작용하는데, 분자가 나타내는 극성의 정도가 클수록 분자 사이의 인력이 큰 경향이 있어요.**

#분자   #원자   #공유 결합   #인력

어휘·어법

1~3

다음 빈칸에 알맞은 단어를 써 보자.

1 (   ): 공간적으로 떨어져 있는 물체끼리 서로 끌어당기는 힘.
2 (   ): 동물의 몸속에 있는 혈관이나 조직의 사이를 채우고 있는 혈액, 림프, 뇌척수액 따위를 통틀어 이르는 말.
3 (   ): 생물체가 몸 밖으로부터 섭취한 영양물질을 몸 안에서 분해하고, 합성하여 생체 성분이나 생명 활동에 쓰는 물질이나 에너지를 생성하고 필요하지 않은 물질을 몸 밖으로 내보내는 작용.

4~6

다음 〈보기〉에서 알맞은 단어를 골라 문장의 빈칸에 써 보자.

보기		
공유	민감	의존

4 최근 인터넷 매체를 통한 불법 파일 (   )이/가 확산되고 있다.
5 우리나라에서 생산할 수 없는 기계 부품은 수입에 (   )할 수밖에 없다.
6 이 연구소에는 환경 변화에 (   )한 미생물들을 위한 공간이 따로 마련되어 있다.

Tip • 띠다 어떤 성질을 가지다. 예 일에 전문성을 띠다.
    • 띄다 '뜨이다'의 준말. 눈에 보이다. 예 원고에 가끔 오자가 눈에 띈다.

화학적 친화력의 개념

문제 풀이
지문 해제
관련 영상
어휘 퀴즈

자연 상태의 산화 구리에서 구리를 얻기 위해 숯(탄소)을 넣고 가열하는 방법은 옛날부터 사용해 왔다. 화학적인 관점에서 보면 이것은 산소가 구리보다 탄소와 더 잘 결합하는 성질을 이용한 것이라고 할 수 있다. 18세기 이후 화학자들은 화합물을 만들 때 물질 간에는 더 잘 결합하는 정도, 즉 화학적 친화력이 있다고 보고 이를 규명하기 위해 노력하였다.   5

18세기 말 베리만은 화학적 친화력의 규칙을 밝히기 위해 물질 간의 상대적 인력을 추론하려 했다. 예를 들어, 어떤 화합물 AB에서 물질 B가 다른 물질 C에 의해서는 쫓겨나지만 또 다른 물질 D에 의해서는 쫓겨나지 않았다면 A에 대한 친화력은 C〉B〉D의 순이 된다. 그는 이와 같은 방법으로 그때까지 알려진 물질들의 친화력표를 작성하였다. 이를 받아들인 화학자들은 친화력표를 정교화해 가다 보면 어떤 규   10
칙을 발견할 수 있을 것이라고 생각했다. 그러나 이 방법으로는 화학적 친화력을 일으키는 힘의 실체를 규명하기 어려웠다.

친화력에 대한 연구는 19세기에 돌턴이 제안한 원자 가설을 수용하면서 변화를 맞이하게 된다. 베르셀리우스는 원자가 가진 전기적 성질을 친화력의 근원으로 생각하고 이전의 문제를 해결하려고 했다. 베르셀리우스는 당시 발견된 볼타 전지의 전극   15
에서 기체와 금속이 분리되는 현상을 연구하여 원자는 (+) 또는 (−) 2가지 전하를 가지고 있으며, (−)전하를 가진 원자는 전기력에 의해 (+)전하를 가진 원자와 결합한다고 주장했다. 이 이론은 다른 전하를 가진 원소끼리 결합하는 것은 잘 설명할 수 있었지만, 같은 전하를 가진 원소끼리 더 강하게 결합하는 것을 설명하기는 어려웠다.

베르셀리우스가 해결하지 못했던 문제는 20세기 이후 원자의 실체가 규명되면서   20
설명할 수 있게 되었다. 원자는 (+)전하를 가진 핵과 (−)전하를 가진 전자가 전기적 균형을 이루고 있다. 그리고 핵 주위에는 일정 거리를 두고 전자가 들어갈 수 있는 여러 겹의 껍질이 있는데, 가장 바깥 껍질, 즉 최외각을 채우면 안정된 상태가 된다. 최외각에 전자가 남거나 모자라는 원자들은 전자를 버리거나 얻어 이온이 됨으로써 안정된 상태가 되려고 한다. 이온들끼리는 전기적 인력에 의해 서로 결합할 수 있는   25
데, 이는 이전에 베르셀리우스가 설명했던 것이기도 하다. 그런데 최외각에 전자를 채우는 것은 원자들끼리 전자를 공유하는 것으로도 가능하다. 최외각에 전자가 모자라는 원자끼리 전자를 공유하여 결합하면 두 원자 모두 최외각의 전자를 채워 보다 안정된 결합을 할 수 있다. 그래서 현재는 화학적 친화력을 원자들이 보다 안정된 상태가 되려는 경향으로 설명하고 있다.   30

◆ **친화력** 원자들 간에 서로 결합하여 어떤 화합물로 되려는 경향.
규명 어떤 사실을 자세히 따져서 바로 밝힘.
가설 어떤 사실을 설명하거나 어떤 이론 체계를 연역하기 위하여 설정한 가정.

1

윗글의 서술상 특징으로 가장 적절한 것은?

① 유사한 대상에 빗대어 개념을 설명하고 있다.

② 중심 화제의 장단점을 대비하여 설명하고 있다.

③ 중심 화제를 몇 가지 범주로 나누어 설명하고 있다.

④ 중심 화제에 대한 연구들을 시대순으로 제시하고 있다.

⑤ 대립적인 견해들을 절충하며 결론을 이끌어 내고 있다.

◆ **대립적** 의견이나 처지, 속성 따위가 서로 반대되거나 모순되는 것.

2

〈보기〉는 윗글의 내용을 설명하기 위해 찾은 자료이다. 자료를 활용하기 위한 계획으로 적절하지 <u>않은</u> 것은?

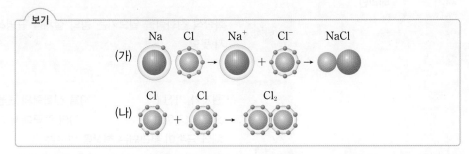

① (가)는 Na가 최외각 전자를 버리는 것을 보여 주므로 원자가 이온화하려는 경향을 설명하는 자료로 활용한다.

② (가)는 전기적 인력에 의해 결합이 이루어짐을 보여 주므로 베르셀리우스의 주장을 설명하는 자료로 활용한다.

③ (나)는 최외각에 전자가 모자라는 원자끼리의 결합을 보여 주므로 전자를 공유하는 결합을 설명하는 자료로 활용한다.

④ (나)는 같은 성질을 가진 원자끼리도 결합함을 보여 주므로 베르셀리우스가 설명하지 못했던 결합을 보여 주는 자료로 활용한다.

⑤ (가)와 (나) 모두에서 Cl이 전자를 얻고 있으므로 화학 결합은 전자를 얻는 것임을 설명하는 자료로 활용한다.

핵심 어휘

1 문단과 문단의 핵심어가 연결될 수 있도록 사다리를 완성해 보자.

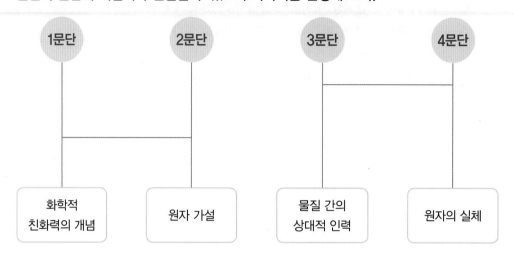

| 1문단 | 2문단 | 3문단 | 4문단 |

| 화학적 친화력의 개념 | 원자 가설 | 물질 간의 상대적 인력 | 원자의 실체 |

글의 구조

2 다음 빈칸을 채워 가며 '화학적 친화력'의 규칙이 밝혀지는 과정을 정리해 보자.

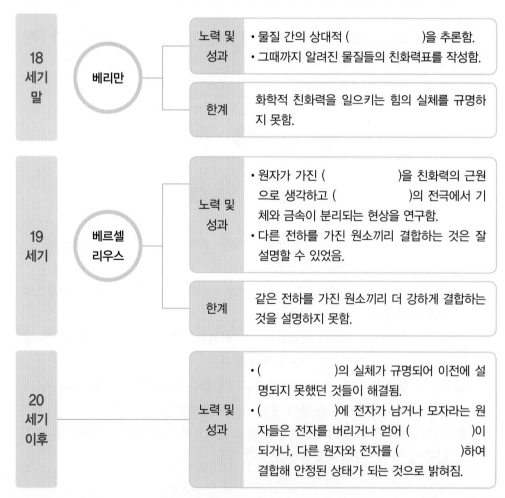

18 세기 말	베리만	노력 및 성과	• 물질 간의 상대적 (　　　　　　)을 추론함. • 그때까지 알려진 물질들의 친화력표를 작성함.
		한계	화학적 친화력을 일으키는 힘의 실체를 규명하지 못함.
19 세기	베르셀 리우스	노력 및 성과	• 원자가 가진 (　　　　　　)을 친화력의 근원으로 생각하고 (　　　　　　)의 전극에서 기체와 금속이 분리되는 현상을 연구함. • 다른 전하를 가진 원소끼리 결합하는 것은 잘 설명할 수 있었음.
		한계	같은 전하를 가진 원소끼리 더 강하게 결합하는 것을 설명하지 못함.
20 세기 이후		노력 및 성과	• (　　　　　　)의 실체가 규명되어 이전에 설명되지 못했던 것들이 해결됨. • (　　　　　　)에 전자가 남거나 모자라는 원자들은 전자를 버리거나 얻어 (　　　　　　)이 되거나, 다른 원자와 전자를 (　　　　　　)하여 결합해 안정된 상태가 되는 것으로 밝혀짐.

배 경 지 식

이온은 어떻게 형성되고 어디에 쓰일까?

원자는 물질의 기본 성분인 원소를 이루는 구체적인 입자를 말해요. 즉 물질을 구성하는 기본 단위인 것이죠. 이 원자는 (+)전하를 띤 원자핵과 (−)전하를 띤 전자로 구성되어 있는데, 이 원자핵 주위에 있는 전자 중에는 다른 원자로 쉽게 이동할 수 있는 것이 있어요. 전자의 이러한 성질 때문에 어떤 원자는 전자를 다른 원자에 주기도 하고, 다른 원자로부터 전자를 받기도 해요. **원자가 전자를 잃으면 (+)전하를 띠고, 전자를 얻으면 (−)전하를 띠게 되는데, 이렇게 전하를 띤 입자를 이온이라고 해요.** 그리고 (+)전하를 띤 입자를 양이온, (−)전하를 띤 입자를 음이온이라고 하지요.

이온은 생명 활동에 필수적인 요소예요. 칼슘 이온(Ca^{2+})은 치아와 뼈를 구성하고, 나트륨 이온(Na^+)은 신경 전달에 관여해요. 또 철 이온(Fe^{2+})은 헤모글로빈을 구성하며 혈액 속 산소를 운반해요. 한편 **이온은 우리 생활 속에서도 많이 활용되고 있어요.** 리튬 이온(Li^+)은 휴대 전화나 카메라, 노트북 등의 배터리를 만드는 데 쓰이고, 플루오린화 이온(F^-)은 치약에 쓰여 충치를 예방해 줘요. 그리고 바륨 이온(Ba^{2+})은 X선 사진을 더 뚜렷하게 나타내기 위해 촬영 전에 마시는 조영제에 들어 있으며, 수소 이온(H^+)은 수소 연료 전지 자동차의 연료로 쓰이기도 해요.

#이온   #양이온   #음이온   #이온의 역할과 활용

어 휘 · 어 법

1~4 다음에 제시된 초성과 뜻을 참고하여 빈칸에 알맞은 단어를 써 보자.

1 미루어 생각하여 논함. (ㅊ ㄹ ➡   )
   📝 사실에 근거하지 않고 ㅊㄹ하는 것은 위험하다.

2 사물이 비롯되는 근본이나 원인. (ㄱ ㅇ ➡   )
   📝 스트레스는 모든 질병의 ㄱㅇ이다.

3 어느 한쪽으로 기울거나 치우치지 아니하고 고른 상태. (ㄱ ㅎ ➡   )
   📝 농어촌을 개발하여 도시와 ㄱㅎ 있는 발전을 꾀하다.

4 둘 이상의 사물이나 사람이 서로 관계를 맺어 하나가 됨. (ㄱ ㅎ ➡   )
   📝 물은 산소와 수소의 ㄱㅎ으로 이루어진다.

5~6 다음 문장에 들어갈 올바른 단어를 찾아 ○를 표시해 보자.

5 그 사건의 (실물 / 실체)이/가 검찰에 의해 드디어 밝혀졌다.
6 삼촌은 오랜 유학을 마치고 온 뒤 현실 도피적 (경향 / 취향)을 띠게 되었다.

Tip • 상대적 서로 맞서거나 비교되는 관계에 있는. 또는 그런 것. 📝 빈부 격차로 인해 상대적 빈곤감에 빠진 계층이 늘어났다.
• 절대적 비교하거나 상대될 만한 것이 없는. 또는 그런 것. 📝 심판들은 절대적 기준에 따라 공정하게 판정한다.

집중 호우의 원리

문제 풀이
지문 해제
관련 영상
어휘 퀴즈

일반적으로 1시간에 30mm 이상, 또는 하루에 80mm 이상의 비가 내릴 때, 그리고 연 강수량의 10%에 해당하는 비가 하루에 내릴 때, 이를 '집중 호우'라고 한다. 그런데 짧은 시간 내에 어떻게 이처럼 많은 비가 내릴 수 있을까?

찬 공기가 따뜻한 공기 쪽으로 이동하면 상대적으로 밀도가 낮은 따뜻한 공기는 찬 공기 위로 상승하게 된다. 이때 상승하는 공기가 충분한 수분을 포함하고 있다면 공기 중의 수증기가 냉각되어 작은 물방울이나 얼음 알갱이로 응결되면서 구름이 형성된다. 이 과정에서 열이 외부로 방출된다. 이때 방출된 열이 상승하는 공기에 공급되어, 공기가 더 높은 고도로 상승할 수 있게 한다. 그런데 공기에 포함된 수증기의 양이 충분하지 않으면 상승하던 공기는 더 이상 열을 공급받지 못하게 되면서 주변의 대기보다 차가워지게 되고, 그렇게 되면 공기가 더 이상 상승하지 못하고 구름도 발달하기 어렵게 된다. 만일 상승하는 공기가 일반적인 공기에 비해 매우 따뜻하고 습한 공기일 경우에는 상승 과정에서 수증기가 냉각, 응결하며 방출하는 열이 그 공기에 지속적으로 공급되면서 일반적인 공기보다 더 높은 고도에서도 계속 새로운 구름들을 만들어 낼 수 있다. 그렇기 때문에 따뜻하고 습한 공기는 상승하는 과정에서 구름을 생성하고 그 구름들이 아래쪽부터 연직으로 차곡차곡 쌓이게 되어 두터운 구름층을 형성하게 된다. 이렇게 형성된 구름을 적란운이라고 한다. 적란운은 형성되는 높이에 따라 소나기를 내릴 수도 있고 집중 호우를 내릴 수도 있다.

일반적으로 적란운은 지표로부터 2~3km 이내에서 형성된다. 적란운에서 비가 내리면 적란운 아래에 있는 공기는 온도가 내려가 밀도가 높아지면서 밀도가 낮은 주위로 넓게 퍼져 나가게 된다. 이때 주위에 퍼진 차가운 공기가 원래의 적란운으로부터 떨어진 장소에서 다시 따뜻하고 습한 공기와 만나는 경우가 있다. 그렇게 되면 이 따뜻하고 습한 공기가 상승하면서 새로운 적란운을 만들게 된다. 이때 새로 만들어진 적란운은 기존 적란운과 떨어져 있기 때문에 각각의 적란운 바로 아래 지역에만 30분에 30mm에 못 미치는 비가 내린 후 그치게 된다. 이때 내리는 비가 바로 소나기이다.

그런데 만일 기존의 적란운에서 가까운 곳에 새로운 적란운이 생기면 어떻게 될까? 이때는 두 개 이상의 적란운이 겹쳐지면서 한 지역에 동시에 많은 양의 비를 쏟아붓는 집중 호우가 발생하게 된다. 집중 호우를 발생시키는 적란운을 형성하는 공기는 일반적인 적란운을 형성하는 공기보다 그 온도와 습도가 훨씬 더 높다. 그래서 일반적인 적란운보다 고도가 더 낮은 곳에서부터 구름이 형성될 수 있기 때문에, 지표에서 수백 미터에 불과한 높이에 적란운이 형성된다. 이렇게 형성된 적란운의 바닥과 지표 사이의 공간이 좁기 때문에 이 공간에 있는 공기의 양이 적다. 그래서 비

◆ **냉각** 식어서 차게 됨. 또는 식혀서 차게 함.
응결 포화 증기의 온도 저하 또는 압축에 의하여 증기의 일부가 액체로 변하는 현상.
방출 입자나 전자기파의 형태로 에너지를 내보냄.
연직 중력의 방향. 실에 추를 달아 늘어뜨릴 때 실이 나타내는 방향이다.

가 내리더라도 차가워진 공기가 멀리 퍼지지 못한다. 이런 상황에서 매우 따뜻하고 습한 공기가 유입되면 이 공기가 상승하면서 기존의 적란운 바로 가까이에 새로운 적란운을 형성하게 된다. 이러한 과정이 반복되면서 기존의 적란운과 동일한 장소에 여러 개의 적란운들이 몰리어 형성되기 때문에 특정한 지역에 엄청난 양의 비가 일시에 집중적으로 쏟아지게 된다. 이것이 ㉠집중 호우의 메커니즘이다.

◆ **메커니즘** 사물의 작용 원리나 구조.

■ 정답과 해설 **22**쪽

1

윗글의 내용과 일치하지 <u>않는</u> 것은?

① 소나기와 집중 호우는 적란운에서 내린다.
② 구름이 생성될 때는 열의 방출이 일어난다.
③ 구름에는 작은 물방울이나 얼음 알갱이가 포함되어 있다.
④ 상승하는 공기의 온도가 주변 대기보다 낮아질수록 구름은 더 크게 발달한다.
⑤ 하루에 연 강수량의 10% 이상의 비가 내렸다면 '집중 호우'에 해당한다고 볼 수 있다.

2

〈보기〉는 ㉠을 간단하게 나타낸 그림이다. 윗글을 바탕으로 〈보기〉를 이해할 때, 적절하지 <u>않은</u> 것은?

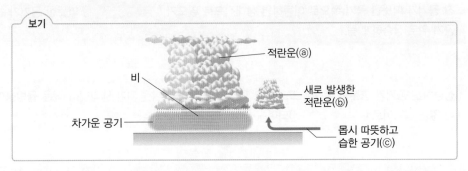

① ⓐ의 바닥과 지표 사이의 공기의 양이 많을수록 집중 호우의 가능성이 높아지겠군.
② ⓐ의 바닥과 지표 사이의 높이가 낮다는 점은 집중 호우를 만드는 조건 중 하나이군.
③ ⓑ가 더 발달한다면 그 아래 지역에 많은 양의 비를 단시간에 내리게 할 수 있겠군.
④ ⓒ가 습기가 적고 차가운 공기라면 집중 호우 지역이 더 확대되지는 않겠군.
⑤ ⓒ가 비에 의해 식은 차가운 공기와 만났기 때문에 ⓑ가 발생한 것으로 볼 수 있겠군.

지문 분석

1 다음에 제시된 질문의 답을 찾을 수 있는 문단을 찾아 바르게 연결해 보자.

적란운은 어떤 과정을 통해 형성되는 구름일까? •	• 1문단
1시간에 강수량이 얼마나 될 때 집중 호우라고 할까? •	• 2문단
기존의 적란운과 가까운 곳에 새로운 적란운이 생기면 어떻게 될까? •	• 3문단
적란운에서 비가 내리면 적란운 아래에 있는 공기의 온도는 어떻게 될까? •	• 4문단

2 다음 빈칸을 채워 가며 '소나기'나 '집중 호우'가 내리는 과정을 정리해 보자.

찬 공기가 따뜻한 공기 쪽으로 이동하면 상대적으로 밀도가 (   ) 따뜻한 공기가 찬 공기 위로 상승하게 됨.

▼

상승하는 공기가 충분한 수분을 포함하고 있다면 공기 중의 수증기가 냉각되어 작은 물방울이나 얼음 알갱이로 (   )되며 구름이 형성됨.

▼

구름 생성으로 방출된 열이 공기에 지속적으로 공급되면서 더 높은 고도에서도 계속 새로운 구름을 만들어 내 연직으로 차곡차곡 쌓이게 되어 두터운 구름층인 (   )이 형성됨.

▼   ▼

소나기	( )
• 지표로부터 2~3km 이내에 형성됨.	• 지표로부터 수백 미터 높이에 형성됨.
• 기존의 적란운과 떨어진 곳에 새로운 적란운이 생김.	• 기존의 적란운과 가까운 곳에 새로운 적란운이 생김.
• 30분에 30mm에 못 미치는 비가 내림.	• 1시간에 30mm 이상, 또는 하루에 80mm 이상의 비가 내림.

배 경 지 식

구름을 보면 날씨를 알 수 있다고?

구름은 모양과 높이에 따라 10가지 종류로 나눌 수 있어요. 구름은 대기 중의 온도와 습도의 변화에 의해 형성·소멸되는 것이므로 구름의 종류와 양을 관찰하면 날씨를 알 수 있어요. 구름은 높이에 따라 상층운, 중층운, 하층운 등으로 구분돼요. 상층운은 대기권 윗부분에서 만들어지는 구름으로 권운과 권층운, 권적운이 있어요. 이 구름들은 얼음 결정으로 이루어져 있으며 권층운은 흔히 태풍이나 전선(前線)이 다가올 때 발생하지요. 중층운은 2~7㎞ 높이에서 만들어지는 구름으로 고적운, 고층운이 있어요. 고층운에서는 세찬 비는 내리지 않지만 약한 비나 눈이 내리는 경우가 많아요.

하층운은 높이 2㎞ 이내에서 생기는 구름으로 난층운, 층적운, 층운이 있어요. 난층운은 짙은 회색을 띠며 비나 눈을 동반해요. 층적운은 물방울 입자로 구성되어 있으며 구름 밑은 회색을 띠죠. 드물게 비나 눈이 내리기도 해요. 층운은 비가 오고 있는 산간 지역이나 맑은 날 아침에 잘 나타나요.

하층운 중에서 수직으로 높이 발달한 구름을 적운과 적란운이라고 하는데, 적운은 맑은 여름날 발생해 대개는 비를 뿌리지 않지만 매우 크게 발달했을 때에는 비가 내리기도 해요. 적란운은 물방울과 얼음 결정을 포함하고 있으며 여름철 소나기를 내리게 하는 구름이에요. 이 구름은 가끔 우박을 떨어뜨리기도 해요.

#구름의 종류와 날씨   #상층운   #중층운   #하층운

적란운

어 휘 · 어 법

1~3

다음 뜻풀이에 해당하는 단어를 〈보기〉에서 찾아 써 보자.

> 보기
>
> 고도   밀도   습도

1 빽빽이 들어선 정도. (   )
2 공기 가운데 수증기가 들어 있는 정도. (   )
3 평균 해수면 따위를 0으로 하여 측정한 대상 물체의 높이. (   )

4~6

다음 단어와 뜻을 바르게 연결해 보자.

4 상대적 •   • ㉠ 지구의 표면. 또는 땅의 겉면.
5 지표 •   • ㉡ 서로 맞서거나 비교되는 관계에 있는 것.
6 유입 •   • ㉢ 액체나 기체, 열 따위가 어떤 곳으로 흘러듦.

Tip • 응결(엉길 凝, 맺을 結) 포화 증기의 온도 저하 또는 압축에 의하여 증기의 일부가 액체로 변하는 현상. ⓔ 수증기의 응결로 물이 만들어진다.
• 응고(엉길 凝, 굳을 固) 액체 따위가 엉겨서 뭉쳐 딱딱하게 굳어짐. ⓔ 촛농은 바닥에 떨어지자마자 하얗게 응고되었다.

건물의 무게를 지탱하는 세 가지 힘

63빌딩과 같은 빌딩은 어떻게 강풍이나 건물의 무게를 견딜 수 있을까? 이런 의문점을 풀어 주는 여러 가지 요인 중, 주요 세 가지 개념이 곧 압축력(壓縮力), 인장력(引張力), 벤딩모멘트(bending moment)이다. 압축력은 부재(部材)에 길이 방향으로 가해지는 힘이고, 인장력은 재료를 잡아당기는 힘이며, 벤딩모멘트는 부재를 휘려고 하는 힘이다. 사람이 서 있게 되면 무릎 관절은 압축력을 받게 되고, 철봉에 매달려 있으면 팔꿈치 관절은 인장력을 받게 된다. 다이빙 선수가 보드의 끝에 서게 되면 보드는 휘게 되는데 바로 벤딩모멘트가 작용하기 때문이다. 5

압축력은 건물의 위층, 또는 지붕의 하중(荷重)에 의해서 생긴다. 그리고 하중이 커질수록 기둥의 굵기 역시 커져야 한다는 것도 직관적으로 알 수 있다. 30층의 건물이라면 30층에 있는 기둥보다 1층에 있는 기둥이 더 굵어야 한다. 주어진 기둥의 10 크기가 감당할 수 있는 것보다 더 무거운 하중이 실리면 당연히 건물이 무너진다. 즉 기둥에 주어지는 압축력이 기둥이 감당할 수 있는 ㉠한계치를 넘어서면 기둥이 파괴되는 것이다. 따라서 압축력을 받는 부재들은 길이가 길어지면 파괴 강도가 요구하는 것보다 굵은 재료가 사용된다. 그 결과 부재에 사용되는 재료의 양은 많아지고 건물은 더 무겁고 둔하게 보이는 것이다. 15

건물의 압축력을 완화시키는 데 응용되는 힘이 인장력이라고 할 수 있다. 자를 위에서 아래로 누르면 자는 휘게 되겠지만 자를 양끝으로 세게 잡아당겼을 경우에는 자는 멀쩡할 것이다. 왜냐하면 인장력에 의해 버클링(힘에 의해 휘는 현상)이 발생하지는 않기 때문이다. 인장력을 받는 부재들은 꼭 필요한 강도만큼의 굵기만 사용하면 된다. 아무리 부재의 길이가 길어도 관계가 없다. 줄과 같이 압축에 저항력을 갖 20 지 못한 부재들은 압축력에는 전혀 저항할 수 없지만 인장력에는 꽤 쓸모 있게 저항할 수 있다. 예를 들어 다리 상판을 긴 줄로 이어 당겨 주는 사장교나 현수교 같은 교량은 줄의 인장력으로 다리 상판의 압축력을 완화시킨 경우이다. / 벤딩모멘트는 부재를 휘려고 하는 힘인데, 플라스틱 자를 한 손에 잡고 옆으로 당겼을 경우 자가 휘게 되는 경우를 말한다. 낚싯대에 고기가 걸리면 낚싯대가 휘게 될 경우 낚싯대가 지 25 탱해야 하는 힘을 벤딩모멘트라고 한다. 이러한 벤딩모멘트의 특징은 부재의 길이와 지점에 따라 그 크기가 달라진다는 것이다. 즉 다이빙보드의 끝에 선수가 섰을 때 길이가 긴 보드는 짧은 것보다 더 많이 휜다. 또한 같은 길이의 부재라도 지지점에 가까울수록 벤딩모멘트의 크기가 커진다. 따라서 낚싯대의 벤딩모멘트는 낚시꾼이 손으로 잡고 있는 부분이 가장 크기 때문에 손잡이 부분이 굵게 제작되는 것이다. 바람 30 이 세게 불 경우를 대비하여 빌딩이나 건축물도 이런 원리를 참고하여 설계한다.

이상의 세 가지 힘의 종류가 어떻게 달라지느냐에 따라 건물의 디자인과 설계가 달

부재 구조물의 뼈대를 이루는 데 중요한 요소가 되는 철재, 목재 등의 재료.
하중 어떤 물체 따위의 무게.
강도 센 정도.
완화 긴장된 상태나 급박한 것을 느슨하게 함.

라지고 건축에 소요되는 재료의 종류와 양이 결정되는 것이다. 63빌딩의 날렵한 모습은 바로 이런 힘이 역학적으로 조화되어 건축되었기에 세찬 바람에도 의연히 자태를 뽐내고 있는 것이다.

1

윗글에서 언급한 내용이 <u>아닌</u> 것은?

① 벤딩모멘트는 어떻게 작용하는 것인가?

② 건물의 높이와 압축력은 어떤 관계가 있는가?

③ 건물의 모양과 인장력과는 어떤 관계가 있는가?

④ 건물에서 압축력과 인장력은 어떻게 작용하는가?

⑤ 인장력이 발생하는 사례에는 어떤 것들이 있는가?

2

윗글을 바탕으로 할 때, 〈보기〉의 (가), (나), (다)에 작용하는 힘을 바르게 짝지은 것은?

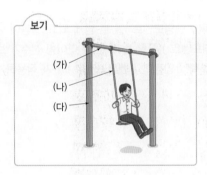

	(가)	(나)	(다)
①	인장력	압축력	벤딩모멘트
②	압축력	인장력	벤딩모멘트
③	인장력	벤딩모멘트	압축력
④	벤딩모멘트	인장력	압축력
⑤	벤딩모멘트	압축력	인장력

3

〈보기〉를 참고할 때, ㉠의 '–치'와 의미가 <u>다른</u> 것은?

> 보기
> **–치¹**(値) (일부 명사 뒤에 붙어) '값'의 뜻을 더하는 접미사.
> **–치²** (일부 명사 또는 명사형 뒤에 붙어) '물건'의 뜻을 더하는 접미사.

① 세균이 기준치를 초과하여 검출되었다.

② 월별 해외 수출량은 사상 최고치를 기록했다.

③ 성적이 기대치보다 훨씬 높아 기분이 좋았다.

④ 한국인 신장의 평균치는 10년 전보다 높아졌다.

⑤ 장맛비로 무너진 건물은 한 마디로 날림치였다.

◆ **사상** 역사에 나타나 있는 바.

지문
분석

정보 확인

1 다음에 제시된 내용 중, 글의 내용과 일치하는 것은 ○, 일치하지 <u>않는</u> 것은 ×를 표시해 보자.

1) 주어진 기둥의 크기가 감당할 수 있는 것보다 더 무거운 하중이 실리면 건물이 무너질 수 있다. ·· (   )

2) 인장력을 받는 부재들은 꼭 필요한 강도만큼의 굵기만 사용하면 된다. ········· (   )

3) 같은 길이의 부재라도 지지점에서 멀어질수록 벤딩모멘트의 크기가 커진다. ····· (   )

4) 다리 상판을 긴 줄로 이어 당겨 주는 사장교나 현수교 같은 교량은 줄의 인장력으로 다리 상판의 압축력을 완화시킨 경우이다. ··· (   )

중심 내용

2 다음 괄호에 들어갈 힘의 종류를 골라 ○를 표시해 보자.

> 사람이 서 있게 되면 무릎 관절은 (압축력 / 인장력 / 벤딩모멘트)을/를 받게 되고, 철봉에 매달려 있으면 팔꿈치 관절은 (압축력 / 인장력 / 벤딩모멘트)을/를 받게 된다. 다이빙 선수가 보드의 끝에 서게 되면 보드는 휘게 되는데 바로 (압축력 / 인장력 / 벤딩모멘트)이/가 작용하기 때문이다.

글의 구조

3 다음 빈칸을 채워 가며 건물의 디자인과 설계에 영향을 미치는 세 가지의 힘을 정리해 보자.

압축력	( )	벤딩모멘트
부재에 길이 방향으로 가해지는 힘	재료를 잡아당기는 힘	부재를 ( ) 하는 힘

세 가지 힘의 종류가 어떻게 달라지느냐에 따라
건물의 디자인과 설계가 달라지고 건축에 소요되는 재료의 종류와 양이 결정됨.

배경지식

현수교와 사장교는 어떤 형태로 이루어져 있을까?

우리가 흔히 구름다리라고 부르는 것은 전문 용어로는 현수교라고 해요. **현수교는 굵은 줄에 다리의 보를 매달아 만**드는데, 보의 무게 때문에 현수선이 아래로 당겨지면 이것은 마치 수학의 이차함수 곡선처럼 포물선의 형태를 띠게 되고, 이때 **현수교의 굵은 줄은 인장력을 받게 되지요.**

다리에 줄이 많지만 현수선과 같은 곡선이 보이지 않는 사장교도 있어요. **사장교는 양쪽에 높게 세운 탑에서 나온 줄이 직접 보를 잡아당기는 형태예요.** 사장교는 밑에서 보를 받치는 기둥을 세우기 힘든 곳에 다리를 건설하기 위해 개발된 것으로, 인천대교의 중심 부분도 사장교의 형태를 지니고 있지요.

현수교(좌)와 사장교(우)

#현수교　　#인장력　　#사장교

어휘·어법

1~3

다음 뜻풀이에 해당하는 단어를 〈보기〉에서 찾아 써 보자.

> **보기**
>
> 　　　　　　소요　　　감당　　　직관적

1 능히 견디어 냄. (　　　　　　)

2 필요로 하거나 요구되는 바. (　　　　　　)

3 판단이나 추리 따위의 사유 작용을 거치지 아니하고 대상을 직접적으로 파악하는 것. (　　　　　　)

4

다음 문장에서 올바른 표기를 골라 ○를 표시해 보자.

4 아버지는 평소 낚시를 좋아하셔서 다양한 종류의 (낚시대 / 낚싯대)를 가지고 계셨다. 낚시를 다녀오신 날이면 여러 (낚시꾼 / 낚싯꾼)들과 그날 잡은 고기 얘기로 시간 가는 줄을 모르셨다.

Tip 사이시옷 한글 맞춤법에서, 사잇소리 현상이 나타났을 때 쓰는 'ㅅ'의 이름. 순우리말 또는 순우리말과 한자어로 된 합성어 가운데 앞말이 모음으로 끝날 때 ① 뒷말의 첫소리가 된소리로 나거나(예 아랫방), ② 뒷말의 첫소리 'ㄴ', 'ㅁ' 앞에서 'ㄴ' 소리가 덧나거나(예 아랫니), ③ 뒷말의 첫소리 모음 앞에서 'ㄴㄴ' 소리가 덧나는 것(예 나뭇잎) 따위에 받치어 적는다.

물고기가 무리 지어 다니는 이유

문제 풀이
지문 해제
관련 영상
어휘 퀴즈

무리를 지어 몰려다니는 송사리들의 움직임은 명령에 따라 움직이는 군대처럼 일사불란하다. 피라미들은 개울의 빠른 물살에도 불구하고 유연한 동작으로 무리 지어 다닌다. 이처럼 물고기들이 무리 짓는 광경은 민물에서만이 아니라 바다에서도 얼마든지 볼 수 있다. 그래서 어부들은 한 번의 투망 작업으로 수백 수천 마리의 물고기를 낚을 수 있다. 이런 위험에도 불구하고 물고기들은 어떻게, 그리고 왜 무리 지어 다닐까? 5

두세 마리에서 수백만 마리에 이르는 물고기들이 무리를 지어 일제히 헤엄칠 때, 멀리서 보면 마치 하나의 커다란 생물체 같다. 무리 안에서는 일정한 우두머리가 없다. 무리가 오른쪽이나 왼쪽으로 선회할 때에는 측면에 있던 개체들이 무리를 선도한다.

물고기들이 무리를 이룰 때 동원되는 감각 중 중요한 것은 시각과 옆줄 감각이다. 물고기의 시력은 0.5 이하로 약한 편이어서 명암 구분만 가능하지만, 움직이는 물체를 감지하는 능력은 사람의 2배 정도 된다. 무리 지어 다니는 물고기들은 대개 반짝이는 몸을 가졌는데, 이것이 시각을 자극하여 무리의 움직임을 유도하는 기능을 한다. 또 대개의 물고기들은 다른 생물이나 물체, 물의 흐름, 진동, 온도, 깊이 등을 감지하는 옆줄이 있다. 물고기의 무리가 흐트러지지 않고 대열을 유지할 수 있는 것은 미세한 변화에도 반응하는 이 옆줄의 감각 체계 때문이다. 15

무리 안에서 각 개체들은 에너지 소비를 최소한으로 줄일 수 있다. 동료들이 사용한 에너지를 효율적으로 이용할 수 있는 지혜 덕택이다. 개체마다 중앙 부분이 굵고 머리 끝과 꼬리 끝으로 가면서 차츰 가늘어지는 체형을 이용하여 자기 뒤로 물의 소용돌이를 만든다. 물고기들은 그것을 이용하여 별로 힘들이지 않고도 단거리를 이동해 갈 수 있다. 여기에는 바로 유체 역학적 원리가 숨어 있다. 20

[A] 물고기가 좌우로 꼬리를 흔들며 헤엄쳐 나갈 때 뒤쪽으로 소용돌이가 생긴다. 소용돌이 바로 뒤에는 처음 발생한 소용돌이와는 반대 방향의 소용돌이가 생기고, 그 뒤로는 또다시 반대 방향의 소용돌이가 순차적으로 생긴다. 이때 물고기들은 서로 다른 방향으로 형성되는 소용돌이 사이를 좌우로 헤엄치면서 이동하는 것이다. 소용돌이는 동그랗게 말리면서 역류 현상이 일어나는 것이 특징인데, 물고기는 이 역류되는 소용돌이가 밀어주는 방향으로 최소한의 에너지를 사용하여 나아갈 수 있다. 기러기가 바람의 저항을 최소화하기 위해 'ㅅ' 대형으로 날아가는 것도 바로 이 유체 역학적 원리를 이용한 것이다. 25

무리 지어 다니는 물고기의 습성은 포식자를 피하는 데 도움이 된다. 무리 중 포식자를 먼저 발견한 물고기가 재빨리 방향을 바꾸어 도망을 치면, 그때의 물의 파장이 옆에 있는 물고기들에게 순식간에 전해져 무리 전체가 위험 상황을 피할 수 있게 된다. 또 물고기가 무리 지어 다니면 포식자는 작은 물고기 떼를 큰 물고기로 착각하기 30

투망 물고기를 잡으려고 그물을 물속에 넣어 침.
선회 둘레를 빙글빙글 돎.
감지 느끼어 앎.
대열 줄을 지어 늘어선 행렬.

도 한다. 여러 마리가 동시에 움직임으로써 포식자로 하여금 착시 현상을 일으켜 쉽게 표적을 정하지 못하게 한다. 먹이를 찾고 짝을 찾는 데에도 무리를 짓는 것이 유리하다. 이처럼 물고기들은 무리를 이루어서 에너지의 효율적 이용, 포식자로부터의 방어 등 여러 가지 면에서 이득을 얻고 있다.

■ 정답과 해설 24쪽

1

윗글을 통해 알 수 있는 내용이 <u>아닌</u> 것은?

① 물고기가 무리를 짓는 이유
② 이동에 유리한 물고기의 체형
③ 물고기의 생존에 유리한 생태 환경
④ 물고기가 무리를 지어 이동하는 방법
⑤ 물고기가 무리를 이룰 때 동원되는 감각

2

[A]의 내용을 참고할 때, 다음 그림에서 물고기가 나아갈 방향을 순서대로 바르게 배열한 것은?

① 가 → ㄱ → A
② 나 → ㄱ → B
③ 나 → ㄷ → C
④ 다 → ㄴ → B
⑤ 다 → ㄴ → C

3

윗글에서 확인할 수 있는 '옆줄'의 기능으로 적절한 것은?

① 물의 흐름이나 주변 사물을 감지한다.
② 포식자를 위협하여 쫓아낸다.
③ 멀리 있는 먹이를 유인한다.
④ 주변의 명암을 구분한다.
⑤ 짝짓기 상대를 유혹한다.

◆ **유인** 주의나 흥미를 일으켜 꾀어냄.

1 다음은 이 글의 주요 개념을 정리한 것이다. 빈칸에 알맞은 말을 써 보자.

( )	대개의 물고기들은 이것을 통해 다른 생물이나 물체, 물의 흐름, 진동, 온도, 깊이 등을 감지한다.
( )	물고기가 좌우로 꼬리를 흔들며 헤엄쳐 나갈 때 뒤쪽에 생기는 것으로, 물고기들은 시로 다른 방향으로 형성되는 이것 사이를 좌우로 헤엄치면서 이동한다.
( )적 원리	기러기가 바람의 저항을 최소화하기 위해 'ㅅ' 대형으로 날아가는 것은 이 원리를 이용한 것으로, 물고기 역시 이를 이용해 역류되는 소용돌이가 밀어주는 방향으로 최소한의 에너지를 사용하여 나아갈 수 있다.

2 물고기가 힘을 들이지 않고 단거리를 이동해 갈 수 있는 이유를 정리해 보자.

물고기가 좌우로 꼬리를 흔들며 헤엄쳐 나갈 때 ( )쪽에 소용돌이가 생김.

물고기들은 ( )되는 소용돌이가 밀어주는 방향으로 헤엄치며
최소한의 에너지를 사용해 이동함.

3 다음 빈칸을 채워 가며 이 글의 주요 내용을 정리해 보자.

물고기들은 여러 위험에도 불구하고 어떻게, 그리고 왜 무리 지어 다닐까?

무리를 이루는 방법

• 반짝이는 몸이 시각을 자극하여 무리의 움직임을 유도함.
• 미세한 변화에도 반응하는 ( ) 체계를 활용함.

무리 지어 다니는 이유

• 최소한의 에너지를 사용하여 단거리를 이동해 갈 수 있음.
• ( )를 피하는 데 도움이 됨.
• 먹이를 찾고 짝을 찾는 데에도 무리를 짓는 것이 유리함.

배 경 지 식

물고기는 헤엄칠 때 어떤 감각 기관을 활용할까?

물고기의 시각과 촉각은 물고기가 무리를 지어 헤엄칠 때 동원되는 중요한 감각이에요. 물고기는 머리 양쪽에 한 쌍의 눈이 있어서 앞쪽 일정 거리의 떨어진 곳을 볼 때를 제외하고는 한쪽 눈만 사용해요. 눈의 구조는 다른 척추동물과 비슷하지만 눈꺼풀이 없어요. 눈의 크기는 물고기가 사는 수심(水深)에 거의 비례하며, 깊은 곳에 사는 물고기일수록 커지지만 어느 정도 이상의 심해에 사는 물고기는 오히려 눈이 퇴화되어 있어요.

어류의 촉각 기관에는 수염, 옆줄 등이 있어요. 메기, 잉어 및 심해어류는 **수염도 촉각 기능을 가져요**. 또 옆줄은 체액이 가득 찬 관으로, 자극이 피부의 작은 구멍을 통해 이 관에 전달되면 그곳에 있는 젤리 상태의 작은 덩어리가 흔들려 신경을 자극하고 뇌로 전달되어 이를 감지해요. 물고기는 **옆줄을 통해 물의 압력, 물의 온도, 물 흐름의 속도와 방향, 물의 진동 등을 느껴요.**

#물고기의 시각과 촉각   #눈   #수염   #옆줄

어 휘 · 어 법

1~4

다음 뜻풀이에 해당하는 단어를 〈보기〉의 글자를 조합하여 써 보자.

> **보기**
>
> 대   류   저   역   장   항   형   파

1 여러 사람이 줄지어 정렬한 형태. (   )

2 물이 거슬러 흐름. 또는 그렇게 흐르는 물. (   )

3 물체의 운동 방향과 반대 방향으로 작용하는 힘. (   )

4 파동에서, 같은 위상을 가진 서로 이웃한 두 점 사이의 거리. (   )

5~7

다음에 제시된 초성과 뜻을 참고하여 빈칸에 알맞은 단어를 써 보자.

5 여럿이 한꺼번에. (ㅇㅈㅎ ➡   )

6 순서를 따라 차례대로 하는 것. (ㅅㅊㅈ ➡   )

7 한 오리 실도 엉키지 아니함이란 뜻으로, 질서가 정연하여 조금도 흐트러지지 아니함을 이르는 말. (ㅇㅅㅂㄹ ➡   )

Tip ・선회(돌 旋, 돌아올 回) 둘레를 빙글빙글 돎. ⬀ 그 자동차는 뛰어난 선회 능력을 가지고 있다.

     ・선도(먼저 先, 이끌 導) 앞장서서 이끌거나 안내함. ⬀ 우리는 선도 차량을 따라갔다.

친환경차의 종류와 특징

문제 풀이
지문 해제
관련 영상
어휘 퀴즈

자동차에서 배출되는 오염 물질로 인한 대기 오염 및 기후 변화 문제가 심각해지면서 세계 각국은 온실가스의 배출 억제를 위해 자동차 분야 규제를 강화하고 있어 오염 물질의 배출이 적은 친환경차가 주목을 받고 있다.

친환경차에는 전기차, 수소전기차, 하이브리드차가 있는데 이 중 ㉠전기차와 수소전기차는 전기 에너지를 운동 에너지로 변환하여 주는 모터만으로 구동되고, ㉡하이브리드차는 모터와 함께 ㉢내연 기관차처럼 연료를 연소시킬 때 발생하는 열에너지를 운동 에너지로 바꿔 주는 엔진을 사용하여 구동된다. 내연 기관차는 마찰 제동 장치를 사용하므로 차가 감속할 때 운동 에너지가 열에너지로 변환된 후 사라지는 반면, 친환경차는 감속 시 운동 에너지를 전기 에너지로 변환하여 배터리에 충전해 다시 사용할 수 있게 하는 회생 제동 장치도 사용해 에너지 효율을 높이고 있다. 10

하이브리드차는 출발할 때에는 전기 에너지를 이용하여 모터를 구동하고 주행 시에는 주행 상황에 따라 모터와 엔진을 적절히 이용하므로 일반 내연 기관차보다 연비가 좋고 배기가스가 저감되는 효과가 있다. 전기차와 수소전기차는 엔진 없이 모터를 사용해 전기 에너지만으로 달리는 차라 할 수 있다. 전기차는 고전압 배터리에 충전을 해 전기 에너지를 모터로 공급하여 움직이고, 수소전기차는 연료 탱크에 저장된 15 수소를 연료 전지를 통해 전기 에너지로 변환하여 동력원으로 사용한다. 연료 전지는 차량 구동에 필요한 수준의 전기 에너지를 발전시키기 위해 다수의 연료 전지를 직렬로 연결하여 가로로 쌓아 만드는데 이를 스택(stack)이라 한다. 연료 전지는 저장된 수소와 외부로부터 공급되는 공기 속 산소가 만나 일어나는 산화·환원 반응 과정을 통해 전기 에너지를 생성하는데, 산화란 어떤 물질이 전자를 내어 주는 것을, 환원이 20 란 전자를 받아들이는 것을 의미한다. 이렇게 물질이 전자를 얻거나 잃는 것을 이온화라고도 하는데 물질이 전자를 얻으면 음이온이, 전자를 잃으면 양이온이 된다.

수소전기차에는 백금을 넣은 촉매와 고분자 전해질 막을 지닌 연료 전지를 많이 사용하는데 다른 연료 전지에 비해 출력이 크고 저온에서도 작동이 되며 구조도 간단하다. 연료 전지의 −극과 +극에 사용되는 촉매 속에 들어 있는 백금은 −극에서는 25 수소의 산화 반응을, +극에서는 산소의 환원 반응을 활성화한다. 그리고 두 극 사이에 있는 고분자 전해질 막은 양이온의 이동은 돕고 음이온과 전자의 이동은 억제하는 역할을 한다.

연료 전지에서 전기 에너지가 생성되는 과정은 수소를 저장한 연료 탱크로부터 수소가 −극으로, 공기 공급기로 유입되는 외부의 공기 속 산소가 +극으로 공급되며 시 30 작된다. −극에 공급된 수소는 촉매 속 백금에 의해 수소 양이온(H^+)과 전자(e^-)로 분리되고, 수소 양이온은 고분자 전해질 막을 통과해 +극으로, 전자는 외부 회로를 통

◆제동 장치 기차·전차·자동차 따위의 차량이나 기계 장치의 운전 속도를 조절하고 제어하기 위한 장치.
회생 제동 전차의 구동용 전동기를 발전기로 작용하게 할 때에 얻는 제동 방식.
연료 전지 연료의 연소 에너지를 열로 바꾸지 않고 직접 전기 에너지로 바꾸는 전지.
촉매 자신은 변화하지 아니하면서 다른 물질의 화학 반응을 매개하여 반응 속도를 빠르게 하거나 늦추는 일. 또는 그런 물질.

해 +극으로 이동한다. 이렇게 전자가 외부 회로로 흐르며 전기 에너지가 발생하는
데, 생성된 전기 에너지는 모터로 전해져 동력원이 되고 일부는 배터리에 축전된다.
+극에서는 공급된 산소가 외부 회로를 통해 이동해 온 전자(e^-)와 결합해 산소 음이
온(O^-)이 된 후, 수소 양이온(H^+)과 만나 물(H_2O)이 되어 외부로 배출된다.

5　　수소전기차에 사용되는 수소는 가솔린의 세 배나 되는 단위 질량당 에너지 밀도를
지니고 있어 에너지 효율이 높다. 그리고 수소와 산소의 반응을 이용하므로 오염 물
질이나 온실가스의 배출이 적고 외부로부터 공급되는 공기를 필터로 정화하여 사용
한 후 배출하므로 공기를 정화하는 기능도 한다. 그러나 고가인 백금과 고분자 전해
질 막을 사용해 연료 전지를 제작해 가격이 비싸다는 점, 수소는 고압으로 압축해야
10 하므로 폭발할 위험성이 커 보관과 이동에 어려움이 있다는 점 등 해결해야 할 문제
들이 남아 있다.

■ 정답과 해설 25쪽

윗글에 대해 이해한 내용으로 적절하지 않은 것은?

① 고압으로 압축한 수소는 폭발할 위험이 크니 보관이나 이동에 어려움이 많겠군.

② 수소전기차는 공급되는 외부 공기를 필터로 걸러 사용하므로 정화된 공기가
배출되겠군.

③ 수소가 연료로 쓰이는 이유는 가솔린보다 에너지 효율은 낮지만 친환경적이
기 때문이겠군.

④ 백금과 고분자 전해질 막을 대신할 저가의 원료를 개발한다면 연료 전지의 가
격을 낮출 수 있겠군.

⑤ 수소전기차를 구동할 수준의 전기 에너지를 만들어 내려면 다수의 연료 전지
를 직렬로 연결해 만들어야겠군.

2

㉠~㉢에 대한 이해로 적절하지 않은 것은?

① ㉠은 ㉡, ㉢과 달리 연료 탱크를 제작할 필요가 없다.

② ㉡은 ㉠에 쓰이는 모터와 ㉢에 쓰이는 엔진을 주행 상황에 따라 이용한다.

③ ㉢은 ㉠, ㉡과 달리 감속할 때 발생하는 에너지를 자동차의 주행에 활용하지
못한다.

④ ㉠, ㉡은 ㉢에 비해 배출되는 오염 물질과 온실가스의 양이 적다.

⑤ ㉠, ㉡은 ㉢과 달리 전기 에너지를 운동 에너지로 변환하여 출발한다.

1 각 문단의 중심 내용을 다음과 같이 정리할 때, 적절한 것은 ○, 적절하지 <u>않은</u> 것은 ×를 표시해 보자.

1문단 자동차에서 배출되는 오염 물질로 인한 문제가 심각해지면서 친환경차가 주목을 받게 됨. ( )

2문단 친환경차에는 전기차, 수소전기차, 하이브리드차, 내연 기관차가 있으며, 회생 제동 장치 사용으로 에너지 효율을 높임. ( )

3문단 하이브리드차와 전기차는 전기 에너지를 모터로 공급하여 움직이며, 수소전기차는 연료 전지를 통해 수소를 전기 에너지로 변환하여 동력원으로 사용함. ( )

4문단 수소전기차에 사용하는 연료 전지는 다른 연료 전지에 비해 출력이 적고 저온에서 작동이 안 되며 구조가 복잡함. ( )

5문단 수소전기차의 연료 전지에서 전자가 외부 회로로 흐르며 전기 에너지가 발생하고, 이 전기 에너지는 모터로 전해져 동력원이 되고 일부는 배터리에 축전됨. ( )

6문단 수소전기차는 에너지 효율이 높고 오염 물질 등의 배출이 적으며 공기 정화 기능을 하지만, 가격이 높고 보관과 이동에 어려움이 있음. ( )

2 다음 빈칸을 채워 가며, 수소전기차의 연료 전지에서 전기 에너지가 생성되는 과정을 정리해 보자.

수소를 저장한 연료 탱크로부터 ( )가 −극으로, 공기 공급기로 유입되는 외부의 공기 속 ( )가 +극으로 공급됨.

▶

−극에 공급된 수소는 촉매 속 ( )에 의해 수소 양이온(H^+)과 전자(e^-)로 분리됨.

▼

전자가 외부 회로로 흐르며 생성된 전기 에너지는 ( )로 전해져 동력원이 되고 일부는 배터리에 축전됨.

◀

수소 양이온은 ( )을 통과해 +극으로, 전자는 외부 회로를 통해 +극으로 이동함.

배 경 지 식

수소전기차의 연료인 수소는 어떻게 발견되었을까?

수소는 지구상에 존재하는 가장 가벼운 원소로 그 기호는 'H'라고 표기해요. 이러한 수소는 색, 맛, 냄새가 없는 기체이며 연소할 때 공해 물질을 유발하지 않기 때문에 화석 연료를 대체할 친환경 에너지원으로 주목받고 있지요.

이러한 수소는 **아일랜드의 과학자 로버트 보일**이 **발견**했어요. 철이나 아연과 같은 쇳조각에 묽은 황산이나 염산을 넣으면 기체가 발생한다는 사실을 발견한 것이지요. 그리고 **이때 발생한 기체가 독립된 물질이며 연소할 경우 물을 생성한다는 사실을 밝힌 것은 영국의 과학자 캐번디시**였어요. 이후 **프랑스의 과학자 라부아지에**가 강한 열로 물을 분해하면 수소가 나오고, 이 기체가 연소하면 물을 생성한다는 점에 주목하여 그리스어로 '물'을 의미하는 'hydro'와 '생성하다'를 의미하는 'genes'를 합쳐 'hydrogen'이라는 원소명을 지었답니다.

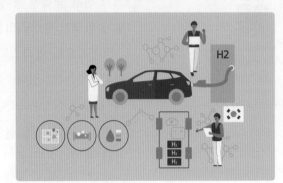

#로버트 보일   #캐번디시   #라부아지에

어 휘 · 어 법

1~4

다음에 제시된 단어의 사전적 의미를 찾아 바르게 연결해 보자.

1 제동 •   • ㉠ 안에서 밖으로 밀어 내보냄.

2 산화 •   • ㉡ 기계나 자동차 따위의 운동을 멈추게 함.

3 배출 •   • ㉢ 어떤 원자, 분자, 이온 따위가 전자를 잃는 일.

4 환원 •   • ㉣ 어떤 원자, 분자, 이온 따위가 전자를 얻는 것.

5~9

다음 의미를 지닌 단어를 〈보기〉에서 찾아 써 보자.

> 보기
>
> 구동   연소   저감   정화   촉매

5 낮추어 줄임. (   )

6 동력을 가하여 움직임. (   )

7 불순하거나 더러운 것을 깨끗하게 함. (   )

8 물질이 산소와 화합할 때에, 많은 빛과 열을 내는 현상. (   )

9 자신은 변화하지 아니하면서 다른 물질의 화학 반응을 매개하여 반응 속도를 빠르게 하거나 늦추는 일. 또는 그런 물질. (   )

Tip • 생성(날 生, 이룰 成) 사물이 생겨남. 또는 사물이 생겨 이루어지게 함. ⑳ 우주의 생성과 소멸
· 생산(날 生, 낳을 産) 인간이 생활하는 데 필요한 각종 물건을 만들어 냄. ⑳ 쌀의 생산과 공급

02

플라스틱의 특성과 다양한 쓰임

문제 풀이
지문 해제
관련 영상
어휘 퀴즈

모양을 마음대로 만들 수 있다는 뜻을 지닌 플라스틱은 당구공으로 쓸 상아의 대용품을 찾는 과정에서 만들어졌다고 한다. 우리에게 이미 잘 알려진 합성수지 플라스틱은 페놀과 포르말린을 반응시켜 만든 것인데, 1909년 벨기에 출신 리오 베이클랜드가 전기 공업에 꼭 필요한 물건인 새로운 절연체를 찾던 과정에서 만들어 냈다. 이렇게 탄생한 플라스틱은 그 종류가 매우 많을 뿐만 아니라 쓰임새 또한 다양하다.   5

일반적으로 플라스틱은 금속보다 가볍고 가공이 쉬운 반면에, 열에 약하고 무른 단점을 지니고 있다. 이 때문에 플라스틱의 이용 분야가 제한적일 것이라고 생각하기 쉽지만 실상은 그렇지 않다. 오늘날 다양한 엔지니어링 플라스틱들이 속속 개발되면서 우리의 선입견이 깨어지고 있다. 기존의 플라스틱에 유리 섬유, 탄소 등이 첨가된 엔지니어링 플라스틱은 본래의 플라스틱이 지닌 우수한 성형성과 가공성에다   10
내열성, 내충격성까지 겸비하고 있다. 이로 말미암아 열에 강하고 총탄도 뚫을 수 없을 만큼 강해진 엔지니어링 플라스틱은 금속이나 세라믹 등의 다른 재료들을 대체할 정도에까지 이르렀다.

플라스틱은 이제 종이를 대신할 수도 있다. 몇 년 전 오스트레일리아에서는 세계 최초로 플라스틱 화폐가 개발되었고, 중국 등 여러 나라들에서는 플라스틱 화폐 발   15
행을 계획하고 있다. 이처럼 플라스틱 화폐가 개발되고 있는 이유는 종이 화폐보다 사용 연한이 몇 배나 더 길기 때문이다. 최근에는 전기가 통하는 플라스틱인 일명 전도성 고분자 재료 플라스틱이 등장하였다. 이 플라스틱은 아주 가벼운 초경량 전지나 자동차의 무게를 줄이는 데 활용되고 있고, 전도성을 지닌 새로운 디스플레이 장치에도 응용되고 있다. 앞으로 이 기술을 통해 종이처럼 둘둘 말아 가지고 다닐 수   20
있을 정도로 성형성이 뛰어난 텔레비전 화면이나 컴퓨터의 모니터가 등장할 날도 멀지 않았다. 우리나라에서도 이러한 전도성 플라스틱을 이용하여 얇은 필름 형태의 스피커를 개발하였다.

휴먼 로봇의 촉각 센서나 가속도 센서와 같은 정밀한 센서, 혹은 어군 탐지·의료용 진단 촬영 장비와 같은 초음파 탐지 장치, 전자저울, 도난 경보기 등처럼 전도성   25
플라스틱이 활용될 수 있는 첨단 장치는 많다. 빛을 흡수하면서 변하는 성질을 지닌 스마트 윈도는 바로 이러한 성질을 이용한 것이다. 스마트 윈도는 맑은 날이나 여름철에 창문을 어둡게 해서 빛을 차단하여 냉방 효과를 내고, 겨울철이나 흐린 날에는 창문을 투명하게 하여 실내 온도를 높이고 밝게 해 준다.

첨단의 플라스틱일지라도 단점이 없는 것은 아니다. 썩지 않는 성질로 인하여 플   30
라스틱은 현재 적지 않은 환경 문제를 일으키고 있다. 이에 대한 대안으로 등장한 것이 생분해성 플라스틱이나 광분해성 플라스틱이다. 이 플라스틱은 기존의 플라스틱

◆ **절연체** 전도체나 소자로부터 전기적으로 분리되어 있어 열이나 전기를 잘 전달하지 아니하는 물체.
가공 원자재나 반제품을 인공적으로 처리하여 새로운 제품을 만들거나 제품의 질을 높임.
내열성 높은 온도에서도 변하지 않고 잘 견디어 내는 성질.
겸비 두 가지 이상을 아울러 갖춤.

에 비해 쓰레기 문제를 해결할 수 있다고 하나, 아직은 가격이 비싸 실용화에 어려움이 많다. 아울러, 플라스틱 원료로 쓰이는 석유나 천연 가스 같은 화석 연료들이 무한한 자원은 아니라는 문제점도 있다. 이 문제를 해결하기 위하여 생물 공학을 응용한 방법이 널리 연구되고 있다. 미국의 한 거대 생물 공학 기업에서는 ㉠플라스틱을
5 생산하는 박테리아의 유전자를 식물에 이식하여, 이 식물들이 플라스틱을 생산하는 방법을 개발하기도 했다. 우리나라에서도 대장균과 같은 세균을 이용하여 썩는 플라스틱을 생산하는 방법이 연구되고 있다.

■ 정답과 해설 26쪽

윗글의 내용과 일치하지 <u>않는</u> 것은?

① 보통의 플라스틱은 열에 약하고 무르다.
② 세라믹보다 엔지니어링 플라스틱이 충격에 강하다.
③ 우리나라에서도 친환경 플라스틱을 개발하고 있다.
④ 플라스틱 화폐는 개발 비용이 비싸 경제성이 떨어진다.
⑤ 새로운 플라스틱의 개발에 생물 공학이 응용되고 있다.

2

〈보기〉는 ㉠을 도식화한 것이다. 내용에 대한 설명으로 알맞지 <u>않은</u> 것은?

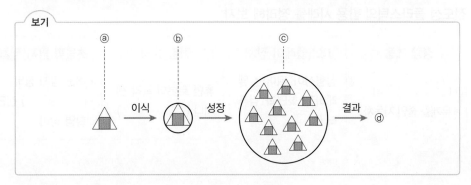

① ⓐ는 플라스틱을 생산하는 박테리아 유전자이다.
② ⓑ는 식물의 특성을 이용하기 위해 ⓐ를 이식한 것이다.
③ ⓒ는 식물의 성장에 따라 플라스틱 인자가 증식한 것이다.
④ ⓓ는 수명이 긴 식물이 만들어진 단계이다.
⑤ ⓓ 단계에서 최종적으로 추출되는 것은 플라스틱이다.

◆
인자 어떤 사물의 원인이 되는 낱낱의 요소나 물질.

1

각 문단의 중심 내용을 다음과 같이 정리할 때, 적절한 것은 ○, 적절하지 <u>않은</u> 것은 ×를 표시해 보자.

1문단	플라스틱은 새로운 절연체를 찾던 과정에서 만들어졌다.	( )
2문단	플라스틱은 가볍고 가공이 쉬운 반면 열에 약한데, 오늘날에는 내열성과 내충격성까지 갖춘 엔지니어링 플라스틱이 개발되고 있다.	( )
3문단	플라스틱은 종이를 대신할 수는 있지만 전기가 통하지는 않는다.	( )
4문단	빛을 흡수하면서 변하는 성질을 가진 스마트 윈도는 첨단 플라스틱을 이용한 제품이다.	( )
5문단	생분해성, 광분해성 플라스틱이 개발되어 널리 사용되고 있다.	( )

2

전도성 플라스틱의 활용 사례를 정리해 보자.

경량 제품	디스플레이 장치	정밀 센서	초음파 탐지 장치
• ( ) • 무게를 줄인 자동차	성형성이 뛰어난 텔레비전 화면과 컴퓨터 ( )	휴먼 로봇의 촉각 센서나 ( )	• 어군 탐지 장비 • ( ) 진단 촬영 장비

3

첨단 플라스틱이 해결하지 못하고 있는 핵심적인 문제점을 두 가지 써 보자.

(   )

배 경 지 식

엔지니어링 플라스틱은 어디에 사용될까?

엔지니어링 플라스틱은 강철보다 강하고 알루미늄보다 더 얇게 펴지며, 금이나 은보다 약품에 강한 고기능성 고분자 물질을 통틀어 말해요. 분자량이 보통 몇 백 정도인 기존의 플라스틱과 달리 엔지니어링 플라스틱은 **아주 거대한 고분자 물질**로, 고분자 형성 시에 들어간 단위체에 따라 특징과 성능이 달라져요. 나일론과 같은 성분이지만 분자량이 더 큰 폴리아마이드, 휴대 전화나 노트북의 외장재 등에 사용되는 폴리카보네이트가 대표적인 엔지니어링 플라스틱이에요. 이들은 **대부분 열가소성이라 가공이 가능하며 강도가 크고 충격에 강해요.** 아울러 내열성과 내한성이 좋고 절연성과 탄성 또한 커서 헬멧이나 소방관 마스크, 항공기의 구조 재료로 사용되지요.

#엔지니어링 플라스틱   #고기능성 물질   #고분자 물질

어 휘 · 어 법

1

다음 중 외래어에 해당하는 단어가 <u>아닌</u> 것을 찾아 써 보자.

> 보기
>
> | 플라스틱 | 상아 | 화폐 | 컴퓨터 |
> | 모니터 | 로봇 | 초음파 | 박테리아 |

(   )

2~6

다음에 제시된 단어의 사전적 의미를 찾아 바르게 연결해 보자.

2 절연체 •

3 가공 •

4 겸비 •

5 대체 •

6 첨단 •

• ㉠ 다른 것으로 대신함.

• ㉡ 두 가지 이상을 아울러 갖춤.

• ㉢ 시대 사조, 학문, 유행 따위의 맨 앞장.

• ㉣ 원자재나 반제품을 인공적으로 처리하여 새로운 제품을 만들거나 제품의 질을 높임.

• ㉤ 전도체나 소자로부터 전기적으로 분리되어 있어 열이나 전기를 잘 전달하지 아니하는 물체.

Tip • 내열성(견딜 耐, 더울 熱, 성질 性) 높은 온도에서도 변하지 않고 잘 견디어 내는 성질. 예 이 그릇은 내열성이 강하다.

• 내구성(견딜 耐, 오랠 久, 성질 性) 물질이 원래의 상태에서 변질되거나 변형됨이 없이 오래 견디는 성질. 예 새 원료를 사용해 자동차의 내구성을 높였다.

제책 기술의 발달

종이가 개발되기 전, 인류는 동물의 뼈나 양피지 등에 필요한 정보를 기록해 왔다. 하지만 담긴 정보량에 비해 부피가 방대하였고 그로 인해 보존과 가독에 어려움을 겪었다. 그런데 종이의 개발로 부피가 줄어들면서 종이로 된 책이 주된 기록 매체가 되었고 책의 보존성과 가독성, 휴대성 등을 더욱 높이기 위한 제책 기술의 발달이 요구되었다.

서양은 종이 책을 만들기 시작했을 때 제지 기술이 동양에 비해 미숙했고 질 나쁜 종이로 책을 제작해야 했기에 책의 내구성을 높이기 위한 기술이 필요했다. 그래서 표지에 가죽을 씌우거나 나무판을 덧대는 방법을 개발했는데 이를 양장(洋裝)이라 한다. 양장 은 내지 묶기와 표지 제작을 따로 한 후에 합치는 방법이다. 내지는 실매기 방식을 활용해 실로 단단히 묶고, 표지는 판지에 천이나 가죽 등의 마감 재료를 접착하여 만든다. 표지와 내지를 결합할 때는 책등과 결합되는 내지 부분에 접착제를 발라 책등에 붙인다. 또한 내지보다 두껍고 질긴 종이인 면지를 표지와 내지 사이에 접착제로 붙여 이어 줌으로써 책의 내구성을 높인다. 표지 부착 후에는 가열한 쇠막대로 앞뒤 표지의 책등 쪽 가까운 부분을 눌러 홈을 만들어 책의 펼침성이 좋도록 한다.

18세기 말에 유럽은 산업 혁명으로 인쇄가 기계화되면서 대량 생산을 위한 기반이 갖추어지고, 경제의 발전으로 일부 계층에만 국한됐던 독서 인구가 확대되어 제책 기술도 대량 생산이 가능한 방식으로 발전해야 했다. 이를 위해 간편하게 철사를 사용해 매는 제책 기술이 개발되었는데 처음에는 '옆매기'라 불리는 기술을 사용하였다. 그러나 옆매기는 책장 넘김이 용이하지 않아 '가운데매기'라 불리는 중철(中綴)이 주된 방식으로 자리 잡았다. 중철은 인쇄지를 포개 놓고 책장이 접히는 한가운데 부분을 ㄷ자형 철침을 이용해 매었는데, 보통 2개의 철침으로 표지와 내지를 고정하지만 표지나 내지가 한가운데서부터 떨어지는 경우가 잦아 철침을 4개로 박기도 하였다. 중철은 광고지, 팸플릿 등 오랜 보관이 필요 없거나 분량이 적은 인쇄물에 사용해 왔으며, 중철된 책은 쉽게 펼치거나 넘길 수 있고 두루마리처럼 말아서 간편하게 휴대할 수도 있다.

20세기 중반에는 화학 접착제가 개발되며 무선철(無線綴)이라는 제책 기술이 등장했다. 이름처럼 실이나 철사 없이 화학 접착제만으로 책을 묶는 방식이다. 이 방법은 자동화가 가능해 대량 생산에 더욱 적합했고, 생산 단가가 낮아지면서 판매 가격을 낮출 수 있어 책의 대중화에 기여했다. 그리고 1990년대에는 습기 경화형 우레탄 핫멜트가 개발되면서 개발 초보다 내구성이 더욱 강화된 책을 만들게 되었다. 무선철 기술은 지금도 계속 보완, 발전하고 있으며 그로 인해 오늘날 대부분의 책은 무선철 방식으로 제작되고 있다.

문제 풀이
지문 해제
관련 영상
어휘 퀴즈

◆ **가독성** 인쇄물이 얼마나 쉽게 읽히는가 하는 능률의 정도.
제책 낱장으로 되어 있는 원고나 화고(畫稿), 인쇄물, 백지 따위를 차례에 따라 실이나 철사로 매고 표지를 붙여 한 권의 책으로 꾸미는 일.
책등 책을 매어 놓은 쪽의 겉으로 드러난 부분.
경화 물건이나 몸의 조직 따위가 단단하게 굳어짐.

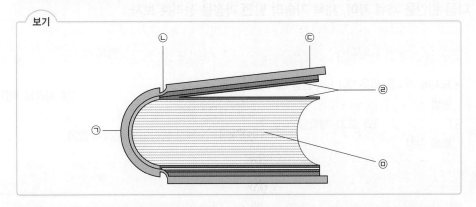

1

윗글의 표제와 부제로 가장 적절한 것은?

① 제책 기술의 발전과 한계
   – 문제점 진단과 보완 방안을 중심으로

② 제책 기술 현대화의 경향
   – 화학 접착제의 개발을 중심으로

③ 제책 기술의 등장 배경과 유형
   – 책 묶기 방식의 발전 과정을 중심으로

④ 제책 기술의 발전과 사회적 영향
   – 기술 개발의 방향과 문제점을 중심으로

⑤ 제책 기술의 필요성과 의의
   – 책의 내구성 향상 단계를 중심으로

2

〈보기〉는 양장 에 따라 제작한 책의 단면이다. ㉠~㉤에 대한 설명으로 적절하지 <u>않은</u> 것은?

보기

① ㉠은 접착제를 활용하여 ㉤과 결합되도록 하였다.

② ㉡은 가열한 쇠막대로 눌러 펼침성을 향상시켰다.

③ ㉢은 따로 제작한 뒤 실매기를 통해 ㉣과 결합시켰다.

④ ㉣은 ㉤보다 튼튼한 종이를 사용해 책의 내구성을 높였다.

⑤ ㉤은 실로 묶은 후 ㉣을 활용하여 ㉢과 결합시켰다.

문단 요약

1 각 문단의 중심 내용을 다음과 같이 정리할 때, 빈칸에 들어갈 내용을 써 보자.

> **1문단** (   )의 개발과 제책 기술의 발달

▼

> **2문단** 서양의 초기 제책 기술: (   )

▼

> **3문단** 18세기 말 산업 혁명기의 제책 기술: 옆매기와 (   )

▼

> **4문단** 20세기 중반의 제책 기술: (   )

정보 확인

2 산업 혁명 이후 제책 기술이 발전하게 된 핵심적인 이유가 무엇인지 써 보자.

(   )

글의 구조

3 다음 빈칸을 채워 가며, 제책 기술의 발전 과정을 정리해 보자.

양장
• 표지에 가죽을 씌우거나 나무판을 덧대는 방법   • (   )와 표지 제작을 따로 한 후에 합침.

▶

옆매기
• 간편하게 (   )를 사용해 책을 매는 기술   • 책장 넘김이 용이하지 않음.

▼

무선철
• 실이나 철사 없이 (   )만으로 책을 묶는 방식   • 자동화가 가능해 대량 생산에 적합하고 생산 단가가 낮아 책의 (   )에 기여함.

◀

(   )
• 인쇄지를 포개 놓고 책장이 접히는 한가운데 부분을 ㄷ자형 철침을 이용해 매는 방식   • 분량이 (   ) 인쇄물에 사용   • 책 넘김이 쉽고 휴대성이 높음.

배 경 지 식

제책의 종류에는 무엇이 있을까?

제책이란 인쇄물의 내용과 성질, 규격과 형태에 따라 자르고 접어 순서 있게 모아 한 부분을 고정하는 일을 말하며 '제본'이라고도 해요. 제책을 하게 되면 낱장으로 된 인쇄물이 흩어지지 않아서 읽기에 편리해요. 또한 다루기도 편해서 장기간 보존하는 것이 가능하지요.

제책은 여러 종류로 분류할 수 있지만 **크게 간이 제책, 재래식 제책, 양장 제책으로 분류돼요.** 간이 제책은 인쇄된 낱장의 종이들을 쌓고 그 옆의 한쪽 면에만 풀칠을 해서 뭉치를 만드는 제책 방식이며, 재래식 제책이란 옛날 고서 등에서 사용하는 실이나 철끈으로 묶는 제책 방식이에요. 그러나 오늘날의 제책은 일반적으로 양장 제책 방식을 말해요. 양장은 서양에서 이루어진 제책 방식으로 과거 동양에서 행해진 것과 구분하여 분류할 수 있어요.

#제책   #간이 제책   #재래식 제책   #양장 제책

재래식 제책 방식

어 휘 · 어 법

1~4

다음 빈칸에 들어갈 알맞은 단어를 〈보기〉를 참고하여 써 보자.

> **보기**
>
> 덧대다   국한하다   미숙하다   방대하다

1 형진이의 해어진 바지 무릎에 어머니가 헝겊을 (   ) 기웠다.
2 회사에 입사한 지 얼마 되지 않은 신입 사원은 회사 일이 (   ) 수밖에 없다.
3 모둠 과제를 해결하기 위해서는 (   ) 자료부터 먼저 정리하는 일이 필요하다.
4 이번 봉사 활동은 중학생으로 (   ) 않고 원하는 사람은 모두 참여할 수 있도록 하자.

5~7

다음에 제시된 단어의 사전적 의미를 찾아 바르게 연결해 보자.

5 보존성 •
6 가독성 •
7 휴대성 •

• ㉠ 손에 들거나 몸에 지니고 다니기 좋은 특성.
• ㉡ 오랫동안 그 모습을 유지한 채 남아 있는 성질.
• ㉢ 인쇄물이 얼마나 쉽게 읽히는가 하는 능률의 정도. 활자체, 글자 간격, 행간(行間), 띄어쓰기 따위에 따라 달라진다.

Tip • 매다 ① 끈이나 줄 따위의 두 끝을 엇걸고 잡아당기어 풀어지지 아니하게 마디를 만들다. ② 끈이나 줄 따위로 꿰매거나 동이거나 하여 무엇을 만들다. **예** 신발 끈을 매다. / 책을 매다.
• 메다 어깨에 걸치거나 올려놓다. **예** 어깨에 배낭을 메다.

변기의 작동 원리

화장실이 집 안으로 들어와 당당히 하나의 '실(室)'로 자리 잡은 것은 그리 오래된 일이 아니다. 동양이나 서양이나 예전에는 악취 때문에 화장실을 집 밖에 설치할 수밖에 없었다. 그렇다면 화장실은 어떻게 이 악취를 물리치고 집 안의 한 자리를 차지할 수 있었을까? 그것은 바로 '변기에 차 있는 물' 때문에 가능하였다. 일정한 높이의 물이 항상 차 있도록 하기 위해서 변기의 내부에는 'U'자를 뒤집어 놓은 형태의 관이 있다. 5

변기가 어떻게 작동하는지를 알아보기 위해 그 근본 원리에 대해 알아보자. 여기 물이 3분의 2 정도 담겨 있는 컵이 있다. 컵을 기울이지 않고 이 컵 안의 물을 밖으로 빼내기 위해 'U'자 모양의 굽은 관을 이용한다고 하자. 'U'자 모양의 굽은 관을 뒤집어 관의 한 쪽은 컵 안의 물 속에, 다른 쪽은 컵 바깥에 위치하게 한다. 관의 안쪽 10 에 물이 완전히 채워지지 않아 공기가 남아 있는 경우에는 컵의 수면에 작용하는 대기압과 관 속의 대기압이 평형을 이루어 아무 일도 일어나지 않는다. 하지만 관 속에 남아 있는 공기를 빨아내어 인위적으로 관 속에 물이 채워지게 하면, 물은 중력의 법칙을 거스르고 관을 따라 컵을 넘어 바깥으로 흘러나오기 시작한다. 이는 관 속이 물로 채워지면서 관 속에 작용하던 대기압은 사라지지만 컵의 수면에 작용하는 대기압 15 에는 변화가 없기 때문에 압력 차이가 생겨 일어나는 현상이다. 이와 같은 현상을 '사이펀의 원리'라고 한다. 그리고 이와 같은 경우에 사용되는 'U'자 모양의 굽은 관을 '사이펀'이라 한다.

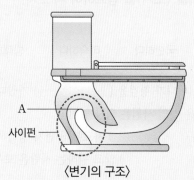

〈변기의 구조〉

옆의 그림처럼 변기의 내부에 'U'자를 뒤집어 놓은 형태의 관이 있는 것도 이 사이펀의 원리를 이 20 용하기 위함이다. 그림에서 물이 A까지 채워져 있을 경우에는 사이펀 안에 대기압이 작용하기 때문에 아무런 일도 일어나지 않는다. 하지만 용변을 보고 레버를 내리면 물탱크의 마개가 열려 변기 안으로 한꺼번에 많은 양의 물이 공급되면서 늘어 25 난 물의 압력으로 인해 사이펀은 물로 완전히 채워지게 되고, 사이펀 속에 작용하던 대기압이 사라지게 되면서 변기의 물은 용변과 함께 하수구로 빠져나가게 된다.

물탱크에서 많은 양의 물이 변기로 계속 공급된다면 '변기에 차 있는 물'은 기대할 수 없다. 그래서 변기의 구조는, 물이 사이펀의 원리에 의해 모두 빠져나가 버린 후에는 사이펀을 넘지 못할 정도만큼만 물이 다시 고일 수 있도록 적은 양의 물이 서서 30 히 변기로 흘러 들어가게 되어 있다. 물이 모두 빠져나가 버린 후에 변기에 물이 서서히 공급되면 물의 압력이 사이펀을 가득 채울 만큼 충분하지 않기 때문에 변기에는

악취 나쁜 냄새.
인위적 자연의 힘이 아닌 사람의 힘으로 이루어지는 것.
거스르다 일이 돌아가는 상황이나 흐름과 반대되거나 어긋나는 태도를 취하다.

A까지만 물이 차 있게 된다. 사이펀을 넘지 못하고 남겨진 물은 고약한 냄새가 넘어오지 못하도록 막는 역할을 하게 된다.

　이처럼 과학적 원리를 이용한 변기의 구조 덕분에 화장실은 당당하게 집 안으로 입성할 수 있었던 것이다.

■ 정답과 해설 **28**쪽

윗글이 〈보기〉와 같은 계획에 따라 쓰였다고 할 때, ㉮에 들어갈 내용으로 적절한 것은?

> 보기
> • 화제: 실내 화장실이 가능할 수 있었던 이유
> • 주요 설명 내용: (　　　㉮　　　)
> • 자료 탐색이 필요한 항목: 사이펀의 원리, 변기의 단면도

① 사이펀의 의미와 형태　　　② 변기의 구조와 작동 원리
③ 변기의 각 구성 요소별 기능　　　④ 사이펀과 변기 구조의 차이점
⑤ 변기의 작동에 미치는 대기압의 영향

2

윗글을 바탕으로 〈보기〉에 대해 분석해 보았다. 적절하지 <u>않은</u> 것은?

> 보기
>
>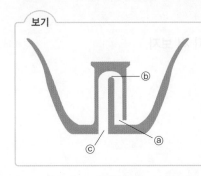
>
> '가득 채움을 경계하는 잔'이라는 뜻을 가진 '계영배'는 일정 부분, 즉 잔의 일정 높이까지 술을 따를 경우에는 술이 잔에 담겨 있지만, 그 이상이 되면 술이 아래로 모두 새어 버리게 된다.

① ⓐ에서 ⓒ로 이어지는 부분은 '사이펀'의 일종으로 볼 수 있다.
② 잔을 가득 채웠을 때 술이 ⓒ로 빠져나가는 것은 '사이펀의 원리'와 관련이 있다.
③ ⓑ보다 수면이 높아지면 술은 ⓐ에서 ⓒ로 이어지는 부분을 통해 흘러나간다.
④ 술을 가득 채우면 ⓐ에서 ⓒ로 이어지는 부분의 안쪽의 대기압이 높아지게 된다.
⑤ ⓑ보다 수면이 낮은 경우 ⓐ에서 ⓒ로 이어지는 관 내부에 작용하는 대기압과 잔 안에 작용하는 대기압은 같다.

1 각 문단의 중심 내용을 다음과 같이 정리할 때, 적절한 것은 ○, 적절하지 **않은** 것은 ×
를 표시해 보자.

| 1문단 | 변기에 일정한 높이의 물이 항상 차 있기 때문에 화장실의 악취를 물리칠 수 있었다. | (|) |

| 2문단 | 변기가 작동하기 위해서는 'U'자 모양의 굽은 관인 사이펀이 사용된다. | (|) |

| 3문단 | 변기 안으로 많은 양의 물이 한꺼번에 공급되면 사이펀 내부가 공기로 채워지게 된다. | (|) |

| 4문단 | 물이 변기에서 모두 빠져나가 버린 후에는 많은 양의 물이 사이펀 안에 빠르게 공급되어 악취가 넘어오지 않는다. | (|) |

| 5문단 | 과학적 원리를 이용한 변기의 구조는 화장실이 집 안에 들어오게 되는 데 기여하였다. | (|) |

2 변기에서 악취를 막는 역할을 하는 것은 무엇인지 써 보자.

( )

3 다음 빈칸을 채워 가며, 변기의 작동 과정을 정리해 보자.

평상시	레버를 내릴 때	변기의 물이 빠져나간 후
사이펀 안에 ( )이 작용하기 때문에 변기 안과 사이펀 내부 일부에 물이 차 있으며 아무 일도 일어나지 않음.	한꺼번에 많은 양의 물이 공급되어 물의 압력으로 ( )이 물로 완전히 채워지고 대기압이 사라지면서 변기의 물이 하수구로 빠져나감.	( ) 양의 물이 서서히 변기로 흘러들어가, 변기와 사이펀 내부 일부에 물이 찬 상태로 머무르게 됨.

배경지식

계영배에는 어떤 비밀이 숨어 있을까?

'계영배'는 도공 우명옥이 방탕한 생활에 빠진 자신의 잘못을 반성하는 의미로 만든 술잔이에요. 의미 그대로 해석하면 '가득 채움을 경계하는 잔'이지요. 이 잔은 잔의 70%만 술을 채울 수 있는데, 만약 술로 잔을 가득 채우면 모두 아래로 흘러 버려요. 이러한 **술잔의 비밀은 사이펀**에 있는데 **계영배의 가운데 기둥 안에는 빨대를 말굽 모양으로 구부려 놓은 듯한 관이 숨어 있어요.** 술을 적당히 부으면 기둥 밑의 구멍으로 들어간 술이 기둥 안쪽 관의 맨 위까지 넘어가지 않기 때문에 술이 아래쪽으로 새지 않아요. 하지만 술을 가득 부어 기둥 속 관의 맨 위까지 차면 구부러진 말굽 위로 넘어가게 되어 술이 아래쪽으로 빠지게 되지요. 이때 잔 아래 구멍으로 연결된 관은 술이 빠지는 동안 진공 상태가 유지되므로, 관 안쪽과 바깥의 압력 차로 인해 기둥 밑의 구멍 안으로 술이 계속 새게 돼요.

계영배

#계영배　#우명옥　#술잔　#사이펀

어휘·어법

1~5 다음 뜻풀이에 해당하는 단어를 〈보기〉에서 찾아 써 보자.

> 보기
>
> 입성　　공급　　인위적　　거스르다　　고약하다

1 요구나 필요에 따라 물품 따위를 제공함. (　　　　)
2 맛, 냄새 따위가 비위에 거슬리게 나쁘다. (　　　　)
3 자연의 힘이 아닌 사람의 힘으로 이루어지는 것. (　　　　)
4 일이 돌아가는 상황이나 흐름과 반대되거나 어긋나는 태도를 취하다. (　　　　)
5 상당한 노력 끝에 선망하던 세계나 방면으로 진출하는 일을 비유적으로 이르는 말. (　　　　)

6~7 다음 문장에 들어갈 올바른 단어를 찾아 ○를 표시해 보자.

6 이번 수영 대회에서는 민철이와 (당당히 / 당당이) 겨루고 싶어.
7 주스를 마시고 나면 (마개 / 막애)를 꼭 닫아 두어야 한다.

Tip 부사의 끝음절 '-이'와 '-히' 한글 맞춤법 제51항에 따라 부사의 끝음절이 분명히 [이]로만 나는 것은 '-이'로 적고, [히]로만 나거나 [이]나 [히]로 나는 것은 '-히'로 적는다.
예 [이]로만 나는 것: 깨끗이, 반듯이 / [히]로만 나는 것: 극히, 특히 / [이], [히]로 나는 것: 가만히, 꼼꼼히

클라우드 컴퓨팅

문제 풀이
지문 해제
관련 영상
어휘 퀴즈

최근 들어 화두가 되는 IT 관련 용어가 있으니 바로 클라우드(Cloud)이다. 그렇다면 클라우드는 무엇인가? 클라우드란 인터넷상의 서버를 통해 데이터를 저장하고 이를 네트워크로 연결하여 콘텐츠를 사용할 수 있는 컴퓨팅 환경을 말한다.

그렇다면 클라우드는 기존의 웹하드와 어떤 차이가 있을까? 웹하드는 일정한 용량의 저장 공간을 확보해 인터넷 환경의 PC로 작업한 문서나 파일을 저장, 열람, 편집하고 다수의 사람과 파일을 공유할 수 있는 인터넷 파일 관리 시스템이다. 한편 클라우드는 이러한 웹하드의 장점을 수용하면서 콘텐츠를 사용하기 위한 소프트웨어까지 함께 제공한다. 그리고 저장된 정보를 개인 PC나 스마트폰 등 각종 IT 기기를 통하여 언제 어디서든 이용할 수 있게 한다. 이것은 클라우드 컴퓨팅 기반의 동기화 서비스를 통해 가능하다. 즉 클라우드 컴퓨팅 환경을 기반으로 사용자가 보유한 각종 단말기끼리 동기화 절차를 거쳐 동일한 데이터와 콘텐츠를 이용할 수 있게 하는 시스템인 것이다.

클라우드는 구름[cloud]과 같이 무형의 형태로 존재하는 하드웨어, 소프트웨어 등의 컴퓨팅 자원을 자신이 필요한 만큼 빌려 쓰고 이에 대한 사용 요금을 지급하는 방식의 컴퓨팅 서비스이다. 여기에는 서로 다른 물리적인 위치에 존재하는 컴퓨팅 자원을 가상화 기술로 통합해 제공하는 기술이 활용된다.

클라우드는 평소에 남는 서버를 활용하므로 클라우드 환경을 제공하는 운영자에게도 유용하지만, 사용자 입장에서는 더욱 유용하다. 개인적인 데이터 저장 공간이 따로 필요하지 않기에 저장 공간의 제약도 극복할 수 있다. 가상화 기술과 분산 처리 기술로 서버의 자원을 묶거나 분할하여 필요한 사용자에게 서비스 형태로 제공되기 때문에 개인의 컴퓨터 가용률이 높아지는 것이다. 이러한 높은 가용률은 자원을 유용하게 활용하는 ㉠그린 IT 전략과도 일치한다.

또한 클라우드 컴퓨팅을 도입하는 기업 또는 개인은 컴퓨터 시스템을 유지, 보수, 관리하기 위하여 들어가는 비용과 서버의 구매 및 설치 비용, 업데이트 비용, 소프트웨어 구매 비용 등 엄청난 비용과 시간, 인력을 줄일 수 있고, 에너지 절감에도 기여할 수 있다. 하지만 서버가 해킹 당할 경우 개인 정보가 유출될 수 있고, 서버 장애가 발생하면 자료 이용이 불가능하다는 단점도 있다. 따라서 사용자들이 안전한 환경에서 서비스를 이용할 수 있도록 보안에 대한 대책을 강구하고 위험성을 최소화할 수 있는 방안을 마련하여야 한다.

화두 관심을 두어 중요하게 생각하거나 이야기할 만한 것.
분산 갈라져 흩어짐. 또는 그렇게 되게 함.
절감 아끼어 줄임.
강구 좋은 대책과 방법을 궁리하여 찾아내거나 좋은 대책을 세움.

1

윗글에 언급되지 <u>않은</u> 것은?

① 클라우드의 개념　　　　　　② 클라우드의 장점
③ 클라우드의 변천 과정　　　　④ 클라우드의 해결 과제
⑤ 클라우드의 주요 구성 기술

2

윗글과 〈보기〉를 참고할 때, ⓐ～ⓒ에 대한 설명으로 적절한 것은?

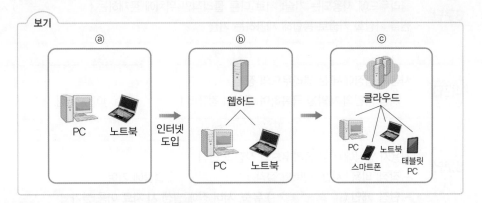

① ⓐ에서는 온라인 컴퓨팅 작업이 주로 이루어진다.
② ⓑ부터 인터넷 환경의 저장 공간을 사용하기 시작한다.
③ ⓒ에서는 사용자보다 운영자 중심의 컴퓨팅 환경이 만들어진다.
④ 소프트웨어의 제공 유무에 따라 ⓐ와 ⓑ로 분류된다.
⑤ ⓑ와 달리 ⓒ에서는 인터넷 서비스를 활용할 수 있다.

3

'클라우드'를 ㉠으로 볼 수 있는 이유로 적절한 것을 골라 바르게 묶은 것은?

> **보기**
> ㄱ. 남는 서버를 활용하여 컴퓨팅 환경을 제공함.
> ㄴ. 빌려 쓴 만큼 사용 요금을 지급하는 유료 서비스임.
> ㄷ. 사용자들이 안전한 환경에서 서비스를 이용하게 함.
> ㄹ. 저장 공간을 제공하여 개인 컴퓨터의 가용률을 높임.

① ㄱ, ㄴ　　　　　　② ㄱ, ㄹ　　　　　　③ ㄴ, ㄷ
④ ㄴ, ㄹ　　　　　　⑤ ㄷ, ㄹ

1

각 문단의 중심 내용을 다음과 같이 정리할 때, 빈칸에 들어갈 내용을 써 보자.

1문단 클라우드의 개념: 인터넷상의 서버를 통해 (　　　　　　)를 저장하고 이를 네트워크로 연결하여 콘텐츠를 사용할 수 있는 컴퓨팅 환경

▼

2문단 클라우드와 기존 (　　　　　)의 차이점

▼

3문단 클라우드에 사용되는 기술: 서로 다른 물리적인 위치에 존재하는 (　　　　　) 자원을 가상화 기술로 통합해 제공하는 기술

▼

4문단 사용자 입장에서 본 클라우드의 장점
– 저장 공간의 제약을 극복하여 개인의 컴퓨터 (　　　　)이 높아짐.

▼

5문단 사용자 입장에서 본 클라우드의 장점과 단점
– 장점: 비용·시간·인력의 절감, (　　　　　) 절감에 기여
– 단점: 개인 (　　　　　) 유출, 서버 장애 발생 시 자료 이용 불가

2

웹하드와 클라우드를 비교하여 정리해 보자.

웹하드	클라우드
• 일정한 용량의 (　　　　　)을 확보해 인터넷 환경의 PC로 작업한 문서나 파일을 저장, 열람, 편집하고 다수의 사람과 파일을 공유할 수 있음. • 인터넷 (　　　　) 관리 시스템	• 웹하드의 장점을 수용하면서 콘텐츠를 사용하기 위한 (　　　　　)를 함께 제공함. • 개인 PC나 스마트폰 등 각종 IT 기기를 통해 언제 어디서든 이용 가능함. • 클라우드 컴퓨팅 기반의 (　　　　) 서비스를 통해 서비스가 이루어짐.

3

클라우드를 보완하기 위해 노력해야 할 부분은 무엇인지 써 보자.

(　　)

배 경 지 식

데이터가 탄소를 배출한다고?

　서버에 저장된 데이터는 데이터 센터에 보관하는데 이곳은 컴퓨터 시스템과 통신 장비, 저장 장치 등 IT 서비스를 제공하기 위한 장비들이 설치된 물리적 공간을 말해요. 데이터 센터를 24시간 가동하려면 많은 양의 전력이 필요한데, 이때 쓰는 절반가량의 전력이 장비의 열을 식히는 냉방에 사용돼요. 국제 에너지 기구[IEA]에 따르면, **전 세계의 데이터 센터는 약 200~250TWh(테라와트시)의 전력을 사용했다고 해요(2020년 기준). 이는 전 세계 전력 수요의 1%에 해당**하는 규모이며 일부 국가의 총 전력 사용량보다 많은 수준이에요.

　전기는 화석 연료로 생산되기 때문에 **전기를 사용한다는 것은 곧 탄소를 배출하는 것과 같다고** 볼 수 있어요. 그래서 일부 기업들은 탄소 중립을 실천하기 위해 데이터 센터를 바다, 북극, 사막 등으로 보내고 있어요. 태양·물·바람과 같은 친환경 에너지를 사용하거나 데이터 센터의 뜨거운 열이 금방 식을 수 있는 환경을 이용하는 것이지요.

#데이터 센터　　#대규모 전력 사용　　#탄소 배출

어 휘 · 어 법

1~5

다음 뜻풀이에 해당하는 단어를 〈보기〉에서 찾아 써 보자.

> **보기**
> 　　　　　기반　　　보유　　　제약　　　절감　　　강구

1 아끼어 줄임. (　　　　　)

2 가지고 있거나 간직하고 있음. (　　　　　)

3 기초가 되는 바탕. 또는 사물의 토대. (　　　　　)

4 조건을 붙여 내용을 제한함. 또는 그 조건. (　　　　　)

5 좋은 대책과 방법을 궁리하여 찾아내거나 좋은 대책을 세움. (　　　　　)

6~9

다음 뜻풀이에 알맞은 단어를 연결하여 보자.

6 서버　　•
7 네트워크•
8 보수　　•
9 열람　　•

　　•㉠ 책이나 문서 따위를 죽 훑어보거나 조사하면서 봄.
　　•㉡ 건물이나 시설 따위의 낡거나 부서진 것을 손보아 고침.
　　•㉢ 랜(LAN)이나 모뎀 따위의 통신 설비를 갖춘 컴퓨터를 이용하여 서로 연결시켜 주는 조직이나 체계.
　　•㉣ 주된 정보의 제공이나 작업을 수행하는 컴퓨터 시스템.

Tip −화(될 化) (일부 명사 뒤에 붙어) '그렇게 만들거나 됨'의 뜻을 더하는 접미사. 예 동기화 / 가상화 / 기계화 / 도시화 / 자동화

제습기의 원리

습도에는 절대 습도와 상대 습도가 있는데, 불쾌지수를 따질 때의 습도는 상대 습도를 말한다. 절대 습도는 말 그대로 일정한 부피의 공기 중에 포함되어 있는 수증기의 양을 말하고, 상대 습도란 상대적인 습도, 즉, 현재 온도의 포화 수증기량에 대한 대기 중의 수증기량을 백분위로 나타낸 것이다. 일기예보에서 말하는 습도는 상대 습도이다. 쾌적한 실내를 위해서는 상대 습도를 40~60%로 유지하는 것이 좋다. 포 5 화 수증기량이 많아지거나 대기 중 수증기량이 적어질수록 상대 습도는 낮아진다. 포화 수증기량은 온도에 따라 높아지게 마련이므로, 공기를 가열하면 포화 수증기량을 늘릴 수 있고, 이에 따라 상대 습도를 줄일 수 있다. 또한 공기 중의 습기를 직접 제거해도 상대 습도를 낮출 수 있다. 제습기는 이러한 방식으로 상대 습도를 조절하여 공기를 쾌적하게 한다. / 공기 중의 습기를 제거하는 방식에는 냉각식과 건조식이 10 있다. 건조식은 화학 물질인 흡습제를 이용하는 방식인데, 가정에서 사용하는 제습 제품과 같이 공기 중의 습기를 직접 흡수하거나 흡착시킨다. 흡습제가 습기를 더 이상 흡수하지 못하면 흡습제를 다시 가열해서 이때 분리되는 습기를 제습기 바깥으로 내보내면 흡습제를 다시 사용할 수 있다. 이러한 방식은 밀폐된 공간에서 소량의 수분을 제거하는 데 유용하다. 흡습제에는 수분을 흡착하는 능력이 뛰어난 다공성 물 15 질인 실리카겔, 알루미나겔, 몰레큘러시브, 염화칼슘 등이 있다.

냉각식 제습기는 공기 중의 수증기를 물로 응축시켜 습기를 조절한다. 수증기를 응축시키기 위해서는 이슬점 이하로 공기의 온도를 내려야 한다. 때문에 냉각식 제습기는 냉각을 위해 에어컨과 같이 냉매를 이용한다. 프레온 냉매는 여러 종류가 있는데, 제습기에는 R-22가 사용된다. 습한 공기를 팬으로 빨아들인 뒤 냉매를 이용 20 한 냉각 장치로 통과시킨다. 냉각 장치를 통과하면 공기의 온도가 낮아지고, 공기가 이슬점에 도달해 수증기가 물로 변해 냉각관에 맺혀 물통에 떨어져 모인다. 찬물을 담은 컵의 표면에 물방울이 맺히는 것과 같은 원리인 셈이다. 습기가 제거된 건조한 공기는 응축기를 거쳐 다시 데워진 후에 실내로 방출된다. 상대 습도가 높을수록 공기 중의 수증기가 물로 변하기 쉬워 제습에 효과적이다. 25

이러한 유형의 제습 외에 전자식으로 제습을 하는 기기들도 찾아볼 수 있다. 전자식 제습은 펠티에 효과(Peltier effect)를 이용한 열전냉각 방식으로 작동한다. 펠티에 효과는, 다른 두 금속의 양 단면을 서로 연결하고 전기를 통하게 하면 그 양 단면에서 발열과 냉각이 동시에 일어나는 현상이다. 전자 제습기는 이 효과를 적용한 열전반도체 소자를 사용하며, 냉각되는 금속판 쪽에서 공기 중의 수증기가 응축되어 30 밖으로 배출된다. 이러한 전자식 제습기는 소음이 없고 소형화가 가능해 카메라나 보청기와 같은 정밀 기기를 보관하는 제습함에 이용된다.

1

윗글의 내용과 일치하지 <u>않는</u> 것은?

① 상대 습도는 포화 수증기량에 따라 달라진다.

② 일기예보에서 말하는 습도는 불쾌지수와 관련이 있다.

③ 전자식 제습기는 정밀 기기를 보관하는 제습함에 이용된다.

④ 건조식 제습기는 밀폐된 공간의 습기를 제거할 때 적합하다.

⑤ 냉각식 제습기와 전자식 제습기는 발열과 냉각이 동시에 일어난다.

2

ⓐ~ⓓ에 대한 설명으로 적절하지 <u>않은</u> 것은?

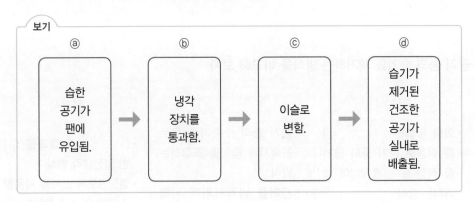

보기

ⓐ 습한 공기가 팬에 유입됨. → ⓑ 냉각 장치를 통과함. → ⓒ 이슬로 변함. → ⓓ 습기가 제거된 건조한 공기가 실내로 배출됨.

① ⓐ~ⓓ의 과정을 거치면 실내의 절대 습도는 낮아진다.

② ⓐ보다 ⓑ에서 포화 수증기량이 더 많아진다.

③ ⓑ에서는 냉매를 이용해 공기의 온도를 낮춘다.

④ ⓑ~ⓒ에서 수증기가 물로 변한다.

⑤ ⓓ에서 공기는 응축기를 통해 온도가 높아진다.

1

각 문단의 중심 내용을 다음과 같이 정리할 때, 빈칸에 들어갈 내용을 써 보자.

> **1문단** 절대 습도와 (　　　　　　　)의 개념 및 상대 습도를 줄이는 방법
>
> ▼
>
> **2문단** 공기 중의 습기를 제거하는 방식 ①: (　　　　　　)
>
> ▼
>
> **3문단** 공기 중의 습기를 제거하는 방식 ②: 냉각식
>
> ▼
>
> **4문단** 공기 중의 습기를 제거하는 방식 ③: 전자식

2

공기 중의 습기를 제거하는 방식을 비교해 보자.

건조식	(　　　　)	전자식
• 화학 물질인 (　　　　)를 이용해 공기 중의 습기를 직접 흡수, 흡착하여 제거하는 방식 • 흡습제로 (　　　　) 물질을 사용함. • 밀폐된 공간에서 소량의 수분을 제거하는 데 유용함.	• 공기 중의 수증기를 물로 응축시켜 습기를 조절하는 방식 • 공기를 냉각시키기 위해 (　　　　)를 사용함. • 상대 습도가 높을수록 공기 중의 수증기가 물로 변하기 쉬워 제습에 효과적임.	• (　　　　) 효과를 이용한 열전냉각 방식 • 열전반도체 소자를 사용함. • 소음이 없고 소형화가 가능해 카메라나 보청기와 같은 (　　　　)를 보관하는 제습함에 사용됨.

3

냉각식 제습기의 제습 과정을 정리해 보자.

팬	(　　　　)	냉각관, 물통	응축기
습한 (　　　　)를 빨아들임.	냉매가 쓰인 냉각 장치를 통과하면 공기 온도가 낮아짐.	공기가 (　　　　)에 도달해 수증기가 물로 변함.	습기가 제거된 공기가 데워진 후에 (　　　　)로 방출

배경지식

습도는 불쾌지수에 어떤 영향을 줄까?

　사람들은 습도가 적정 범위를 벗어나면 불쾌한 기분을 느끼고 신경이 예민해져요. 일기예보에서는 이러한 불쾌감을 수치로 나타내어 불쾌지수로 예보하기도 하지요.

　불쾌지수가 일기예보에 포함된 것은 1959년부터예요. 불쾌지수는 온도나 습도 등의 기상 조건에 따라 사람들이 느끼는 불쾌감을 수치로 나타낸 것으로, 불쾌지수가 80 이상일 때에는 거의 대부분의 사람들이 불쾌감을 느끼게 돼요. 이러한 불쾌지수는 온도보다 습도에 더 영향을 많이 받아요. 즉, 습도가 높을 때 불쾌지수는 더 높아지죠. 이때 말하는 습도는 상대 습도를 가리키는데, 상대 습도는 대기 중에 포함되어 있는 수증기의 양과 그때의 온도에서 대기가 함유할 수 있는 최대 수증기량의 비를 백분율로 나타낸 것이에요.

　실내에서의 적정 습도는 40~60% 정도이며 이 습도는 온도에 따라 달라져요. 실내 습도가 높아 공기가 눅눅하게 느껴진다면 제습기나 에어컨을 사용해 실내 습도를 낮춰 공기를 쾌적하게 만들 수 있어요.

#불쾌지수　　#습도　　#상대 습도　　#적정 습도

어휘·어법

1~5

다음은 단어의 뜻풀이를 정리한 것이다. 빈칸에 알맞은 말을 써 보자.

1 포화 수증기량: 1m^{3}의 공기가 함유할 수 있는 (　　　　　　)의 수증기의 양.

2 (　　　　　　): 대기의 온도가 낮아져서 수증기가 응결하기 시작할 때의 온도.

3 절대 습도: 1m^{3}의 공기 속에 들어 있는 (　　　　　　)의 질량을 그램 수로 나타낸 수.

4 상대 습도: 일정 부피의 공기 속에 실제로 포함되어 있는 수증기 양과 포함할 수 있는 최대한의 수증기 양과의 (　　　　　　).

5 (　　　　　　)지수: 기온과 습도 따위의 기상 요소를 자료로 무더위에 대하여 몸이 느끼는 쾌, 불쾌의 정도를 나타내는 지수.

6~9

다음 문장에 들어갈 올바른 단어를 찾아 ○를 표시해 보자.

6 두 나라가 무역 마찰로 관계가 (응축 / 냉각)되었다.

7 공장에서 오염 물질을 마구잡이로 (배출 / 방출)하면서 주변의 토양이 훼손되었다.

8 신발장에서 나는 악취 때문에 탈취제를 넣었더니 냄새가 꽤 (제거 / 제습)되는 것 같았다.

9 이번에 사 온 화분은 영양제를 듬뿍 주었더니 뿌리가 영양분을 (흡착 / 흡수 / 흡습)하여 튼튼하게 자랐다.

Tip • 제거(덜 除, 없앨 去) 없애 버림. 📌 불순물 제거
　　• 제습(덜 除, 축축할 濕) 습기를 없앰. 📌 에어컨은 냉방뿐 아니라 제습에도 효과가 있다.
　　• 제초(덜 除, 풀 草) 잡초를 뽑아 없앰. 📌 밭에서 제초 작업을 하다.

조선 시대의 거리 측량 수레, 기리고차

조선 시대의 거리 측량 수레인 기리고차는 겉으로 보면 말이 끄는 평범한 수레의 모습이다. 다만 수레에 앉은 사람 옆에 종과 북이 달려 있다는 점과 수레 내부에 세 개의 톱니바퀴가 설치되어 있다는 점이 특징이다. 기리고차는 일정한 거리를 움직이면 종 또는 북이 자동으로 울리는 구조였지만, 종이나 북이 울릴 때마다 그 횟수를 사람이 책에 기록해야 했기 때문에 반자동 거리 측량 수레에 해당한다. ⁵

오른쪽 그림을 보자. 기리고차는 수레바퀴에 세 개의 톱니바퀴, 즉 '아래바퀴'(a)와 '중간바퀴'(b), 그리고 '윗바퀴'(c)가 순서대로 연결된 구조로 돼 있다. 기리고차 수레바퀴는 둘레가 10자[尺]이다. 수레바퀴가 12회 회전하는 동안 아래바퀴(a)는 한 번 회전하는데, 이때 수레가 움직인 거리는 120자가 된다. ㉠아래바퀴(a)가 15회 회전하는 동안에 중간바퀴(b)는 한 번 회전하게 된다. 거리로는 1,800자를 기리고차가 이동하게 되는 것이다. 중간바퀴(b)가 10회 회전하는 동안에 윗바퀴(c)가 한 번 회전하여 기리고차의 이동 거리는 18,000자가 된다. 18,000자는 13.75리(里)로, 현재의 5.4km 정도에 해당한다.

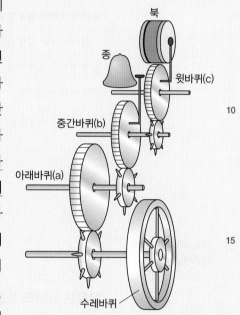

기리고차는 0.5리를 가면 종이 한 번 울리고, 1리를 갔을 때에는 종이 여러 번 울리며, 5리를 가면 북이 한 번 울리고, 10리를 갔을 때는 북이 여러 번 울린다. 수레에 앉아 있는 사람은 종소리와 북소리의 횟수를 기록하여 거리를 계산하였던 것이다. ²⁰

기리고차 이전의 측량법은 새끼줄이나 노끈을 자처럼 사용하는 방식이 주를 이루었다. 하지만 새끼줄이나 노끈은 물에 젖기만 해도 길이가 달라져 길이를 재는 도구로는 부적합했다. 이와 달리 기리고차는 톱니바퀴를 이용했기 때문에 정확한 거리를 측정하는 것이 가능했다. 또한 수레바퀴의 이동에 따라 거리를 측정하였기 때문에 직선이든 곡선이든 측정이 가능했다. ²⁵

기리고차가 처음 제작된 조선 세종 이후 지도 제작이 활발해졌다는 측면에서 기리고차는 거리의 정밀도가 요구되는 각종 사업에 큰 힘이 됐을 것으로 추정된다. 또 농업 사회인 조선에서 정확한 토지 측량은 합리적인 세금 징수로 이어졌기 때문에 기리고차는 국가 통치를 체계화하는 데 밑거름이 됐다. ³⁰

◆ **측량** 기기를 써서 물건의 높이, 깊이, 넓이, 방향 따위를 잼.
자[尺] 길이의 단위. 한 자는 한 치의 열 배로 약 30.3cm에 해당한다.
정밀도 측정의 정밀함을 나타내는 정도.
통치 나라나 지역을 도맡아 다스림.

윗글에서 언급되지 않은 것은?

① 기리고차의 구조　　　　　② 기리고차의 종류

③ 기리고차의 용도　　　　　④ 기리고차 사용의 의의

⑤ 기리고차의 최초 제작 시기

㉠의 원리와 가장 유사한 것은?

① 원주율을 소수점 셋째 자리 이하는 버려 3.14로 정하는 것

② 돌고래가 초음파의 반사를 이용하여 서로의 위치를 파악하는 것

③ 고정 도르래를 이용하면 물체의 이동 방향과 힘의 방향이 반대가 되는 것

④ 시계의 초침이 60 눈금 움직이는 동안 분침은 이에 비례하여 한 눈금 움직이는 것

⑤ 사람이 걸어서 이동할 때는 한 시간 걸리는데 자동차로 이동할 때는 10분 걸리는 것

◆
고정 도르래 회전축을 고정한 도르래. 줄을 당기는 힘의 크기는 같고 방향만 바꾸는 구실을 한다.

윗글을 참고로 할 때, 〈보기〉에 대한 설명으로 적절하지 않은 것은?

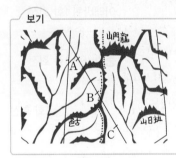

보기

왼쪽 지도는 10리(里), 즉 4km마다 방점(傍點)을 찍어 거리를 표기하고 있다. 이 지도의 A, B, C는 방점을 나타낸다.

① 기리고차가 A를 출발하여 B에 도착했을 때, '윗바퀴'는 한 바퀴를 채 못 돌았을 것이다.

② A에서 출발한 기리고차가 B에 도착했을 때와 C에 도착했을 때, 각각 북이 여러 번 울릴 것이다.

③ 'A-B' 구간에서 종이 한 번 울리는 횟수와 'B-C' 구간에서 종이 한 번 울리는 횟수는 동일할 것이다.

④ A에서 C까지의 구간이 직선이 아니라 곡선일 경우 기리고차를 이용한 거리 측정은 불가능했을 것이다.

⑤ A에서 C까지의 거리를 새끼줄이나 노끈을 이용하여 잰다면 날씨에 따라 측정된 거리가 달라질 수 있다.

1

다음에 제시된 내용 중, 글의 내용과 일치하는 것은 ○, 일치하지 <u>않는</u> 것은 ×를 표시해 보자.

1) 기리고차는 일정한 거리를 움직이면 종 또는 북이 자동으로 울리는 전자동 거리 측량 수레이다. ┈┈┈┈┈┈┈┈┈┈┈┈┈┈┈┈┈┈┈┈┈┈┈┈┈┈┈┈┈┈┈┈┈┈┈ ( )

2) 기리고차의 수레바퀴가 12회 회전하는 동안 아래바퀴는 한 번 회전한다. ┈┈┈┈ ( )

3) 기리고차가 10리를 갔을 때에는 종이 아닌 북이 여러 번 울린다. ┈┈┈┈┈┈┈┈ ( )

4) 기리고차 이전의 측량법은 톱니바퀴를 이용했기 때문에 길이를 정확하게 재는 데 적합하지 않았다. ┈┈┈┈┈┈┈┈┈┈┈┈┈┈┈┈┈┈┈┈┈┈┈┈┈┈┈┈┈┈┈┈┈┈┈ ( )

5) 기리고차가 제작된 이후 지도 제작이 활발해졌으며, 정밀도가 요구되는 각종 사업에 큰 힘이 되었을 것이라고 추정된다. ┈┈┈┈┈┈┈┈┈┈┈┈┈┈┈┈┈┈┈┈┈┈┈┈┈ ( )

2

기리고차의 수레바퀴와 톱니바퀴의 관계에 대해 정리해 보자.

수레바퀴 12회 회전 – ( )자 이동	▶	아래바퀴 1회 회전
아래바퀴 ( )회 회전 – 1,800자 이동	▶	중간바퀴 1회 회전
중간바퀴 10회 회전 – 18,000자 이동	▶	( ) 1회 회전

3

기리고차의 가치와 의의를 다음과 같이 정리해 보자.

| 기리고차의 제작 | ▶ | ( ) 제작이 활발해 짐. | ▶ | 정확한 ( ) 측량이 가능해짐. | ▶ | 합리적 ( ) 징수로 이어짐. | ▶ | 국가 통치를 체계화하는 ( )이 됨. |

배 경 지 식

옛날에는 어떤 길이 단위를 사용했을까?

현재 우리는 미터법에 따라 길이와 무게, 부피 등의 단위를 표기해요. **미터법이란 길이는 미터(m), 무게는 킬로그램(kg), 넓이는 제곱미터(m²), 부피는 리터(ℓ)를 기본으로 나타내는 단위 체계예요.** 미터법은 1964년 이후부터 우리나라에서 사용되었는데, 그 전에는 우리 고유의 길이 단위를 사용했어요.

'아리랑' 가사 속의 '십 리'는 어느 정도의 거리를 의미할까요? 또 '한 치 앞도 보이지 않는다.', '내 코가 석 자'와 같이 우리 조상들이 사용한 길이 단위는 현재 우리가 많이 사용하고 있는 단위로는 얼마 정도가 되는 것일까요?

- 푼: 한 치의 10분의 1로 약 0.3cm
- 치: 촌(寸)이라고도 함. 한 치는 한 자의 10분의 1로 약 3.03cm
- 자: 척(尺)이라고도 함. 한 자는 한 치의 열 배로 약 30.3cm
- 간(間): 칸이라고도 함. 한 간은 6자로 1.8181m. 흔히 건물의 크기를 재는 단위로 한 칸이 건물의 기둥 한 칸을 말함.
- 장(丈): 한 장은 한 자[尺]의 열 배로 3.03m
- 정(町): 1정은 한 간(間)의 60배로 약 109m
- 리(理): 1리는 약 0.393km

#미터법   #단위 표기   #길이 단위

어 휘 · 어 법

1~3

다음 뜻풀이에 해당하는 단어의 일부를 〈보기〉에서 찾아 완성해 보자.

> **보기**
>
> 면   정   량

1 측(   ): 기기를 써서 물건의 높이, 깊이, 넓이, 방향 따위를 잼.
2 측(   ): 일정한 양을 기준으로 하여 같은 종류의 다른 양의 크기를 잼.
3 측(   ): 사물이나 현상의 한 부분. 또는 한쪽 면.

4

다음 문장에 들어갈 올바른 단어를 찾아 ○를 표시해 보자.

4 동생 지현이는 1학년이어서 줄넘기를 잘하지 못했다. 하지만 연습 (횟수 / 회수)를 거듭할수록 줄넘기를 잘하게 되어서 점점 자신감이 붙기 시작했다.

Tip 한자어의 사이시옷 한글 맞춤법 제30항에 따라 한자어에는 두 음절 단어 '곳간(庫間), 셋방(貰房), 숫자(數字), 찻간(車間), 툇간(退間), 횟수(回數)' 6개만 사이시옷이 들어간다. 그 외의 한자어에는 사이시옷이 들어가지 않는다[예 외과(外科), 국어과(國語科)]. 본래 사이시옷은 순우리말 또는 순우리말과 한자어로 된 합성어 가운데 앞말이 모음으로 끝난 경우 특정 음운론적 현상이 일어날 때 받쳐 적는다[예 바닷가(바다+가), 빗물(비+물), 나뭇잎(나무+잎) / 전셋집(傳貰+집), 훗날(後+날), 예삿일(例事+일)].

초고층 건물의 구조

문제 풀이
지문 해제
관련 영상
어휘 퀴즈

초고층 건물은 높이가 200미터 이상이거나 50층 이상인 건물을 말한다. 이런 초고층 건물을 지을 때는 건물에 ⓐ작용하는 힘을 고려해야 한다. 건물에 작용하는 힘에는 수직 하중과 수평 하중이 있다. 수직 하중은 건물 자체의 무게로 인해 땅 표면에 수직 방향으로 작용하는 힘이고, 수평 하중은 바람이나 지진 등에 의해 건물에 가로 방향으로 작용하는 힘이다. / 수직 하중을 견디기 위해서 ⓑ고안된 가장 단순한 구조 5
는 ㉠보기둥 구조이다. 보기둥 구조는 기둥과 기둥 사이를 가로지르는 수평 구조물인 보를 설치하고 그 위에 바닥판을 놓은 구조이다. 보기둥 구조에서는 설치된 보의 두께만큼 건물의 한 층당 높이가 높아지지만, 바닥판에 작용하는 하중이 기둥에 집중되지 않고 보에 의해 ⓒ분산되기 때문에 수직 하중을 잘 견딜 수 있다.

위에서 아래 방향으로만 작용하는 수직 하중과 달리 수평 하중은 사방에서 작용하 10
는 힘이기 때문에 초고층 건물의 안전에 미치는 영향이 수직 하중보다 훨씬 크다. 수평 하중은 초고층 건물의 안전을 위협하는 주요 요인인데, 바람은 건물에 작용하는 수평 하중의 90% 이상을 차지한다. 건물이 많은 도심에서는 넓은 공간에서 좁은 공간으로 바람이 불어오면서 풍속이 빨라지는 현상이 발생해 건물에 작용하는 수평 하중을 크게 만든다. 그리고 바람에 의해 공명 현상이 발생하면 건물이 매우 크게 흔들 15
리게 되어 건물의 안전을 위협하게 된다.

건물이 수평 하중을 견디기 위해서는 기본적으로 뼈대에 해당하는 보와 기둥을 아주 단단하게 붙여야 하지만, 초고층 건물의 경우 이것만으로는 수평 하중을 견디기 힘들다. 그래서 등장한 것이 ㉡코어 구조이다. 코어는 빈 파이프 모양의 철골 콘크리트 구조물을 건물 중앙에 세운 것으로, 코어에 건물의 보와 기둥들을 강하게 접합한 20
다. 이렇게 하면 외부에서 작용하는 수평 하중에도 불구하고 코어로 인해 건물이 크게 흔들리지 않게 된다. 그런데 초고층 건물은 그 높이가 높아질수록 수평 하중이 커지고 그에 따라 코어의 크기도 커져야 한다. 코어 구조는 가운데 빈 공간이 있어 공간 활용의 효율성이 떨어지기 때문에 현대의 초고층 건물은 코어에 승강기나 화장실, 계단, 수도, 파이 25
프 같은 시설을 설치하는 경우가 많다. / 그런데 초고층 건물의 높이가 점점 높아지면 코어 구조만으로는 수평 하중을 완벽하게 견뎌 낼 수 없다. 그래서 ㉢아웃리거-벨트 트러스 구조를 사용하여 코어 구조를 보완한다. 아웃리거-벨트 트러스 구조에서 벨 30
트 트러스는 철골을 사용하여 건물의 외부 기둥들을 삼각형 구조의 트러스로 짜서 벨트처럼 둘러싼 것으

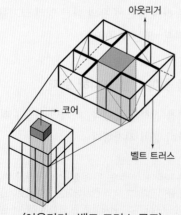

〈아웃리거-벨트 트러스 구조〉

◆ 공명 현상 진동체가 그 고유 진동수와 같은 진동수를 가진 외부의 힘을 받아 진폭이 뚜렷하게 증가하는 현상.
코어 속에 빈 공간이 있는 주물을 만들기 위하여 주형 안에 설치하는 또 다른 틀.
철골 철재로 된 건축물의 뼈대.
접합 한데 대어 붙임. 또는 한데 닿아 붙음.
트러스 직선으로 된 여러 개의 뼈대 재료를 삼각형이나 오각형으로 얽어 짜서 지붕이나 교량 따위의 도리로 쓰는 구조물.

로 수평 하중을 ⓓ지탱하는 역할을 한다. 삼각형 구조의 트러스로 외부 기둥들을 연결하면 외부에서 작용하는 힘이 철골 접합부를 통해 전체적으로 분산되기 때문에 코어에 무리한 힘이 가해지는 것을 예방할 수 있다. 그리고 아웃리거는 콘크리트를 사용하여 건물 외벽에 설치된 벨트 트러스를 내부의 코어와 ⓔ견고하게 연결한 것으로, 아웃리거와 벨트 트러스는 필요에 따라 건물 중간중간에 여러 개가 설치될 수 있다. 그런데 아웃리거는 건물 내부를 가로지를 수밖에 없어서 효율적인 공간 구성에 방해가 된다. 이런 단점을 극복하기 위해 아웃리거를 기계 설비층에 설치하거나 층과 층 사이, 즉 위층 바닥과 아래층 천장 사이에 설치하기도 한다.

■ 정답과 해설 32쪽

1

윗글의 내용에 대한 이해로 적절하지 않은 것은?

① 수직 하중은 수평 하중과 달리 사방에서 건물에 가해지는 힘이다.
② 건물이 높아질수록 건물에 가해지는 수직 하중은 증가한다.
③ 보기둥 구조에서 보의 두께는 한 층당 높이에 영향을 준다.
④ 넓은 공간에서 좁은 공간으로 바람이 불어오면 풍속이 빨라진다.
⑤ 공명 현상은 건물에 가해지는 수평 하중을 증가시키는 요인이 된다.

2

㉠~㉢을 설명한 내용으로 적절하지 않은 것은?

① ㉠은 기둥과 기둥 사이에 설치한 수평 구조물 위에 바닥판을 놓는 구조이다.
② ㉠에서 보는 건물에 작용하는 수직 하중이 기둥에 집중되는 것을 예방한다.
③ ㉡에서 코어는 건물의 높이가 높아짐에 따라 그 크기가 커져야 한다.
④ ㉢에서 트러스는 아웃리거와 코어의 결합력을 높여 수평 하중을 덜 받게 한다.
⑤ ㉡과 ㉢을 함께 사용하면 건물에 작용하는 수평 하중을 견디는 힘이 커진다.

3 어휘

ⓐ~ⓔ의 사전적 의미로 적절하지 않은 것은?

① ⓐ: 어떠한 현상을 일으키거나 영향을 미침.
② ⓑ: 연구하여 새로운 것을 생각해 냄.
③ ⓒ: 갈라져 흩어짐.
④ ⓓ: 어떤 상태나 현상을 그대로 보존함.
⑤ ⓔ: 굳고 단단함.

1

각 문단의 중심 내용을 다음과 같이 정리할 때, 빈칸에 들어갈 내용을 써 보자.

1문단
초고층 건물의 개념과 건물에 작용하는 하중
– 초고층 건물의 개념: 높이 (　　　　　　) 이상이거나 50층 이상인 건물
– 초고층 건물에 작용하는 하중: 수직 하중과 수평 하중

▼

2문단
수직 하중을 견디기 위한 구조: 보기둥 구조
– 기둥과 기둥 사이를 가로지르는 보를 설치하고 그 위에 (　　　　)을 놓은 구조
– 바닥판에 작용하는 하중이 보에 의해 분산되어 (　　　　)을 잘 견딤.

▼

3문단
초고층 건물의 안전을 위협하는 수평 하중
– 수평 하중은 사방에서 작용하는 힘으로 초고층 건물의 안전에 큰 영향을 미침.
– 수평 하중의 90% 이상이 (　　　　　　)에 의해 발생하며, 바람은 건물의 안전을
　위협하는 주요 요인임.

▼

4문단
수평 하중을 견디기 위한 초고층 건물의 구조 ①: 코어 구조
– 코어: 빈 (　　　　　　) 모양의 철골 콘크리트 구조물을 건물 중앙에 세운 것으
　로, 건물의 높이가 높아질수록 코어의 크기도 커짐.

▼

5문단
수평 하중을 견디기 위한 초고층 건물의 구조 ②: 아웃리거 – 벨트 트러스 구조
– 벨트 트러스: (　　　　　　)을 사용해 건물의 외부 기둥들을 삼각형 구조의 트러
　스로 짜서 벨트처럼 둘러 싼 것으로 (　　　　　　)을 지탱하는 역할을 함.
– 아웃리거: 콘크리트를 사용하여 건물 외벽에 설치된 벨트 트러스를 내부의
　(　　　　)와 견고하게 연결한 것

2

건물에 작용하는 수직 하중과 수평 하중에 대해 정리해 보자.

수직 하중	수평 하중
• 건물 자체의 무게로 인해 땅 표면에 (　　　) 　방향으로 작용하는 힘 • 수직 하중을 견디기 위해 (　　　　) 　구조를 사용함.	• 바람이나 지진 등에 의해 건물에 (　　　) 　방향으로 작용하는 힘 • 수평 하중을 견디기 위해 (　　　　) 구 　조와 아웃리거 – 벨트 트러스 구조를 사용함.

배 경 지 식

공명 현상을 고려하여 건물을 설계하는 이유는 무엇일까?

지구상의 모든 물체는 자신만의 진동수를 가지고 있는데 이를 **고유 진동**이라고 해요. 우리 주변의 환경은 공전, 자전 등으로 모든 물체를 안정된 상태로 둘 수 없게 만들어요. 물체는 이에 반발하여 평정을 찾으려고 하는데 이 반발력 중 하나가 진동인 것이죠. 그 고유 진동이 주변의 또 다른 진동 중 같은 진동수를 만나 진동이 점점 크게 일어나는 **경우**가 있는데 이를 **공명 현상**이라고 해요. 이러한 공명 현상은 그네를 타거나 널뛰기를 하는 중에 호흡을 잘 맞추면 힘들이지 않고 그네를 높이 올리거나 널을 높이 뛰게 할 수 있으며, 심지어 유리잔의 고유 진동수와 같은 목소리를 낼 수 있다면 유리잔을 진동시키고 그 진동으로 유리잔을 깨뜨릴 수도 있어요.

1940년에 미국의 타코마 다리가 바람으로 붕괴된 일은 바람의 진동수가 다리의 고유 진동수와 일치하면서 흔들림의 폭이 커져 일어난 현상이에요. 즉 공명 현상이 다리를 무너뜨린 것이지요. 초고층 건물도 지상에서 높아질수록 바람의 세기가 커지기 때문에 공명 현상에 의해 무너지는 일이 없도록 코어 구조, 아웃리거 – 벨트 트러스 구조 등을 고려하여 설계하게 된답니다.

#고유 진동   #공명 현상   #초고층 건물   #설계

공명 현상으로 붕괴된 타코마 다리

어 휘 · 어 법

1~3

다음과 같은 방식으로 구성된 단어의 예로 맞으면 ○, 틀리면 ×를 표시해 보자.

> 보기
> 초고층

1 요술쟁이 ·· (   )
2 풋잠 ·· (   )
3 덮밥 ·· (   )

4~8

다음에 제시된 단어의 사전적 의미를 찾아 바르게 연결해 보자.

4 위협 •　　　　• ㉠ 양이나 수치가 늚.

5 요인 •　　　　• ㉡ 힘으로 으르고 협박함.

6 관성 •　　　　• ㉢ 사물이나 사건이 성립되는 까닭. 또는 조건이 되는 요소.

7 증가 •　　　　• ㉣ 물체가 밖의 힘을 받지 않는 한 정지 또는 등속도 운동의 상태를 지속하려는 성질.

8 설계 •　　　　• ㉤ 건축·토목·기계 제작 따위에서, 그 목적에 따라 실제적인 계획을 세워 도면 따위로 명시하는 일.

Tip • 파생어 실질 형태소에 접사가 결합하여 하나의 단어가 된 말. 예 부채+-질, 덧-+버선 등
　　• 합성어 둘 이상의 실질 형태소가 결합하여 하나의 단어가 된 말. 예 집+안, 돌+다리 등

우리 무용의 특징

문제 풀이
지문 해제
관련 영상
어휘 퀴즈

흔히 우리 춤을 손으로 추는 선(線)의 예술이라 한다. 서양 춤은 몸의 선이 잘 드러나는 옷을 입고 추는 데 반해 우리 춤은 옷으로 몸을 가린 채 손만 드러내 놓고 추는 경우가 많기 때문이다. 한마디로 말해서 손이 춤을 구성하는 중심축이 되고, 손 이외의 얼굴과 목과 발 등은 손을 보조하며 춤을 완성하는 역할을 한다.

손이 중심이 되어 만들어 내는 우리 춤의 선은 내내 곡선을 유지한다. 예컨대 승무 5 에서 장삼을 휘저으며 그에 맞추어 발을 내딛는 역동적인 움직임도 곡선이요, 살풀이춤에서 수건의 간드러진 선이 만들어 내는 것도 곡선이다. 해서 지방의 탈춤과 처용무에서도 S자형의 곡선이 연속적으로 이어지면서 춤을 완성해 낸다.

물론 우리 춤에 등장하는 곡선이 다 같은 곡선은 아니다. 힘 있는 선과 유연한 선, 동적인 선과 정적인 선, 무거운 선과 가벼운 선 등 그 형태가 다양하고, 길이로 볼 때 10 도 긴 곡선이 있는가 하면 짧은 곡선도 있다. 이렇게 다양한 선들은 춤을 추는 이가 호흡을 깊이 안으로 들이마실 때에는 힘차게 휘도는 선으로 나타나고, ㉠가볍게 숨을 들이마시고 내쉬는 과정을 반복할 때에는 경쾌하고 자잘한 곡선으로 나타나곤 한다.

호흡의 조절을 통해 다양하게 구현되는 곡선들 사이에는 우리 춤의 빼놓을 수 없는 15 구성 요소인 '정지'가 숨어 있다. 정지는 곡선의 흐름과 어울리며 우리 춤을 더욱 아름답고 의미 있게 만들어 주는 역할을 한다. 정지하기 쉬운 동작에서의 정지는 별 의미가 없지만, ㉡정지하기 어려운 동작에서 정지하는 것은 예술적 기교로 간주된다. 그러나 이때의 정지는 말 그대로의 정지라기보다 ㉢'움직임의 없음'이며, 그런 점에서 동작의 연장선상에서 이해해야 한다. 음악의 경우 연주가 시작되기 전이나 끝난 20 후에 일어나는 정지 상태는 별다른 의미가 없지만 연주 도중의 정지, 곧 침묵의 순간은 소리의 연장선상에서 이해되는 것과 마찬가지다. 다시 말해서 이때의 소리의 없음도 엄연히 연주의 일부라는 것이다.

우리 춤에서 정지를 ㉣동작의 연장으로 보는 것, 이것은 바로 우리 춤에 담겨 있는 '마음의 몰입'이 발현된 결과이다. 춤추는 이가 호흡을 가다듬으며 다양한 곡선들을 25 연출하는 과정을 보면 한 순간 움직임을 통해 ㉤선을 만들어 내지 않고 멈춰 있는 듯한 장면이 있다. 이런 동작의 정지 상태에서도 멈춤 그 자체로 머무는 것이 아니며, 여백의 그 순간에도 상상의 선을 만들어 춤을 이어 가는 것을 몰입 현상이라고 말하는 것이다. 우리 춤이 춤의 진행 과정 내내 곡선을 유지한다는 말은 이처럼 실제적인 곡선뿐만 아니라 마음의 몰입까지 포함한다는 의미이며, 이것이 바로 우리 춤을 가 30 장 우리 춤답게 만들어 주는 특성이라고 할 수 있다.

장삼 승려의 웃옷. 길이가 길고, 품과 소매를 넓게 만든다.
간드러지다 목소리나 맵시 따위가 마음을 녹일 듯이 예쁘고 애교가 있으며, 멋들어지게 보드랍고 가늘다.
기교 기술이나 솜씨가 아주 교묘함. 또는 그런 기술이나 솜씨.
발현 속에 있거나 숨은 것이 밖으로 나타나거나 그렇게 나타나게 함. 또는 그런 결과.

1

윗글의 내용을 통해 알 수 <u>없는</u> 것은?

① 우리 춤은 주로 손을 중심으로 하여 선을 만들어 간다.

② 우리 춤은 곡선의 흐름을 유지하면서 내용을 전개한다.

③ 우리 춤은 힘차고 가벼운 동작을 규칙적으로 반복한다.

④ 우리 춤은 호흡 조절을 통해 여러 가지 선을 연출한다.

⑤ 우리 춤을 감상할 때에는 정지 동작도 잘 살펴야 한다.

2

㉠~㉤ 중에서 의미하는 바가 <u>다른</u> 하나는?

① ㉠ 가볍게 숨을 들이마시고 내쉬는 과정

② ㉡ 정지하기 어려운 동작에서 정지하는 것

③ ㉢ '움직임의 없음'

④ ㉣ 동작의 연장으로 보는 것

⑤ ㉤ 선을 만들어 내지 않고 멈춰 있는 듯한 장면

문단 요약

1

각 문단의 중심 내용을 다음과 같이 정리할 때, 적절한 것은 ○, 적절하지 <u>않은</u> 것은 ×
를 표시해 보자.

| 1문단 | 우리 춤은 손이 춤을 구성하는 중심축이 되고, 다른 신체 부위는 손을 보조하며 춤을 완성한다. | ( ) |

| 2문단 | 손이 중심이 되어 만들어 내는 우리 춤의 선은 내내 직선과 곡선을 반복적으로 유지한다. | ( ) |

| 3문단 | 우리 춤에 등장하는 곡선의 형태는 다양하지만 그 길이는 항상 같다. | ( ) |

| 4문단 | 호흡의 조절을 통해 다양하게 구현되는 곡선들 사이에는 우리 춤의 구성 요소인 '정지'가 숨어 있다. | ( ) |

| 5문단 | 우리 춤에서의 '정지'는 '마음의 몰입'이 반영된 결과이므로 멈춤 그 자체가 아니라 동작의 연장으로 볼 수 있다. | ( ) |

정보 확인

2

서양 춤과 달리 우리 춤을 '손으로 추는 선의 예술'이라고 하는 이유를 쓰시오.

( )

글의 구조

3

다음 빈칸을 채워 가며, 우리 춤의 특징에 대해 정리해 보자.

'손으로 추는 선(線)의 예술'인 우리 춤의 특징

곡선

정지

• 우리 춤의 선은 곡선이 ( )적으로 이어지면서 춤을 완성함.

• 정지하기 어려운 동작에서 하는 정지는 ( )로 간주됨.

• 우리 춤에 등장하는 다양한 곡선
 – 다양한 ( ): 힘 있는 선, 유연한 선, 동적인 선, 정적인 선, 무거운 선, 가벼운 선 등
 – 다양한 ( ): 긴 곡선, 짧은 곡선

• '움직임의 없음'은 '( )'이 아니라 ( )의 연장선상으로 이해해야 함.

• 상상의 선을 만들어 춤을 이어 가는 ( )이 발현된 결과임.

배 경 지 식

우리 전통 춤에는 어떤 것들이 있을까?

승무는 승복을 입고 추는 춤으로, 흰 장삼에 붉은 가사를 걸치고 장단의 변화에 따라 추는 춤이에요. 소맷자락을 부리는 동작이나 휘날리게 하는 팔 동작이 독특하며, 춤사위가 오묘하여 인간의 기쁨과 슬픔을 승화시켜 표현하는 이지적인 춤이지요.

한편 살풀이춤은 살풀이 가락에 맞추어 추는 춤으로, 흰 치마저고리에 흰 수건을 들고 추는 춤이랍니다. 수건으로 무수한 선을 그리는 것은 살을 풀기 위한 몸부림이며 여인의 한풀이를 표현한 것이기도 하지요. 살풀이춤은 한국 춤의 미적 요소를 고루 갖춘 대표적인 전통 춤이라고 할 수 있어요.

처용무는 처용의 가면을 쓰고 추는 춤을 말해요. 처용무는 새해를 맞으며 악귀를 몰아내고 왕실의 평화를 기원하는 궁궐 의식의 하나였지요. 가면을 쓰고 장구에 맞추어 다섯 명의 춤꾼들이 각기 다른 색의 옷을 입고 꽃과 열매가 달린 사모를 쓰고 춤을 추었답니다. 손에는 흰색으로 된 천을 끼고 허리를 구부리며 팔을 하늘로 쳐들었다가 무릎에 놓는 동작을 반복하며 춤을 추었지요.

#전통 춤   #승무   #살풀이춤   #처용무

승무

어 휘 · 어 법

1~4

다음 뜻풀이에 해당하는 단어를 〈보기〉에서 찾아 써 보자.

보기

간드러지다   휘돌다   보조하다   자잘하다

1 여럿이 다 가늘거나 작다. (   )
2 어떤 물체를 중심으로 휘어서 돌다. (   )
3 주되는 것에 상대하여 거들거나 돕다. (   )
4 목소리나 맵시 따위가 마음을 녹일 듯이 예쁘고 애교가 있으며, 멋들어지게 보드랍고 가늘다.

(   )

5~8

다음에 제시된 단어의 사전적 의미를 찾아 바르게 연결해 보자.

5 곡선 •   • ㉠ 깊이 파고들거나 빠짐.
6 기교 •   • ㉡ 모나지 아니하고 부드럽게 굽은 선.
7 몰입 •   • ㉢ 기술이나 솜씨가 아주 교묘함. 또는 그런 기술이나 솜씨.
8 발현 •   • ㉣ 속에 있거나 숨은 것이 밖으로 나타나거나 그렇게 나타나게 함. 또는 그런 결과.

Tip －상(上): (일부 명사 뒤에 붙어) '그것과 관계된 입장' 또는 '그것에 따름'의 뜻을 더하는 접미사.
　　　㉠ 관계상, 미관상, 사실상, 외관상, 절차상 등

영화에서 사실주의와 형식주의

문제 풀이
지문 해제
관련 영상
어휘 퀴즈

20세기 들어서기 전에 이미 영화는 두 가지 주요한 방향으로 발전하기 시작했는데, 그것은 곧 사실주의와 형식주의이다. 1890년대 중반 프랑스의 뤼미에르 형제는 '열차의 도착'이라는 영화를 통해 관객들을 매혹시켰는데, 그 이유는 영화에 그들의 실생활을 거의 비슷하게 옮겨 놓은 것처럼 보였기 때문이다. 거의 같은 시기에 조르주 멜리에스는 순수한 상상의 사건인 ⓐ기발한 이야기와 트릭 촬영을 혼합시켜 「달 세계 여행」이라는 판타지 영화를 만들었다. 이들은 각각 사실주의와 형식주의 영화의 전통적 창시자할 수 있다. 5

대체로 사실주의 영화는 현실 세계에서 소재를 선택하되, ⓑ왜곡을 최소화하여 현실 세계의 모습을 그대로 재현하고자 한다. 주된 관심은 형식이나 테크닉이 아니라 오히려 내용이다. 사실주의 영화에서 관객은 영화의 스타일을 눈치챌 수 없다. 이 계열의 감독들은 영상을 어떻게 조작할 것인가보다는 오히려 무엇을 보여 줄 것인가에 더 많은 관심을 갖고 있기 때문이다. 따라서 영상을 편집하고 조작하기보다는 현실을 드러내는 것을 중시하며, 극단적인 사실주의 영화는 실제 사건과 사람을 촬영하는 다큐멘터리를 지향하기도 한다. '영상이 지나치게 아름다우면, 그것은 잘못된 것이다.'라는 말은 ㉠현실 세계 그대로의 사실적 재현을 가장 우위에 놓는 사실주의 영화의 ⓒ암묵적 전제로 ⓓ통용된다. 그렇다고 해서 사실주의 영화에 예술적인 기교가 없다는 것은 아니다. 왜냐하면 사실주의 영화일수록 기교를 숨기는 기술이 뛰어나기 때문이다. 10 15

반면, 형식주의 영화는 스타일 면에서 화려하다. 형식주의 영화는 현실에 대한 주관적 경험을 표현하는 데 관심을 기울인다. 정신적이고 심리적인 진실의 표현에 가장 큰 관심을 두는 형식주의자들은 물질 세계의 표면을 왜곡시킴으로써 이것을 가장 잘 전달할 수 있다고 여긴다. 때문에 현실의 소재를 의도적으로 왜곡하고 사건의 이미지를 조작한다. 이런 스타일의 가장 극단적인 예는 아방가르드 영화에서 찾아볼 수 있다. 이와 같은 영화 중에는 색, 선, 형태로만 표현된, 완전히 추상적인 것도 있다. 20

그러나 실제의 영화는 완전히 사실주의 영화도 형식주의 영화도 드물다. 사실주의와 형식주의는 절대적인 개념이라기보다는 상대적인 개념이기 때문이다. 한마디로 환상적인 재료를 사실주의적인 스타일로 표현하는 것도 가능하며, 마찬가지로 현재의 현실 세계에 근거한 재료를 형식주의적인 스타일로 표현하는 것도 충분히 가능하다. 또한 물리적인 현실 세계는 사실주의 영화이든 형식주의 영화이든 모든 영화의 소재가 된다. 이 두 영화 사조의 차이는 오히려 영화의 소재인 물리적인 현실 세계를 가지고 '어떻게 ⓔ조형하고 조작하는가', '스타일상의 강조점이 어디에 있는가' 등에 달려 있다. 25 30

창시자 어떤 사상이나 학설 따위를 처음으로 시작하거나 내세운 사람.
재현 다시 나타남. 또는 다시 나타냄.
조작 어떤 일을 사실인 듯이 꾸며 만듦.
전제 어떠한 사물이나 현상을 이루기 위하여 먼저 내세우는 것.

1

윗글에서 알 수 있는 내용으로 적절하지 않은 것은?

① 사실주의 영화는 형식보다 내용을 중시한다.

② 형식주의 영화는 비현실적인 소재를 활용한다.

③ 조르주 멜리에스는 형식주의 영화를 제작했다.

④ 사실주의 영화에서 편집은 현실을 재현하기 위해 동원된다.

⑤ 형식주의 영화는 소재에 대한 주관적 표현에 관심을 갖는다.

동원 어떤 목적을 달성하고자 사람을 모으거나 물건, 수단, 방법 따위를 집중함.

2

〈보기〉의 관점에서 ㉠에 대해 보인 비판적 의문으로 가장 적절한 것은?

> 보기
>
> "사진이란 현실의 완벽하고 전체적인 반영이 결코 아니며, 사진의 영상은 촬영된 대상의 전체 물질적인 속성들 가운데 단지 하나 혹은 둘 정도를 선택하여 의도적으로 재현한 것일 뿐이다."
>
> – 블라디미르 닐센(Vladimir Nilson) –

① 현실에 대한 주관적 경험을 표현한다고 예술적 완성도가 높다고 할 수 있을까?

② 만약 현실을 의도적으로 변형한다면 과연 영화는 현실의 진실을 드러낼 수 있는 예술일까?

③ 실제 사건과 사람을 촬영한 다큐멘터리 영화도 현실 세계의 완벽한 재현은 불가능하지 않을까?

④ 영화의 본질이 삶의 모습을 보여 주는 것이라면, 세밀한 묘사를 통해 우리는 현실을 이해할 수 있지 않을까?

⑤ 영화 예술이 '무엇을 보여 줄 것인가'에 중점을 둔다면, 영화를 잘 감상하기 위해서는 내용을 잘 이해하는 것이 중요하지 않을까?

3 어휘

ⓐ~ⓔ의 사전적 의미로 적절하지 않은 것은?

① ⓐ: 수준이 정도 이상으로 뛰어남.

② ⓑ: 사실과 다르게 해석하거나 그릇되게 함.

③ ⓒ: 자기 의사를 밖으로 나타내지 아니함.

④ ⓓ: 일반적으로 두루 씀.

⑤ ⓔ: 여러 가지 재료를 이용하여 구체적인 형태나 형상을 만듦.

1

각 문단의 중심 내용을 찾아 바르게 연결해 보자.

1문단 •	• 사실주의와 형식주의 영화의 창시자와 대표작
2문단 •	• 형식주의 영화의 주된 관심과 현실 재현 방법
3문단 •	• 사실주의 영화의 주된 관심과 현실 재현 방법
4문단 •	• 상대적 개념인 사실주의 영화와 형식주의 영화의 차이

2

사실주의와 형식주의 두 영화 사조의 차이는 무엇에 달려 있는지 두 가지만 쓰시오.

( )

3

다음 빈칸을 채워 가며, 사실주의 영화와 형식주의 영화의 특징을 비교해 보자.

사실주의 영화		형식주의 영화
뤼미에르 형제	창시자	조르주 멜리에스
물리적인 현실 세계에서 선택	( )	물리적인 현실 세계에서 선택
현실 세계의 모습을 있는 그대로 ( )하여 제시	표현 방법	현실의 소재를 의도적으로 ( )하고 ( ) 하여 제시
영화의 ( )		화려한 ( )이나 테크닉
무엇을 보여 줄 것인가	주된 관심과 지향하는 방식	영상을 어떻게 조작할 것인가
( ) 영화		( ) 영화

배경지식 **최초의 사실주의 영화와 형식주의 영화는 무엇이지?**

뤼미에르 형제는 1895년 12월 28일 시네마토그래프를 선보이는데, 이날은 영화가 최초로 탄생된 날이에요. 시네마토그래프는 움직임을 담은 기계라는 의미로, 이를 통해 대중의 일상을 담아 스크린으로 펼쳐 보인 것이지요. 20여 분간 선보인 10편의 영화는 「열차의 도착」, 「공장에서 퇴근하는 노동자들」, 「물 뿌리는 사람들」 등의 제목을 붙인 것으로 현실의 모습을 있는 그대로 자연스럽게 포착하여 기록한 것들이었답니다. 이것이 뤼미에르 형제가 사실주의 영화의 전통적 창시자라 불리는 이유이지요.

조르주 멜리에스는 영화를 사실주의가 아닌 마술적 위력을 지닌 상상의 예술로 여기고 카메라의 조작과 특수 효과, 편집 기법을 활용하여 영화를 만들어 냈어요.

1902년 그가 제작한 「달세계 여행」은 최초의 공상 과학 영화로 13분의 상영 시간 동안 광대, 가수, 댄서 등이 배우로 등장하여 서사적 이야기를 담아내었답니다. 쥘 베른과 허버트 조지 웰스의 공상 과학 소설로부터 다양한 아이디어를 빌려와 기술적 실험과 기교를 바탕으로 사실적 기록이 아닌 상상적 시공간을 만들어 낸 것이지요.

영화 「달세계 여행」의 한 장면

#뤼미에르 형제 #시네마토그래프 #조르주 멜리에스

어휘·어법

1~3 다음 뜻풀이에 해당하는 단어를 〈보기〉에서 찾아 써 보자.

> **보기**
>
> 테크닉   조작   통용

1 일반적으로 두루 씀. (   )
2 어떤 일을 사실인 듯이 꾸며 만듦. (   )
3 악기 연주, 노래, 운동 따위를 훌륭하게 해내는 기술이나 능력. (   )

4~7 다음 문장에 들어갈 올바른 단어를 찾아 ○를 표시해 보자.

4 아버지는 안정적인 직장을 얻는 것을 (지향 / 지양)하시기 때문에 형과 갈등을 겪었다.
5 박물관에는 1960년대 우리의 생활상을 그대로 (재현 / 재생)한 모형들이 가득하다.
6 있었던 일을 곧이곧대로 전달하지 못하고 (변장 / 왜곡)하는 것은 바람직하지 않다.
7 새로 오신 의사 선생님은 동네에서 보기가 (드문 / 소중한) 미인이었다.

Tip • 지향(志向): 어떤 목표로 뜻이 쏠리어 향함. 또는 그 방향이나 그쪽으로 쏠리는 의지.
　　　　 ☞ 평화 통일을 지향하다.
　　 • 지양(止揚): 더 높은 단계로 오르기 위하여 어떠한 것을 하지 아니함.
　　　　 ☞ 남북 사이의 이질화를 지양하다.

음악의 감정 표출

문제 풀이
지문 해제
관련 영상
어휘 퀴즈

사람들은 음악을 소리로써 무언가를 표현하는 언어에 비유하곤 한다. '음악은 언어다'라는 말에 담겨진 다양한 의미는 오랜 역사를 통해 여러 관점에서 연구되었다. 언어가 어떤 내용을 전달하는 것처럼 음악도 무언가를 표현한다고 여겼고 이런 점에서 특히 '음악은 감정을 표현하는 언어다'라는 측면이 부각되었다.

16세기 르네상스 시대에 들어서면서 고대 그리스 철학자들이 중시했던 음악의 도 5 덕적·윤리적 작용보다는 음악이 지닌 감정적 효과에 관심을 가지기 시작했으며 이는 언어, 즉 가사를 통해 사람의 마음 상태나 사물 혹은 환경 등을 음악적으로 잘 묘사하려는 구체적인 시도들로 나타났다. 시인과 음악가들의 문예 모임인 피렌체의 카메라타는 고대 그리스 비극에서처럼 연극과 음악이 결합된 예술을 지향했다. ㉠이를 위해서는 음악이 가사의 내용을 잘 전달할 수 있어야 했다. 그래서 이전까지의 여러 10 성부가 동시에 서로 다른 리듬으로 노래하는 다성 음악 양식은 그에 적합하지 않다고 여겼다. 그 대신 그들은 가사를 잘 전달할 수 있는 단선율 노래인 모노디 양식을 고안하였다. 이는 후에 오페라의 탄생에 영향을 주었으며 당시 음악에서 가사와 그것이 나타내는 감정의 표현에 대한 관심이 증대되었음을 보여 주는 것이었다.

17세기 바로크 시대에 이르러 음악이 감정을 표현한다는 생각은 '감정 이론'으로 15 체계화되었다. 이것은 우리의 마음 상태를 '기쁨', '분노', '비통함' 등의 단어로 표현하듯이, 특정한 정서가 그것을 연상시키는 음정, 화성, 선율, 리듬과 템포 등을 통해 재현될 수 있다고 믿는 것이었다. 여기서 중요한 점은 작곡자는 자신의 감정을 드러내는 사람이기보다는 다른 사람의 감정을 그리는 화가에 비유될 수 있다는 것인데, 이때 음악에서 묘사되는 감정은 자신의 내면과 관련된 개인적이고 주관적인 감정이 20 아니라 공동체를 기반으로 한 유형화된 감정이었다.

그렇지만 그 영향력은 점차 약화되어 18세기 중반에 이르러, 감정 표현은 '서술 원리'에서 '표출 원리'로 변하였다. 철학자 헤겔은 음악의 본질적 특성을 '주관적 내면성'으로 보았는데, 이것은 누구나 느낄 수 있는 객관적인 감정과는 달리 자신의 내면에서 나오는 추상적인 감정이기 때문에 규정할 수 없는 것이다. 바로 그 점 때문에 25 그는 가사를 가진 음악이 더 낮다고 생각했다. 즉 기악이 만들어 내는 추상성은 더 구체적이고 명료한 표상으로 나아가기 위해 언어로 보완될 필요가 있었던 것이다.

부각 어떤 사물을 특징지어 두드러지게 함.
성부 다성 음악을 구성하는 각 부분. 소프라노·알토·테너·베이스 또는 고음부와 저음부, 주성부와 부차 성부 따위로 나누어진다.
비통 몹시 슬퍼서 마음이 아픔.
명료하다 뚜렷하고 분명하다.

1

윗글의 내용과 일치하지 <u>않는</u> 것은?

① 음악에는 인간의 감정이나 의사를 전달하는 기능이 있다.

② 내용 전달 목적의 노래에서는 다성 음악 양식이 효과적이다.

③ 고대 그리스 철학자들은 음악의 도덕적 기능을 중시하였다.

④ 르네상스 음악은 인간의 마음을 가사로 전달하고자 하였다.

⑤ 고대 그리스 비극은 연극과 음악이 결합된 예술 양식이었다.

2

〈보기〉는 ㉠과 다른 입장이다. 〈보기〉의 밑줄 친 부분을 뒷받침할 수 있는 내용으로 가장 적절한 것은?

> **보기**
>
> 오페라의 레치타티보는 주인공의 감정을 충실히 전달하고자 하는 일종의 읊조림과 같은 것이다. 하지만 실상 레치타티보에서 음악은 시녀로 전락하고 만다. 이것은 감정 표현을 위한 언어가 음악과 합치하지 않고 오히려 음악을 방해하고 음악과 대립하게 된다는 사실을 보여 주는 증거이다.

◆
합치 의견이나 주장 따위가 서로 맞아 일치함.

① 끊임없이 바뀌는 색채와 형체의 만화경처럼 음악의 음들은 끊임없이 스스로 변화 발전하여 아름다운 음악적 형상과 음색을 만들어 내는 것이다.

② 동백꽃은 향기가 없고, 백합은 색깔이 없다. 장미는 향기와 색깔을 모두 지니고 있지만 장미가 더 아름답다고 말할 수 없다. 이들은 모두 저마다 아름답기 때문이다.

③ 언어를 위한 시가 있듯이 감각을 위한 시가 존재한다. 우리에게 필요한 것은 감각을 위한 언어를 가지고 우리 안에 잠재해 있는 예술에 대한 감각을 일깨우는 일이다.

④ 춤이 감정과 생각을 몸동작과 표정으로 전달하기 위해서 춤의 형식이 갖고 있는 아름다운 율동성을 버리면 버릴수록, 형식은 없고 의미만 있는 팬터마임에 가까워질 뿐이다.

⑤ 조화로운 구도의 사진이 우리의 눈을 즐겁게 하는 것은 곧 마음을 기쁘게 하는 것과 같다. 따라서 우리는 조화의 법칙을 연구하여 완벽한 표현을 위한 특별한 것을 빌려 와야 한다.

1 각 문단의 중심 내용을 다음과 같이 정리할 때, 빈칸에 들어갈 내용을 써 보자.

1문단 음악은 (　　　　　)로 감정을 표현한다는 점에서 (　　　　　)와 유사하다는 측면이 부각됨.

▼

2문단 16세기 르네상스 시대에 들어서면서 음악이 지닌 (　　　　　)에 대한 관심을 가지기 시작함.

▼

3문단 17세기 바로크 시대에 이르러 음악이 (　　　　　)을 표현한다는 생각이 '(　　　　　) 이론'으로 체계화됨.

▼

4문단 18세기 중반에 이르러 감정 표현은 '서술 원리'에서 '(　　　　　)'로 변함.

2 다음 빈칸을 채워 가며, 이 글 전체의 내용을 정리해 보자.

고대 그리스	• 음악의 도덕적 · 윤리적 작용에 관심을 둠.
16세기 르네상스 시대	• 음악이 지닌 감정적 효과에 관심을 둠. 　– 사람의 마음 상태, 사물, 환경 등을 음악적으로 잘 묘사하려 함. • 문예 모임인 피렌체의 카메라타는 (　　　　　)과 음악이 결합된 예술을 지향함. • 가사를 잘 전달할 수 있는 단선율 노래인 (　　　　　) 양식을 고안함. 　→ (　　　　　)의 탄생에 영향을 줌.
17세기 바로크 시대	• 음악에 대한 '감정 이론'을 체계화함. 　– 특정한 (　　　　　)를 음정, 화성, 선율, 리듬, 템포로 재현할 수 있다고 믿음. 　– 작곡자는 다른 사람의 감정을 그리는 (　　　　　)에 비유될 수 있음. 　– 개인적 · 주관적인 감정이 아닌 공동체를 기반으로 한 (　　　　　) 감정을 표현함.
18세기 중반	• 음악의 감정 표현은 '서술 원리'에서 '표출 원리'로 변함. • 철학자 헤겔은 음악의 본질적 특성을 '(　　　　　)'으로 봄. 　– 자신의 내면에서 나오는 추상적인 감정은 규정할 수 없음. 　– 구체적이고 명료한 표상으로 나아가기 위해 (　　　　　)로 보완될 필요가 있음.

예술
03

배 경 지 식

시대마다 음악에 대한 관심이 달랐다고?

르네상스 시대에 가사가 중시되면서 주를 이루던 성악곡 대신 **바로크 시대에 이르러서는 악기의 발달과 함께 기악곡의 위상이 높아졌어요.** 바로크 시대의 기악곡은 악기와 연주법에 따라 다양한 기악 장르를 형성하며 비약적인 발전을 이루었지요.

사람들은 가사가 있는 성악에 익숙해져 있어 기악을 내용이 없는 공허한 울림처럼 여겼으나, 음악이 감정을 표현한다는 기존의 생각이 감정 이론으로 체계화되면서 기악에 일정한 의미를 부여하게 되었답니다. 원래 **르네상스 시대에 낱말의 뜻을 음의 움직임으로 표현하는 기법이 있었는데, 바로크 시대에 이르러서 이것이 유형화된 인간의 감정과 관념을 표현하는 것으로 발전된 것**이지요. 이러한 정서를 재현하기 위해 예를 들면 두려움의 감정은 하행 선율과 불협화음을 사용한다든지, 기쁨을 표현하기 위해 장식음이나 트릴(어떤 음을 연장하기 위하여 그 음과 2도 높은 음을 교대로 빨리 연주하여 물결 모양의 음을 내는 장식음)을 사용하는 등의 기법이 바로 그것이지요. 또한 바로크 시대 후반에 이르러서는 기존의 감정 이론을 음악 구조에까지 확장하면서 당시의 음조를 특정 정서와 연결하였어요. 다장조는 기쁨을, 라단조는 경건하고 웅장함을 표현하는 것이 바로 그 예이지요.

#성악곡　　#기악곡　　#감정 이론

어 휘 · 어 법

1~5

다음 뜻풀이에 해당하는 단어를 〈보기〉에서 찾아 써 보자.

> 보기
>
> 부각　　　증대　　　비통　　　명료　　　보완

1 뚜렷하고 분명함. (　　　　　)
2 몹시 슬퍼서 마음이 아픔. (　　　　　)
3 어떤 사물을 특징지어 두드러지게 함. (　　　　　)
4 모자라거나 부족한 것을 보충하여 완전하게 함. (　　　　　)
5 양이 많아지거나 규모가 커짐. 또는 양을 늘리거나 규모를 크게 함. (　　　　　)

6~7

다음 문장에 들어갈 올바른 단어를 찾아 ○를 표시해 보자.

6 사람들은 음악을 소리(로써 / 로서) 무언가를 표현하는 언어에 비유하곤 한다.
7 음악실에서 감미로운 클래식 (선율 / 선률)이 흐르고 있었다.

─────────────────────

Tip ・─로써: ① 어떤 물건의 재료나 원료를 나타내는 격 조사. ◎ 쌀로써 떡을 만든다.
　　　　　　② 어떤 일의 수단이나 도구를 나타내는 격 조사. ◎ 말로써 천 냥 빚을 갚는다고 한다.
　　　・─로서: ① 지위나 신분 또는 자격을 나타내는 격 조사. ◎ 그것은 학생으로서 할 일이 아니다.

한국 전통 건축의 비대칭성

문제 풀이
지문 해제
관련 영상
어휘 퀴즈

한국 전통 건축의 여러 특징 중 하나는 구도의 비대칭성에 있다. 궁궐, 서원, 향교, 한옥 모두 전체 배치를 놓고 보면 좌우 대칭인 경우가 거의 없을 정도로 철저하게 비대칭으로 ⓐ구성되어 있다. 궁궐은 정전(正殿) 앞에, 서원과 향교는 대성전(大成殿) 앞마당에 부분적으로 대칭 구도가 나타나긴 하지만, 이 경우도 역시 전체의 배치를 놓고 보면 누군가가 일부러 건물들을 조금씩 옮겨 놓은 듯 주변으로 가면서 대칭 구도는 여지없이 깨지고 있다. / ㉠궁궐같이 전각의 수가 많고 영역의 규모가 큰 경우에는 대칭을 지키기가 어려운 것이 사실이다. ㉡그러나 그렇게 큰 규모임에도 불구하고 대칭 구도로 지어진 건축물은 얼마든지 있다. ㉢서양의 베르사유 궁전이나 루브르 궁전 등이 이에 해당한다. ㉣이는 궁궐같이 큰 규모의 건축물일지라도 대칭 구도로 짓는 것이 가능하다는 것을 잘 보여 준다. ㉤이렇게 볼 때 한국 전통 건축에 나타나는 비대칭 구도는 대칭 구도를 의도적으로 피한 결과로 해석할 수 있다.

건축을 인간 세계의 새로운 질서를 땅 위에 세우는 작업이라고 보았을 때, 대칭 구도는 가장 먼저 생각해 낼 수 있는 질서 가운데 하나이다. 이런 이유로 건물을 대칭으로 짓는 것이 세계 각국의 일반적인 현상이다. 특히 정형적 질서를 추구했던 서양 고전 건축의 경우에는 대칭 구도에 대한 선호가 강박 관념에 가까울 정도로 심하게 나타난다.

이처럼 보편적 현상에 가까운 대칭 구도를 유독 한국 전통 건축에서 찾아보기 힘든 이유는 무엇일까? 무엇보다도 주변의 자연 지세(地勢)에 순응했기 때문이다. 구릉이 흐르고 계곡이 파이며 때로는 물길이 나 있는 자연 지세에 건축물을 맞추다 보면, 대칭 구도는 자연히 피할 수밖에 없게 된다. 이것은 자연을 인간의 선인 직선으로 정지(整地)하고 재단함으로써 그 위에 인간만의 새로운 질서를 세우려 했던 서양 고전 건축의 자연관과는 분명히 구별되는 한국 전통 건축의 자연관에서 나온 현상이다.

이와 같이 친자연적 건축관(建築觀)은 한국 전통 건축이 비대칭적 경향을 띠는 이유 가운데 가장 많은 사람이 동의하고 있는 사항이다. 그러나 이것만이 전부는 아니다. 왜냐하면 평지에 지어진 건물의 경우에도 비대칭적 경향이 두드러지게 나타나기 때문이다. 물리적으로 보았을 때, 대칭이 허용되는 경우인데도 이처럼 비대칭적 경향이 나타나는 것은 한국 전통 건축에서 비대칭이 대칭보다 더 선호되었음을 의미한다.

그 이유는 비대칭적 대칭이라는 역설적인 개념으로부터 이끌어 낼 수 있다. 비대칭의 의미는 여러 가지로 해석될 수 있다. 대칭이라는 정형적 질서에 반대하여 의도적으로 질서를 흐트러뜨리려는 무질서를 의미할 수도 있다. 그러나 비대칭에 이러한 의미만 있는 것은 아니다. 비대칭에는 좌우 모습이 거울에 비치듯 똑같지는 않지만 전체적으로 보았을 때는 큰 균형감이 느껴지는 경우도 있다. 이것은 산만한 혼란으로 나타나는 무질서적 비대칭과 달리 그 나름대로 고도의 질서를 ⓑ구성하는 또 하나의 대칭이다. 한국 전통 건축에 나타나는 비대칭이 바로 이런 경우에 해당한다.

5

10

15

20

25

30

◆ **배치** 사람이나 물자 따위를 일정한 자리에 나누어 둠.
정전 왕이 나와서 조회(朝會)를 하던 궁전.
강박 관념 마음속에서 떨쳐 버리려 해도 떠나지 아니하는 억눌린 생각.
지세 땅의 생긴 모양이나 형세.
정지 땅을 반반하고 고르게 만듦. 또는 그런 일.

1

㉠~㉤에 대한 설명으로 적절하지 <u>않은</u> 것은?

① ㉠: 사실에 대한 일반적 진술이다.

② ㉡: ㉠과 대립되는 내용의 진술이다.

③ ㉢: ㉡의 구체적 사례이다.

④ ㉣: ㉡과 ㉢을 통해 이끌어 낸 내용이다.

⑤ ㉤: ㉢과 ㉣을 절충하여 내린 새로운 결론이다.

2

윗글을 바탕으로 〈보기〉의 '죽서루'에 대해 이해하였다. 가장 적절한 것은?

> **보기**
>
> 죽서루의 정면에서 누대 아래로 가다 보면 눈에 띄는 것이 길이가 제각기 다른 아래층 기둥들이다. 바위가 솟은 부분에 기둥을 세우면 짧게, 가라앉은 부분에 기둥을 세우면 길게 만들었다. 이렇게 기둥을 자연 그대로의 바위 형태에 맞추다 보니 자연히 17개 기둥의 길이가 모두 다를 수밖에 없게 되었다. 이렇게 볼 때, 죽서루는 기초를 평탄하게 하기 위해 바위를 인위적으로 다듬거나 갈지 않고 그 위에 그냥 얹듯이 세워 자연 지세에 순응하고자 했던 누각이다.

① 17개의 기둥이 이루는 대칭을 통해 인간의 선인 직선을 활용하여 새로운 질서를 세우고자 하였군.

② 죽서루에는 전체적으로 정형적 질서를 지킴으로써 균형감을 유지하려 했던 건축가의 의도가 나타났군.

③ 길이가 제각기 다른 죽서루의 아래층 기둥에는 주변 자연과의 조화를 중시하는 친자연적 건축관이 반영되었군.

④ 자연석 위에 그냥 얹듯이 세운 죽서루는 주변의 지세에 순응하고자 했던 서양 고전 건축의 자연관과 맞아 떨어지는군.

⑤ 바위를 다듬거나 갈지 않고 자연 그대로 활용한 것을 통해 대칭 구도를 선호했던 한국 전통 건축의 특성이 드러나는군.

3 어휘

ⓐ, ⓑ와 관련하여 〈보기〉의 사례에 해당하는 것은?

> **보기**
>
> 국어의 어휘 중에는 '구성되다 – 구성하다'처럼 명사인 '구성'이 '–되다'와 결합하면 자동사, '–하다'와 결합하면 타동사가 되어 구별되는 용법으로 쓰이는 예가 많다.

① 보존(保存)　　　② 결단(決斷)　　　③ 칭찬(稱讚)

④ 충고(忠告)　　　⑤ 고집(固執)

정보 확인

1 다음에 제시된 내용 중, 글의 내용과 일치하는 것은 ○, 일치하지 않는 것은 ×를 표시해 보자.

1) 건축을 대칭 구도로 짓는 것은 세계 각국의 일반적인 현상이다. ⸺⸺⸺⸺⸺ (　　　)
2) 궁궐같이 규모가 큰 건축물은 대칭 구도로 짓는 것이 불가능하다. ⸺⸺⸺ (　　　)
3) 한국 전통 건축의 자연관은 주변 자연 지세에 건축물을 맞추는 것이다. ⸺⸺ (　　　)
4) 한국 전통 건축에서는 비대칭 구도가 대칭 구도보다 더 선호되어 왔다. ⸺⸺ (　　　)
5) 한국 전통 건축에는 산만한 혼란으로 인한 무질서적 비대칭이 반영되어 있다. ⸺ (　　　)

중심 내용

2 한국 전통 건축에 나타난 '비대칭적 대칭'에 대해 간단히 설명하시오.

(　　　)

글의 구조

3 다음 빈칸을 채워 가며, 서양 고전 건축과 한국 전통 건축을 비교해 보자.

서양 고전 건축	선호하는 구도	한국 전통 건축
대칭 구도를 선호함. (　　　　) 질서를 추구함.		비대칭 구도를 선호함.
인간의 선인 (　　　　)으로 인간만의 새로운 질서를 세우려 함.	자연관	주변의 (　　　　)에 순응하여 (　　　　)에 건축물을 맞추려 함.

▼

'(　　　　　　)' 구도를 드러냄.

배 경 지 식

비대칭성이 잘 드러나는 우리나라 전통 건축물에는 어떤 것이 있을까?

소수 서원은 조선 중종 때 주세붕이 경상북도 영주시의 백운동에 세운 서원으로, **우리나라 최초의 서원이자 한국적 비대칭 건축의 최고봉**으로 불린답니다. 명륜당, 학구재, 일신재 등 7개의 건물이 철저하게 비대칭으로 구성되어 있기 때문이지요. 이 건물들은 무질서하지 않으며 작은 건물과 큰 건물이 어울리면서 나름의 조화를 느낄 수 있게 해요. 이것은 고도의 질서를 보여 주는 것이지요.

이처럼 **소수 서원은 외형적으로는 질서가 없는 듯 보이지만 안으로 들어가 보면 건물과 건물 사이가 자유롭고 그 공간에 크고 작은 나무들이 담겨 어우러져 있어요. 이로써 인위적 요소는 최대한 배제하고 자연과 소통하려는 친환경적 면모**를 보여 준답니다. 여기에서 **한국 전통 건축의 비대칭적 구성의 특징**이라 할 수 있는 **친자연적 건축관**을 엿볼 수 있어요. 산세와 강의 흐름, 지세를 좇다 보면 자연스럽게 비대칭으로 연결되는 것이지요.

#소수 서원 #주세붕 #비대칭 건축

어 휘 · 어 법

1~5 다음 빈칸에 들어갈 알맞은 단어를 〈보기〉에서 찾아 써 보자.

보기

배치 정형 선호 의도적 강박 관념

1 요즘은 날이 더워서 그런지 사과보다는 수박을 더 ( )한다.
2 형은 동생인 나를 보살펴야 한다는 ( )에 사로잡혀 있는 듯했다.
3 이 시조는 구성이 시조의 ( )을 벗어난 파격적 형식을 지니고 있다.
4 자원 봉사자들을 골고루 ( )하여 소외되는 이웃이 없도록 해야 한다.
5 동네 사람들은 잔치를 준비하면서 ( )으로 민준이네를 배려하는 듯이 보였다.

6~7 다음 문장에 들어갈 올바른 단어를 찾아 ○를 표시해 보자.

6 그는 수면에 (비치는 / 비추는) 아침 하늘을 둘러보았다.
7 난로에서 새어 나오는 불빛이 마루를 (비치고 / 비추고) 어둠이 짙게 서린 뜰에는 늦은 눈이 내리고 있었다.

Tip
- 배치(등 背, 달릴 馳): 서로 반대로 되어 어그러지거나 어긋남. 예 규정에 배치되다.
- 배치(짝 配, 둘 置): 사람이나 물자 따위를 일정한 자리에 알맞게 나누어 둠. 예 인재를 적재적소에 배치하다.

키네틱 아트란 무엇인가

문제 풀이
지문 해제
관련 영상
어휘 퀴즈

미술에서 '키네틱 아트'는 움직임을 의미하는 그리스어 키네티코스에서 유래한 말로 움직임을 중시하거나 그것을 주요 요소로 하는 예술 작품을 뜻한다. 키네틱 아트는 산업 혁명에서 비롯된 대량 생산과 기술의 발달로 인해 급격하게 기계 문명 사회로 변화하던 시기를 배경으로 출현하였다. '키네틱'이라는 단어가 조형 예술에 최초로 사용된 것은 1920년대의 일이다.

키네틱 아트 작가들은 기계의 움직임을 예술적 요소로 수용하여 작품 전체나 일부를 움직이게 함으로써 창작 의도를 표현하고자 했다. 이러한 움직임은 바람이나 빛과 같은 외부적인 자연의 힘이나 동력 장치와 같은 내부적인 힘에 의해 구현되었다. 또한 대상을 사실적으로 재현하는 것이 아니라 추상적 구조물처럼 보이도록 창작하였다.

키네틱 아트는 '우연성'과 '비물질화'를 중요한 조형 요소로 제시하였다. '우연성'은 작품의 예측 불가능한 움직임을 통해 나타나는데 여기에는 감상자의 움직임이나 위치 등에 의한 작품의 형태 변화도 포함된다. '비물질화'는 작품이 고정되지 않고 계속 움직이는 상태를 의미한다. 정지된 물체는 고정되어 있기 때문에 물질화되어 있는 반면, '비물질화'는 물체가 계속 움직여 물체의 형태가 고정되지 않는 특성과 관련된다. 예를 들어 뒤샹의 「자전거 바퀴」는 감상자가 손으로 바퀴를 회전하도록 한 작품이다. 이 작품에는 감상자가 바퀴를 돌리는 속도에 따라 바퀴살이 다양한 모습으로 보이는 '우연성'과 바퀴살이 고정되지 않고 움직이는 '비물질화'가 나타난다.

키네틱 아트의 이러한 조형 요소들은 감상자들의 시각을 자극하여 작품에 주의를 집중시키는 효과를 준다. 작품이 보여 주는 다양하고 예측 불가능한 움직임으로 감상자들이 풍부한 이미지를 상상할 수 있도록 한 것이다. 이를 통해 기존 미술에서 작품 감상에 대해 수동적이었던 감상자들로 하여금 보다 능동적인 태도를 갖도록 하였다.

키네틱 아트는 작품의 움직임에 의미를 부여하고 작품과 감상자의 상호 작용을 중시함으로써 다양한 실험적 예술의 길을 열어 주었다. 1960년대에 들어서서 키네틱 아트는 새로운 첨단 매체를 활용하여 변화무쌍한 움직임을 보여 주는 비디오 아트, 레이저 아트, 홀로그래피 아트 등과 같은 예술이 출현하게 되는 계기를 제공하였다.

◆
급격하다 변화의 움직임 따위가 급하고 격렬하다.
출현 나타나거나 또는 나타나서 보임.
동력 전기 또는 자연에 있는 에너지를 쓰기 위하여 기계적인 에너지로 바꾼 것.
조형 여러 가지 재료를 이용하여 구체적인 형태나 형상을 만듦.

1

윗글에서 언급된 내용이 <u>아닌</u> 것은?

① 키네틱 아트의 어원
② 키네틱 아트의 등장 배경
③ 키네틱 아트의 제작 과정
④ 키네틱 아트의 조형 요소
⑤ 키네틱 아트의 예술사적 의의

2

윗글을 읽고 〈보기〉의 「아니마리스」를 이해한 내용으로 적절하지 <u>않은</u> 것은?

보기

　이 작품은 키네틱 아트의 대표 작가인 테오 얀센이 창작한 「아니마리스」이다. 얀센은 플라스틱 관으로 뼈대와 다리를 만들고 등에는 비닐 깃털을 달아, 바람이 불면 깃털이 반응하면서 해변에서 다양한 모습으로 움직이면서 돌아다니도록 했다. 얀센은 이 작품을 연작 형태로 진화시켜 공학 기술과 예술을 접목한 인공 생명체를 만들겠다는 창작 의도를 표현하였다.

① 해변에 돌아다니는 생명체의 형상을 그대로 재현하는 데 초점을 두고 있군.
② 작품이 고정되어 있지 않고 계속 움직인다는 점에서 비물질화가 드러나고 있군.
③ 다양하게 움직이는 모습을 통해 감상자의 시각을 자극하는 효과를 줄 수 있겠군.
④ 공학 기술과 예술을 접목시킴으로써 기계적 움직임을 예술적 요소로 수용하고 있군.
⑤ 바람에 의해 움직일 수 있도록 만들어졌다는 점에서 외부적인 자연의 힘을 활용하고 있군.

1 다음에 제시된 질문의 답을 찾을 수 있는 문단을 찾아 연결해 보자.

| 키네틱 아트 작가들은 창작 의도를 어떤 방식으로 표현하고자 했을까? | • | | • 1문단 |

| 키네틱 아트는 무슨 뜻이며, 언제 처음 등장했을까? | • | | • 2문단 |

| 키네틱 아트가 작품 감상자들에게 능동적인 태도를 갖게 한 요인은 무엇일까? | • | | • 3문단 |

| 키네틱 아트에서 중요한 조형 요소로 제시한 '우연성'과 '비물질화'는 무엇을 말하는 것일까? | • | | • 4문단 |

| 키네틱 아트의 영향으로 새롭게 출현한 실험적 예술에는 어떤 것들이 있을까? | • | | • 5문단 |

2 다음 빈칸을 채워 가며, 글 전체의 내용을 정리해 보자.

키네틱 아트	
의미	• 그리스어 '키네티코스'에서 유래. '( )'을 의미함. • 움직임을 중시하거나 그것을 주요 요소로 하는 예술 작품을 뜻함.
출현 배경	• 급격하게 기계 문명 사회로 변화하던 시기를 배경으로 출현함. • 1920년대 '키네틱'이라는 단어가 조형 예술에 최초로 사용됨.
표현 방식	• ( )을 예술적 요소로 수용하여 작품 전체나 일부를 움직이게 함. • 외부적인 자연의 힘이나 동력 장치와 같은 ( )인 힘에 의해 구현함. • 대상을 사실적으로 재현하는 것이 아니라 추상적 구조물처럼 보이도록 함.
조형 요소	• 우연성: 작품의 예측 불가능한 움직임 • ( ): 작품이 고정되지 않고 계속 움직이는 상태 → ( )을 통해 감상자들이 풍부한 이미지를 상상할 수 있도록 함.
의의	• 1960년대 들어 다양한 ( ) 예술의 길을 열어 줌. → 비디오 아트, 레이저 아트, 홀로그래피 아트 등

배경지식

키네틱 아트의 시초가 뒤샹의 「자전거 바퀴」라고?

마르셀 뒤샹의 「자전거 바퀴」는 나무와 금속을 결합한 조각으로 볼 수 있어요. 이 작품은 **감상자가 직접 자전거 바퀴**를 돌리면 바큇살 모습이 사라졌다가 멈추면서 다양한 모습을 띠게 된답니다. 고정된 시점의 조각을 움직이는 시점까지 확장시킨 것이지요. 이처럼 움직이는 조각은 **키네틱 아트**의 시초랍니다.

뒤샹은 등받이 없는 나무 의자와 자전거 바퀴를 결합하여 훌륭한 작품을 만들어 냈어요. 이것은 물건의 기존 기능이나 용도를 무시하고 새로운 의미를 담아 표현한 것으로, 이미 만들어진 물건에 뒤샹의 독창적인 관점과 아이디어를 담아 기존의 물건이 가진 실용적 의미를 소멸시킨 것이지요. 그런 면에서 창의적인 아이디어만 있다면 직접 무언가를 새로 만들거나 그리지 않더라도 누구나 예술가가 될 수 있겠지요.

#마르셀 뒤샹   #자전거 바퀴   #키네틱 아트

뒤샹, 「자전거 바퀴」

어휘·어법

1~5

다음에 제시된 초성과 뜻을 참고하여 빈칸에 알맞은 단어를 써 보자.

1 변화의 움직임 따위가 급하고 격렬함. (ㄱ ㄱ ➡   )
2 나타나거나 또는 나타나서 보임. (ㅊ ㅎ ➡   )
3 전기 또는 자연에 있는 에너지를 쓰기 위하여 기계적인 에너지로 바꾼 것. (ㄷ ㄹ ➡   )
4 미리 헤아려 짐작함. (ㅇ ㅊ ➡   )
5 여러 가지 재료를 이용하여 구체적인 형태나 형상을 만듦. (ㅈ ㅎ ➡   )

6~9

다음 내용이 맞으면 ○, 틀리면 ×를 표시해 보자.

6 한곳에 꼭 붙어 있거나 붙어 있게 하는 것을 '고정'이라고 한다.   (   )
7 어떠한 작용을 주어 감각이나 마음에 반응이 일어나게 하는 것을 '자극'이라고 한다.   (   )
8 사람에게 권리·명예·임무 따위를 지니도록 해 주거나, 사물이나 일에 가치·의의 따위를 붙여 주는 것을 '의무'라고 한다.   (   )
9 어떤 일이 일어나거나 변화하도록 만드는 결정적인 원인이나 기회를 '결과'라고 한다.   (   )

Tip ・출현(날 出, 나타날 現): 나타나거나 또는 나타나서 보임. ⓔ 고대 국가의 출현
　　　・출연(날 出, 펼 演): 연기, 공연, 연설 따위를 하기 위하여 무대나 연단에 나감. ⓔ 영화 출연 요청

신라의 범종

예술

06

문제 풀이
지문 해제
관련 영상
어휘 퀴즈

절에서 시간을 알리거나 의식을 행할 때 쓰이는 종을 범종이라고 한다. 범종은 불교가 중국에 유입되면서 나타나기 시작하여 우리나라와 일본의 사찰로 퍼져 나갔다. 중국 종의 영향 속에서도 우리나라와 일본의 범종은 각각 독특한 조형 양식을 발전시켰는데, 우리나라 범종의 전형적인 조형 양식은 신라에서 완성되었다. 신라에서는 독창적이고 섬세한 조형 양식을 지닌 대형 종을 주조하였는데, 이는 중국이나 일본의 주조 공법으로는 만들기 어려운 것이었다. 이러한 신라 종의 조형 양식은 조선 초기를 기점으로 한 큰 변화가 나타나기 전까지 후대의 범종으로 계승되었다. 5

신라 종의 몸체는 항아리를 거꾸로 세워 놓은 것과 비슷하게 가운데가 불룩하게 튀어나온 모습을 하고 있다. 이와 달리 중국 종은 몸체의 하부가 팔(八) 자로 벌어져 있으며, 일본 종은 수직 원통형으로 되어 있다. 범종의 정상부에는 종을 매다는 용 모양의 고리인 용뉴(龍鈕)가 있는데, 신라 종의 용뉴는 쌍용 형태인 중국 종이나 일본 종의 용뉴와는 달리 한 마리 용의 모습을 하고 있다. 그리고 용뉴 뒤에는 우리나라의 범종에서만 특징적으로 나타나는 음통이 있다. 10

주조 공법이 발달했던 신라의 범종에는 섬세한 문양들이 장식되어 있어 중국 종이나 일본 종과 차이를 보인다. 신라 종의 상부와 하부에는 각각 상대와 하대라고 부르는 동일한 크기의 문양 띠가 있는데, 여기에는 덩굴무늬나 연꽃무늬 등의 불교적 상징물이 장식되어 있다. 상대 바로 아래 네 방향에는 사다리꼴의 유곽이 있으며 그 안에 연꽃 봉우리 형상이 장식된 유두가 9개씩 있어, 단순한 꼭지 형상의 유두가 있는 일본 종이나 유두와 유곽 모두 존재하지 않는 중국 종과 차이를 보인다. 그리고 가장 불룩하게 튀어나온 종의 정점부에는 타종 부위인 당좌(撞座)가 있으며, 이 당좌 사이에는 천인상(天人像)이 아름답게 장식되어 있어 가로 세로의 띠만 있는 일본 종과 차이가 있다. 15

고려 시대에는 이러한 신라 종의 조형 양식이 미약한 변화 속에서 계승된다. 전기에는 상대와 접하는 종의 상판 둘레에 견대라 불리는 어깨 문양의 장식이 추가되고 유곽과 당좌의 위치가 달라지며, 천인상만 부조되어 있던 자리에 삼존불 등이 함께 나타난다. 그리고 고려 후기로 가면 전기 양식의 견대가 연꽃을 세운 모양으로 변하고, 원나라의 침입 이후 전래된 라마교의 영향으로 범자(梵字) 문양 등의 장식이 나타난다. 한편, 범종이 소형화되어 신라 종의 조형 양식이 계승되면서도 그러한 조형 양식을 지닌 대형 종의 주조 공법은 사라지게 된다. 25

조선 초기에는 새 왕조를 연 왕실 주도로 다시 대형 종이 주조된다. 이때 조선에서는 신라의 대형 종 주조 공법을 대신하여 중국 종의 주조 공법을 도입하게 된다. 그러면서 중국 종처럼 음통이 없이 쌍용으로 된 용뉴가 등장하며, 당좌가 사라지고, 신 30

◆ **유입** 문화, 지식, 사상 따위가 들어옴.
주조 녹인 쇠붙이를 거푸집에 부어 물건을 만듦.
기점 어떠한 것이 처음으로 일어나거나 시작되는 곳.
범자 산스크리트어를 적는 인도의 문자를 통틀어 이르는 말.

라 종의 섬세한 장식 대신 중국 종의 전형적인 장식들이 나타나게 된다. 이후 불교를
억제하는 정책에 따라 한동안 범종 제작이 통제되었고, 16세기에 사찰 주도로 소형
종이 주조되면서 사라졌던 신라 종의 조형 양식이 다시 나타난다. 그 후 이러한 혼합
양식과 복고 양식이 병립하다가 복고 양식이 사라지면서 우리나라의 범종은 쇠퇴기
5 에 접어들게 된다.

 억제 정도나 한도를 넘어서
나아가려는 것을 억눌러 그
치게 함.

■ 정답과 해설 **38**쪽

1

윗글의 내용과 일치하지 <u>않는</u> 것은?

① 신라에서는 중국이나 일본과는 다른 주조 공법으로 대형 종을 주조하였다.

② 우리나라와 일본에서 범종이 만들어진 것은 중국에서 불교가 전파된 것과 관
련이 있다.

③ 신라 시대부터 범종에 장식되어 있었던 당좌는 조선 시대에 들어와 사라지기
도 하였다.

④ 신라 종의 상부와 하부에는 불교적 상징물이 장식되어 있는 동일한 크기의 문
양 띠가 있다.

⑤ 고려 시대까지 우리나라의 범종은 외국의 영향을 받지 않으며 신라 종의 조형
양식을 계승하였다.

2

**〈보기〉는 신라 시대에 만들어진 범종의 그림이다. 이 범종의 ⓐ~ⓔ와 관련된
설명으로 적절하지 <u>않은</u> 것은?**

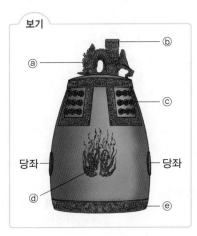

① 용이 한 마리인 형태의 ⓐ는 쌍용 형태인
중국 종이나 일본 종과 차이가 있다.

② ⓑ는 중국 종이나 일본 종에는 존재하지
않는 신라 종의 독특한 조형 양식에 해당
한다.

③ 중국 종에는 ⓒ가 존재하지 않고, 일본
종에 존재하는 것은 ⓒ와 형상이 다르다.

④ 일본 종은 신라 종과 달리 ⓓ의 주변에
가로 세로의 띠가 있다.

⑤ 신라 종은 중국 종이나 일본 종과 달리
몸체의 정점부가 ⓔ 부분보다 불룩하게
튀어나와 있다.

1 다음에 제시된 내용 중, 글의 내용과 일치하는 것은 ○, 일치하지 <u>않는</u> 것은 ×를 표시해 보자.

1) 우리나라의 범종은 불교가 중국에서 유입되면서 나타나기 시작했다. ·········· (　　　)
2) 우리나라 범종의 전형적인 조형 양식은 신라에서 완성되었다. ·············· (　　　)
3) 신라의 범종은 중국이나 일본의 범종과 달리 수직 원통형으로 되어 있다. ····· (　　　)
4) 주조 공법이 발달했던 신라의 범종에는 섬세한 문양이 장식되어 있다. ········ (　　　)
5) 고려 후기에는 중국의 대형 종 주조 공법을 도입하였다. ················· (　　　)
6) 조선 초기에는 왕실이 주도하여 신라의 주조 공법으로 대형 종을 주조하였다. ·· (　　　)

2 중국, 일본의 범종과 비교하여 신라 범종의 몸체 모양이 어떻게 다른지 설명하시오.

(　　　　　　　　　　　　　　　　　　　　　　　　　　　　　　　　　　　　　　　)

3 1과 2를 바탕으로 신라, 중국, 일본 범종의 특징을 정리해 보자.

	신라의 범종	중국의 범종	일본의 범종
정상부	• 용뉴(한 마리 용) • 음통이 (　　　).	• 용뉴(쌍용 형태) • 음통이 없음.	• 용뉴(쌍용 형태) • 음통이 없음.
몸통 모양	(　　　　)를 거꾸로 세워 놓은 모양	하부가 (　　　) 자로 벌어져 있는 모양	수직 (　　　) 모양
문양	• (　　　) 상징물이 장식된 상·하대가 있음. • 상대 아래 네 방향에 사다리꼴 유곽이 있음. • (　　　) 형상의 유두가 9개씩 있음. • 타종 부위인 당좌 사이에 (　　　)이 장식되어 있음.	유두와 유곽이 없음.	• 단순한 꼭지 형상의 유두가 있음. • 당좌 사이에 가로 세로의 띠만 있음.

배 경 지 식

범종의 음통은 어떤 기능을 할까?

범종의 **음통**은 우리나라의 범종에서만 확인할 수 있는 독특한 **양식**이에요. 종의 꼭대기에 종을 매달기 위한 용뉴가 있고 그 용뉴의 목 뒷부분에 대롱 형태의 기다란 관이 달려 있는데, 이것이 바로 음통이지요. 음통의 정확한 기능은 아직까지 밝혀져 있지는 않아요. 다만 이 음통은 속이 비어 있는데, 음통 아래쪽에는 작은 구멍이 있고 이 구멍이 종의 몸통까지 뚫려 있는 것으로 보아 종을 쳤을 때 종의 소리에 영향을 미치는 음향 조절 기능을 하지 않을까 추정하고 있답니다. 음통은 **종을 칠 때의 격렬한 진동을 걸러 내어 충격을 제거하고 소리를 공중으로 보내는 역할**을 한다는 것이지요. 그래서 음통이 있는 종은 소리가 맑고 은은하게 들리는 것처럼 느껴지기도 하지요.

그러나 일부 범종에서는 음통 안이 막혀 있기도 하고, 종소리와 크게 관련이 없는 작은 종에서도 음통이 확인되었어요. 이로 보아 **음통이 장식물 정도로 변화한 것이 아니냐는** 의견도 있답니다.

#우리나라의 범종　#음통　#용뉴

어 휘 · 어 법

1~5 다음에 제시된 단어의 사전적 의미를 찾아 바르게 연결해 보자.

1 의식 •　　　　• ㉠ 옷감이나 조각품 따위를 장식하기 위한 여러 가지 모양.

2 유입 •　　　　• ㉡ 사물의 생긴 모양이나 상태.

3 부조 •　　　　• ㉢ 문화, 지식, 사상 따위가 들어옴.

4 문양 •　　　　• ㉣ 조각에서, 평평한 면에 글자나 그림 따위를 도드라지게 새기는 일.

5 형상 •　　　　• ㉤ 행사를 치르는 일정한 법식. 또는 정하여진 방식에 따라 치르는 행사.

6~10 다음 뜻풀이에 해당하는 단어를 〈보기〉에서 찾아 써 보자.

> 보기
>
> 견대　　계승　　미약　　범자　　억제

6 미미하고 약함. (　　　　　)

7 절에 있는 범종 윗부분에 띠처럼 두른 무늬. (　　　　　)

8 산스크리트어를 적는 인도의 문자를 통틀어 이르는 말. (　　　　　)

9 정도나 한도를 넘어서 나아가려는 것을 억눌러 그치게 함. (　　　　　)

10 조상의 전통이나 문화유산, 업적 따위를 물려받아 이어 나감. (　　　　　)

Tip • **돋을새김(=부조)**: 조각에서, 평평한 면에 글자나 그림 따위를 도드라지게 새기는 일.
　　　• **오목새김**: 그림이나 글씨 따위를 안으로 들어가게 깊이 새긴 조각.

07 진경산수화의 대가, 정선과 김홍도

문제 풀이
지문 해제
관련 영상
어휘 퀴즈

18세기 조선에서는 진경산수화가 유행하였다. 진경산수화는 우리나라의 산하를 직접 답사하고 화폭에 담은 산수화이다. 무엇보다 진경(眞景)은 대상의 겉모습만을 묘사하지 않고, 대상의 본질을 표현한 그림임을 강조한 말이다. 하지만 대상의 본질에 대한 이해는 작가에 따라 다르게 나타났다.

이 시기의 대표적인 작가인 겸재 정선은 중국의 화법인 남종 문인화 기법을 바탕으로 우리 산하를 주체적으로 그려 내었다. 성리학에 깊은 이해를 가졌던 겸재는 재구성과 변형, 즉 과감한 생략과 과장으로 학문적 이상과 우리의 산하에 대한 감흥을 표현했다. 또한 겸재는 음과 양의 조화를 화폭에 담고자 했다. 5

「구룡폭도」에서 물줄기가 내 눈 앞에서 쏟아지는 듯한 감흥을 표현하기 위해 겸재는 앞, 위, 아래에서 본 것을 모두 한 그림에 담아냈다. 폭포수를 강조하기 위해 물줄기를 길고 곧게 내려 긋고 위에서 본 물웅덩이를 과장되게 둥글게 변형하였다. 그림을 보는 이들이 폭포수의 감흥에 집중할 수 있도록 실재하는 폭포 너머의 봉우리를 과감히 생략했다. 절벽은 서릿발 같은 필선을 통해 강한 양의 기운을 표현한 반면 절벽의 나무는 먹의 번짐을 바탕으로 한 묵법을 통해 음의 기운을 그려 냈다. 10

진경산수화의 새로운 전기를 마련한 이는 단원 김홍도이다. 국가의 공식 행사를 사실대로 기록하는 화원이었던 단원은 계산된 구도로 전대에 비해 더욱 치밀하고 박진감 넘치는 화풍을 보였다. 그는 초상화에 인물을 사실적으로 묘사하여 인물의 정신까지 담아내려고 한 것처럼 대상의 완벽한 재현으로 자연에서 느낀 감흥에 충실하려고 하였다. 특히 중국을 거쳐 들어온 서양 화법 중 원근법, 투시법 등을 수용해 보다 사실적인 경치를 그려 내었다. 15

정조의 명을 ⓐ받아 단원이 그린 「구룡연」은 금강산의 구룡폭포를 직접 찾아가 그 모습을 담은 것이다. 흘러내리는 물줄기, 폭포 너머로 보이는 봉우리, 폭포 앞의 구름다리까지 사진을 찍은 듯이 생략 없이 그렸다. 과장과 꾸밈이 없이 보이는 그대로의 각도로 그린 것이다. 그리고 절벽 바위 하나하나의 질감을 나타내기 위해 선의 굵기와 농담에 변화를 주어 입체감 있게 표현하였다. 20

진경산수화는 우리나라의 산천이 곧 진경이라는 당시 사람들의 생각을 담고 있는 소중한 전통인 것이다. 우리 산하를 진경으로 표현함에는 우리 국토에 대한 애정, 우리 문화에 대한 자긍심이 담겨 있다. 이러한 진경산수화는 19세기 여러 작가들에게 영향을 미쳤다. 25

◆ **답사** 현장에 가서 직접 보고 조사함.
감흥 마음속 깊이 감동받아 일어나는 흥취.
서릿발 땅속의 물이 얼어 기둥 모양으로 솟아오른 것. 또는 그것이 뻗는 기운.
전기 전환점이 되는 기회나 시기.
화풍 그림을 그리는 방식이나 양식.

1

윗글의 서술 방식에 대한 설명으로 적절한 것은?

① 작가 의식과 작품을 연관 지어 서술하고 있다.

② 작품의 독창성을 문답 형식으로 설명하고 있다.

③ 작품에 대한 여러 관점의 이론을 상호 비교하고 있다.

④ 화풍의 변천 과정에서 나타난 문제점을 제시하고 있다.

⑤ 작품의 예술성을 전문가의 평을 근거로 강조하고 있다.

예술
07

2

윗글을 통해 알 수 있는 내용으로 적절하지 않은 것은?

① 겸재는 성리학자로서 자신의 학문적 이상을 화폭에 담으려고 하였다.

② 단원은 실재하는 경치의 감흥을 사실적인 묘사로 표현하고자 하였다.

③ 진경산수화는 서양 화법의 영향 없이 우리 고유의 화법으로 그려졌다.

④ 진경산수화는 우리 산하에 대한 관심이 높아진 시대 분위기를 반영하고 있다.

⑤ 겸재와 단원은 필선과 농담의 변화를 통하여 대상의 본질을 표현하고자 하였다.

3 어휘

ⓐ의 문맥적 의미와 가장 유사한 것은?

① 그녀는 어두운 옷보다 밝은 옷이 잘 받는다.

② 그는 갑작스레 딱딱한 억양으로 말을 받았다.

③ 정부는 국민으로부터 세금을 받아 국가를 운영한다.

④ 내일까지 서류를 제출하라는 학교의 통고를 받았다.

⑤ 회사의 미래를 생각하면 그 사람을 받지 않을 수 없다.

문단요약

1

각 문단의 내용과 관련 있는 것을 연결해 보자.

1문단 •　　　　　• 진경산수화에 반영된 시대상과 후대에 미친 영향

2문단 •　　　　　• 겸재 정선의 대표작과 표현 기법

3문단 •　　　　　• 겸재 정선의 진경산수화 화풍

4문단 •　　　　　• 단원 김홍도의 진경산수화 화풍

5문단 •　　　　　• 단원 김홍도의 대표작과 표현 기법

6문단 •　　　　　• 진경산수화의 개념과 유행 시기

글의구조

2

다음 빈칸을 채워 가며, 진경산수화의 두 대가에 대해 정리해 보자.

겸재 정선		단원 김홍도
(　　　　　)에 대한 깊은 이해를 바탕으로 자신의 학문적 이상을 화폭에 담아내고자 함.	창작 경향	국가의 (　　　　　)으로 일했던 경험을 바탕으로 실재하는 경치를 (　　　　　)으로 표현하고자 함.
중국의 화법인 (　　　　　) 기법에 영향을 받음.	영향받은 화법	중국을 거쳐 들어온 서양 화법인 (　　　　　), (　　　　　) 등을 수용함.
「구룡폭도」에서 자신의 감흥을 표현하기 위해 (　　　　　), (　　　　　), (　　　　　) 에서 본 것을 모두 한 그림에 담아냄.	대표 작품과 표현 방식	「구룡연」에서 구룡폭포를 사진 찍은 듯이 (　　　　　)이나 (　　　　　), 꾸밈이 없이 사실적으로 그려 냄.

예술
07

배경지식

겸재 정선에게 영향을 미친 남종 문인화는 무엇일까?

정선의 화법에 영향을 준 **남종 문인화**는 중국의 화풍인 남종화를 우리나라에서 말하는 것으로 북종화에 대립하는 개념이에요.

중국 남북조 시대에 남조와 북조로 나뉘면서 지속적으로 이루어진 대립은 사상적 이념분만 아니라 화풍까지도 달라지게 하였답니다. 명나라 말기에 동기창이 '**남북종론(南北宗論)**'을 제기하면서 남종화와 북종화의 구분이 더욱 명확해졌지요. 남종화와 북종화의 구분은 작가들의 표현 방식에 따라 결정되었어요. 남종화는 문인화와 같은 수묵 중심의 운치 있는 산수 표현을 추구했지만, 북종화는 대상의 사실적 표현과 섬세한 묘사, 짙은 채색 중심의 표현을 추구하였지요.

남종화는 당대(唐代)의 화가이자 시인인 왕유로부터 시작된 것으로, 수묵 선염(동양화에서, 화면에 물을 칠하여 마르기 전에 붓을 대어 몽롱하고 침중한 묘미를 나타내는 기법)을 주로 하여 부드러운 느낌을 강조하였으며, 비교적 우아한 기법을 많이 사용하여 운치 있는 산수를 표현하였답니다.

#남종화   #북종화   #남북종론   #왕유

정선, 「만폭동」

어휘·어법

1~4

다음 빈칸에 들어갈 알맞은 단어를 〈보기〉에서 찾아 써 보자.

> **보기**
>
> 본질   조화   감흥   서릿발

1 이 음악을 들으니 (   )이/가 새롭게 일어난다.
2 시금치와 두부가 (   )을/를 이루어서 음식 맛이 꽤 괜찮다.
3 선생님의 (   ) 같은 목소리가 교실 전체에 쩌렁쩌렁 울렸다.
4 이 그림은 진경산수화로 대상의 (   )을/를 표현하려고 애쓴 노력이 느껴진다.

5~7

다음 문장에 들어갈 올바른 단어를 찾아 ○를 표시해 보자.

5 그녀는 새로운 화법을 개발하면서 미술사에 새로운 (전기 / 전대)를 마련했다.
6 유치원생들의 태권도 경기가 의외로 (입체감 / 박진감)이 넘쳤다.
7 아버지는 자신의 직업에 (자긍심 / 자존심)을 갖고 계셨다.

Tip • 자긍심(스스로 自, 자랑할 矜, 마음 心): 스스로에게 긍지를 가지는 마음. ⑩ 문화적 자긍심을 갖다.
• 자존심(스스로 自, 높일 尊, 마음 心): 남에게 굽히지 아니하고 자신의 품위를 스스로 지키는 마음. ⑩ 자존심이 상하는 일이었다.

사진 등장 이후의 회화적 시도

문제 풀이
지문 해제
관련 영상
어휘 퀴즈

사진이 등장하면서 회화는 대상을 사실적으로 재현(再現)하는 역할을 사진에 넘겨주게 되었고, 그에 따라 화가들은 회화의 의미에 대해 고민하게 되었다. 19세기 말 등장한 인상주의와 후기 인상주의는 전통적인 회화에서 중시되었던 사실주의적 회화 기법을 거부하고 회화의 새로운 경향을 추구하였다.

인상주의 화가들은 색이 빛에 의해 시시각각 변화하기 때문에 대상의 고유한 색은 ⁵ 존재하지 않는다고 생각하였다. 인상주의 화가 모네는 대상을 사실적으로 재현하는 회화적 전통에서 벗어나기 위해 빛에 따라 달라지는 사물의 색채와 그에 따른 순간적 인상을 표현하고자 하였다.

모네는 대상의 세부적인 모습보다는 전체적인 느낌과 분위기, 빛의 효과에 주목했다. 그 결과 빛에 의한 대상의 순간적 인상을 포착하여 대상을 빠른 속도로 그려 내 ¹⁰ 었다. 그에 따라 그림에 거친 붓 자국과 물감을 덩어리로 찍어 바른 듯한 흔적이 남아 있는 경우가 많았다. 이로 인해 대상의 윤곽이 뚜렷하지 않아 색채 효과가 형태 묘사를 압도하는 듯한 느낌을 준다. 이와 같은 기법은 그가 사실적 묘사에 더 이상 치중하지 않았음을 보여 주는 것이었다. 그러나 모네 역시 대상을 '눈에 보이는 대로' 표현하려 했다는 점에서 이전 회화에서 추구했던 사실적 표현에서 완전히 벗어나지 ¹⁵ 는 못했다는 평가를 받았다.

후기 인상주의 화가들은 재현 위주의 사실적 회화에서 근본적으로 벗어나는 새로운 방식을 추구하였다. 후기 인상주의 화가 세잔은 "회화에는 눈과 두뇌가 필요하다. 이 둘은 서로 도와야 하는데, 모네가 가진 것은 눈뿐이다."라고 말하면서 사물의 눈에 보이지 않는 형태까지 찾아 표현하고자 하였다. 이러한 시도는 회화란 지각되는 ²⁰ 세계를 재현하는 것이 아니라 대상의 본질을 구현해야 한다는 생각에서 비롯되었다.

세잔은 하나의 눈이 아니라 두 개의 눈으로 보는 세계가 진실이라고 믿었고, 두 눈으로 보는 세계를 평면에 그리려고 했다. 그는 대상을 전통적 원근법에 억지로 맞추지 않고 이중 시점을 적용하여 대상을 다른 각도에서 바라보려 하였고, 이를 한 폭의 그림 안에 표현하였다. 또한 질서 있는 화면 구성을 위해 대상의 선택과 배치가 자유 ²⁵ 로운 정물화를 선호하였다. / 세잔은 사물의 본질을 표현하기 위해서는 '보이는 것'을 그리는 것이 아니라 '아는 것'을 그려야 한다고 주장하였다. 그 결과 자연을 관찰하고 분석하여 사물은 본질적으로 구, 원통, 원뿔의 단순한 형태로 이루어졌다는 결론에 도달하였다. 이를 회화에서 구현하기 위해 그는 이중 시점에서 더 나아가 형태를 단순화하여 대상의 본질을 표현하려 하였고, 윤곽선을 강조하여 대상의 존재감을 ³⁰ 부각하려 하였다. 회화의 정체성에 대한 고민에서 비롯된 그의 이러한 화풍은 입체파 화가들에게 직접적인 영향을 미치게 되었다.

◆ **윤곽** 사물의 테두리나 대강의 모습.
압도 보다 뛰어난 힘이나 재주로 남을 눌러 꼼짝 못 하게 함.
치중 어떠한 것에 특히 중점을 둠.
지각 감각 기관을 통하여 대상을 인식함. 또는 그런 작용.

1

윗글의 내용과 일치하지 <u>않는</u> 것은?

① 사진은 화가들이 회화의 의미를 고민하는 계기가 되었다.

② 전통 회화는 대상을 사실적으로 묘사하는 것을 중시했다.

③ 모네의 작품은 색채 효과가 형태 묘사를 압도하는 듯한 느낌을 주었다.

④ 모네는 대상의 고유한 색 표현을 위해서 전통적인 원근법을 거부하였다.

⑤ 세잔은 사물이 본질적으로 구, 원통, 원뿔의 형태로 구성되어 있다고 보았다.

2

윗글을 바탕으로 할 때, 〈보기〉의 선생님의 질문에 대한 대답으로 적절하지 <u>않은</u> 것은?

> **보기**
>
> 선생님: (가)는 모네의 「사과와 포도가 있는 정물」이고, (나)는 세잔의 「바구니가 있는 정물」입니다. 이 두 작품은 각각 모네와 세잔의 작품 경향이 잘 반영되어 있는 작품으로 평가받고 있습니다. 두 화가의 작품 경향을 바탕으로 (가)와 (나)를 감상해 볼까요?
>
> (가)   (나)
>
>    

① (가)에서 포도의 형태를 뚜렷하지 않게 그린 것은 빛에 의한 순간적인 인상을 표현한 것이라고 볼 수 있겠군요.

② (나)에서는 질서 있게 화면을 구성하기 위해 의도적으로 대상이 선택되고 배치된 것으로 볼 수 있겠군요.

③ (가)와 달리 (나)에 있는 정물들의 뚜렷한 윤곽선은 대상의 존재감을 부각시키기 위해 사용한 것으로 볼 수 있겠군요.

④ (나)와 달리 (가)의 식탁보의 거친 붓 자국은 대상에서 느껴지는 인상을 빠른 속도로 그려 낸 결과라고 볼 수 있겠군요.

⑤ (가)와 (나) 모두 사물을 단순화해서 표현한 것을 통해 사실적인 재현에서 완전히 벗어났다는 평가를 받을 수 있겠군요.

1

다음에 제시된 내용 중, 글의 내용과 일치하는 것은 ○, 일치하지 <u>않는</u> 것은 ×를 표시해 보자.

1) 사진이 등장하면서 회화는 대상을 사실적으로 재현하는 역할을 사진에 넘겨주었다.
                                                                    (   )

2) 인상주의 화가들은 대상의 고유한 색은 존재하지 않는다고 생각했다. ─────── (   )

3) 모네는 이전 회화에서 추구했던 사실적 표현에서 완전히 벗어났다는 평가를 받았다.
                                                                    (   )

4) 세잔은 눈에 보이는 사물의 고유한 형태만을 표현해야 한다고 생각했다. ─────── (   )

5) 세잔은 이중 시점을 적용하여 대상을 다른 각도에서 바라보려고 했다. ─────── (   )

2

다음 빈칸을 채워 가며, '모네'와 '세잔'에 대해 정리해 보자.

모네 ( ) 화가	구분	세잔 ( ) 화가
• 빛에 따라 달라지는 사물의 색채와 그에 따른 순간적인 ( )을 표현하고자 함. • 대상의 세부적인 모습보다는 전체적인 느낌과 분위기, ( )의 효과에 주목함. • 색채 효과가 ( )를 압도하여 대상의 ( )이 뚜렷하지 않음. • 대상을 '( )' 표현하려 했다는 점에서 이전 회화 방식에서 완전히 벗어나지 못한 한계가 있음.	회화적 특징 및 화풍	• 지각된 세계를 재현하는 것이 아니라 대상의 ( )을 구현하고자 함. • 대상을 ( )에 억지로 맞추지 않고 ( )을 적용하여 대상을 다른 각도에서 보려고 함. • 보이는 것이 아니라 ( )을 그려야 한다고 생각함. • 형태를 단순화하여 대상의 본질을 표현하고, ( )을 강조하여 대상의 존재감을 부각하려 함.

▼

(   ) 화가들에게
직접적인 영향을 줌.

배경지식

세잔의 영향을 받은 입체파 작품에는 무엇이 있을까?

입체주의는 짧은 기간에 활발하게 일어났던 미술 운동으로, 20세기 혁신적인 미술 사조라고 할 수 있어요. 이러한 입체주의는 현대 미술에 큰 영향을 끼쳤답니다. 대상을 여러 시점에서 보고 그 형태를 분해한 후 한 화면에 재구성하여 표현하였으며 피카소, 브라크 등의 작가가 대표적이지요.

피카소의 「아비뇽의 처녀들」은 입체주의의 대표작으로 20세기 들어 가장 혁신적이며 미술의 고정 관념을 깨뜨린 작품이었어요. 화면 속 다섯 명의 사람은 면으로 나뉘어 변형된 모습을 하고 있고, 원근법이 파괴된 공간은 들쑥날쑥한 면들로 표현되었지요. 이 작품을 감상한 한 비평가는 "마치 부서진 유리 파편 같다."라고 평하였어요. 이처럼 「아비뇽의 처녀들」은 르네상스적 회화의 전통을 마감하고 20세기 미술 혁신의 신호탄이 된 문제작이었지요.

피카소, 「아비뇽의 처녀들」

#입체주의   #피카소   #브라크   #아비뇽의 처녀들

어휘·어법

1~4

다음 뜻풀이에 해당하는 단어를 〈보기〉에서 찾아 써 보자.

> **보기**
>
> 구현   경향   추구   압도

1 목적을 이룰 때까지 뒤좇아 구함. (   )
2 어떤 내용이 구체적인 사실로 나타나게 함. (   )
3 현상이나 사상, 행동 따위가 어떤 방향으로 기울어짐. (   )
4 보다 뛰어난 힘이나 재주로 남을 눌러 꼼짝 못 하게 함. (   )

5~7

다음 빈칸에 들어갈 알맞은 단어를 〈보기〉에서 찾아 써 보자.

> **보기**
>
> 윤곽선   지각   치중

5 방학 계획표가 학습적인 면에만 (   )되어 있어. 운동도 신경 써서 해 보자.
6 나는 냄비의 뜨거운 기운을 미처 (   )하지 못했다.
7 안개가 짙어 건물의 (   )만 보일 뿐이었다.

Tip • **묘사**(그릴 描, 베낄 寫): 어떤 대상이나 사물, 현상 따위를 언어로 서술하거나 그림을 그려서 표현함. **예** 그 소설은 주인공의 성격 묘사가 뛰어나다.
 • **모사**(본뜰 模, 베낄 寫): ① 사물을 형체 그대로 그림. 또는 그런 그림. ② 원본을 베끼어 씀. ③ 『미술』 어떤 그림의 본을 떠서 똑같이 그림. **예** 그는 초상화를 모사에 불과하다며 한사코 그리지 않았다.

메모

 빠작으로 내신과 수능을 한발 앞서 준비하세요.

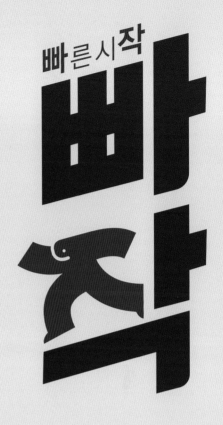

정답과 해설

중학 국어
비문학 독해

3

동아출판

순자의 하늘에 대한 관점

2018년 고1 전국연합학력평가 6월

1 ①   **2** ④

지문 분석

문단 요약

1문단	하늘을 신성시했던 고대 중국인들의 인식은 시대의 요구에 따라 수정될 수밖에 없었다.	(○)
2문단	하늘을 인간의 삶과 무관한, 단지 자연 현상의 하나로 보아야 한다는 순자의 주장은 당시로서는 획기적이었다.	(○)
3문단	자연 현상으로서의 하늘이 아니라 하늘에 무슨 의지가 있다고 주장하고 그것을 알아내고자 노력하는 것을 '불구지천'이라 한다.	(×)
4문단	자연 현상에 대해 특별한 의미를 부여하지 말고 인간 스스로 자신의 삶을 살아야 한다는 것이 순자 주장의 핵심이다.	(○)
5문단	순자의 관심은 하늘이 아닌 사람과 정치에 있었다.	(○)

중심 내용

하늘에 대한 종교적 사유의 접근을 비판하고 인간 중심적 사고를 강조한 순자

글의 구조

하늘에 대한 고대 중국인들의 태도	하늘에 대한 순자의 태도
• 인간에게 불가능한 일은 하늘에 의해 해결 가능하다고 봄. • 하늘을 인간의 운명을 지배하는 신비하고 (절대적인) 존재로 인식함.	• 하늘을 (자연 현상)의 하나로 간주함. • 인간의 삶과 하늘이 무관함을 강조함. • (불구지천): 하늘의 뜻이 무엇인지 알려고 노력할 필요가 없음.

↓

(인간)중심적 사고를 한 순자

어휘·어법

1 사유   2 인식   3 변천   4 변별   5 난세
6 규정   7 괴이하기 8 천재지변

해제 | 이 글은 인간을 중심으로 우주의 본질을 이해하려는 순자의 사유에 대해 다루고 있다. 하늘을 두려워하고 숭상하는 고대 중국인들과 달리 순자는 하늘을 자연 현상으로 보고 인간이 하늘에 구속되어서는 안 된다고 주장하였다. 그리고 자연 현상에 대해 하늘의 뜻이 무엇인지 알려고 노력할 필요가 없다는 순자의 '불구지천'의 의미에 대해서 설명하고 있다.

주제 | 순자의 사유와 '불구지천'의 의미

출전 장현근, 「순자」

---

1 '하늘'이라는 특정 대상에 대해 고대 중국인들과는 다른 순자의 새로운 관점을 제시하고 순자가 생각하는 하늘에 대한 의미를 구체적으로 설명하고 있다.

| 오답 풀이 |

② 문제를 제기하고 있지 않으며 그 원인을 분석하고 있지도 않다.
③ 특정 이론에 대한 여러 비판의 내용이 제시되어 있지 않으며 이론에 대한 의의도 밝히고 있지 않다.
④ 고대 중국인들과 순자의 '하늘'에 대한 상반된 입장이 제시되어 있으나 장점과 단점을 종합한 결론은 제시되고 있지 않다.
⑤ 특정한 가설을 설정하고 있지 않으며 이에 따른 구체적인 사례도 제시되어 있지 않다.

2 3문단에서 순자가 말한 '불구지천'은 하늘의 뜻이 무엇인지 알려고 노력할 필요가 없다는 것임을 확인할 수 있다. 이는 4문단에 나타난 재앙이 닥쳤을 때 인간들이 공포에 떨며 기도나 하는 것이 아니라 적극적인 행위로 그것을 이겨내야 한다는 것이며(ㄱ), 3문단에 나타난 독립된 운행 법칙을 가진 하늘의 길은 인간의 길과 다름을 인식하는 것이고(ㄴ), 4문단에 나타난 하늘에 의지가 있음을 주장하며 그것을 알아내려고 하는 종교적 사유의 접근을 비판하는 것(ㄹ)이다.

| 오답 풀이 |

2문단에서 순자는 치세와 난세를 하늘과 연결시키는 것은 사람들의 심리적인 기대일 뿐이라고 하였다. 따라서 순자는 치세나 난세의 원인을 인간에게서 찾고자 하였으며 하늘과는 무관하다고 보았다. 따라서 '불구지천'이 치세와 난세의 원인을 하늘에서 찾고자 한 것(ㄷ)이라는 설명은 적절하지 않다.

어휘·어법

5 여러 사람의 지혜를 모아 살기 힘든 시기를 이겨내자는 뜻이므로 '전쟁이나 무질서한 정치 따위로 어지러워 살기 힘든 세상.'을 뜻하는 '난세'가 적절하다. '치세'는 '잘 다스려져 화평한 세상.'을 뜻한다.
6 법원이 그 단체가 불법적인 성격을 지닌 것으로 판단하여 해산을 명령한 것이므로 '내용이나 성격, 의미 따위를 밝혀 정하다.'를 뜻하는 '규정짓다'가 적절하다. '특징짓다'는 '어떤 사물이 가지는 특징을 규정짓다.'를 뜻한다.
7 연설을 하는 사나이의 모습이 매우 이상하다는 뜻이므로 '정상적이지 않고 별나며 괴상하다.'를 뜻하는 '괴이하다'의 활용형인 '괴이하기'가 적절하다. '괴이찮다'는 '괴이하지 않다'의 준말이다.
8 자연재해로 집이 부서진 것이므로 '지진, 홍수, 태풍 따위의 자연 현상으로 인한 재앙.'을 뜻하는 '천재지변'이 적절하다. '길흉화복'은 '좋은 일과 나쁜 일, 행복한 일과 불행한 일을 아울러 이르는 말.'을 뜻한다.

2008년 고1 전국연합학력평가 3월

1 ⑤   **2** ③

지문 분석

정보 확인

1) 외국에서 들어온 말로 국어처럼 쓰이는 말을 외래어라고 한다. ············ (○)
2) 외래어가 되었음은 국어화의 과정을 거쳤음을 의미한다. ··················· (○)
3) 국어화는 쓰임의 조건과 동화의 조건을 모두 충족해야 한다. ············· (○)
4) 외래어와 귀화어의 구분은 사전에 표제어로 등재되는지의 여부에 따라 결정된다.
　　　　　　　　　　　　　　　　　　　　　　　　　　　　　　　(×)
5) 외래어는 항상 순화할 말과 함께 표제어로 등재되어 있다. ··············· (×)

중심 내용

외래어의 개념과 범위

글의 구조

외래어의 개념	(외국)에서 (들어온) 말로 국어처럼 쓰이는 말
외래어의 성립 조건	① 우리말 문맥 속에서 널리 (사용)되어야 함. ② 우리말의 (특징)을 지니게 되어야 함.
외래어의 범위	① 외국에서 들어왔으나 사전에 (표제어)로 등재된 단어 ② (외국어 단어)가 병기되어 있는 단어 ③ 동화 과정을 완전히 거치지 못해 (순화)의 대상이 되는 단어

어휘·어법

1 쓰입니다   **2** 잠겨서   **3** 보일지   **4** ×   **5** ○
6 ○   **7** ○

해제 | 이 글은 어떤 말을 외래어라고 하는 것인지에 대한 설명을 통해 외래어의 개념과 범위를 밝히고 있다. 다른 나라의 언어를 뜻하는 '외국어'와 달리 '외래어'는 외국에서 비롯되긴 했으나 국어의 일부로 받아들여진 말을 의미한다. 국어의 일부로 받아들여졌다는 것은 국어화되었음을 뜻하며 쓰임의 조건과 동화의 조건을 갖춘 것을 말한다. 쓰임의 조건은 우리말 문맥 속에서 널리 사용되어야 한다는 것이고, 동화의 조건은 우리말의 특징을 지니게 되어야 한다는 것이다. 외래어는 우리말의 일부로 볼 수 있기 때문에 사전에 표제어로 등재된다. 외래어 중에서도 오랜 시간 널리 쓰여 외국에서 온 말이라는 의식 없이 고유어와 똑같이 취급되는 말들은 귀화어라고 하며, 사전에서는 원어의 병기 없이 어원만 표시하고 있어 구분할 수 있다. 한편 일부 외래어는 해당 고유어나 한자어가 있지만 생활 속에서 자주 쓰인다. 이는 동화 과정을 완전히 거치지 못한 것으로, 동화 과정이 진행 중이기 때문에 사전에서 순화어와 함께 표제어로 등재하고 있음을 밝히고 있다.

주제 | 외래어의 개념과 범위

출전 정희원, 「외래어의 개념과 범위」

---

1 해당 단어가 유래한 나라에서 사용되고 있는지를 통해 외래어인지 아닌지를 판단할 수 있다는 내용은 이 글에 나타나 있지 않다.

| 오답 풀이 |

① 1문단에서 '외국어'는 다른 나라의 언어를 가리키는 말이라고 하였고, '외래어'는 외국에서 들어온 말로 국어처럼 쓰이는 말이라고 하였다.
② 4문단에서 외래어는 우리말의 특징을 지녀야 한다는 동화의 조건을 충족해야 한다고 하였다.
③ 3문단에서 외래어는 우리말 문맥 속에서 널리 사용되어야 한다는 쓰임의 조건을 충족해야 한다고 하였다.
④ 5문단에서 외국어는 우리말이라 할 수 없으므로 표제어로 등재하지 않는 반면, 외래어는 널리 쓰이면서 우리말에 동화된 것이기 때문에 우리말의 일부로 볼 수 있다고 하였다. 이를 통해 외래어는 사전에 표제어로 등재됨을 알 수 있다.

2 4문단을 보면 영어의 [r] 소리는 우리말에서 [ㄹ] 소리로 바뀌는데, 이는 원래의 발음이 우리말 소리로 바뀌는 음운상의 동화 현상에 해당한다. 그런데 음운상의 동화 현상은 원래의 발음을 나타낼 수 있는 소리가 우리말에 없기 때문에, 즉 우리말 소리와 다르기 때문에 나타나는 것이다.

| 오답 풀이 |

① '타이트하다'는 '타이트'라는 단어가 우리말에서 형용사 구실을 할 때 '-하다' 형태로 사용되는 것으로, 4문단에 따르면 해당 단어가 우리말의 특징을 갖게 된 경우에 해당한다.
② '아나운서'는 사전에 등재된 단어이며 순화의 대상이 아닌 말이기 때문에 우리말에 완전히 동화된 외래어로 볼 수 있다.
④ '빵'은 〈보기〉의 다른 단어와는 달리 원래의 외국어 단어가 병기되어 있지 않고, 의미 풀이 끝에 '【〈@pão】'라는 어원만 밝히고 있으므로, 일반인들이 외국에서 온 말이라는 의식 없이 사용하는 귀화어에 해당한다.
⑤ ㄱ과 ㄷ은 순화 대상이 되는 어휘로, 널리 쓰이지만 동화 과정을 완전히 거치지 못한 어휘에 해당한다.

어휘·어법

1 '쓰여집니다'는 '쓰-+-이-+-어지-+-ㅂ니다'로 분석할 수 있으며, 피동 표현 '-이-'와 '-어지-'가 두 번 쓰인 이중 피동에 해당한다.
2 '잠겨져서는'은 '잠-+-기-+-어지-+-어서'로 분석할 수 있으며, 피동 표현 '-기-'와 '-어지-'가 두 번 쓰인 이중 피동에 해당한다.
3 '보여질지'는 '보-+-이-+-어지-+-ㄹ지'로 분석할 수 있으며, 피동 표현 '-이-'와 '-어지-'가 두 번 쓰인 이중 피동에 해당한다.
4 '동일한 범주에 속하는 대상들을 일정한 기준에 따라 나누어 놓은 갈래.'를 뜻하는 단어는 '부류'이다. '분류'는 '종류에 따라서 가름.'을 뜻한다.

2010년 고1 전국연합학력평가 3월

1 ⑤ **2** ③ **3** ①

지문 분석

문단 요약

자존심이나 인상과 같은 잘못된 요소에 영향을 받아 귀인하면 어떻게 될까?	1문단
행동의 원인이 무엇인지 추론하는 것을 무엇이라 할까?	2문단
귀인하는 과정에서 고려해야 하는 주요 판단 요소는 무엇일까?	3문단
상황에 따라 적절하게 귀인하게 될 경우 어떤 효과가 발생할까?	4문단

정보 확인

내부, 외부, 내부

글의 구조

왜 그런 행동을 할까?

▼

내부 귀인		외부 귀인
독특성	일치성	(일관성)

▼

적절한 귀인은 (능동적)인 태도를 형성하고 삶에 (긍정적) 효과가 있음.

어휘·어법

1 독특성 **2** 일치성 **3** 일관성 **4** × **5** ○
6 ○ **7** ○ **8** ×

해제 | 이 글은 행동의 원인이 무엇인지를 추론하는 '귀인(歸因)'에 대해 설명하고 있다. 귀인은 타인의 행동뿐만 아니라 자신의 행동에 대해서도 이루어지는데, 행동 원인을 내적인 것에서 찾는 것을 '내부 귀인'이라 하고 외적인 것에서 찾는 것을 '외부 귀인'이라 한다. 사람들은 귀인하는 과정에서 독특성, 일치성, 일관성 등을 주요 판단 요소로 고려한다. 일반적으로 사람들은 귀인을 할 때 논리적으로 하지만, 때로는 자존심이나 인상 등에 영향을 받아 독특성, 일치성, 일관성 등의 요소를 고려하지 않고 귀인하는 오류를 범하기도 한다. 귀인은 태도를 형성하는 데 영향을 미칠 수 있으므로 적절하게 수행해야 함을 당부하고 있다.

주제 | 행동의 원인이 무엇인지를 추론하는 '귀인(歸因)'

출전 박지영, 『유쾌한 심리학』

---

1 1문단에서 '귀인(歸因)'의 종류를 내부 귀인과 외부 귀인으로 나누어 설명하고 있을 뿐, 외부 귀인보다 내부 귀인이 이루어지는 과정이 복잡하다는 내용은 언급하고 있지 않다.

|오답 풀이|

① 3문단에서 일반적으로 사람들을 귀인을 할 때 논리적으로 한다고 하였다.
② 4문단에서 귀인은 태도를 형성하는 데 영향을 미칠 수 있다고 하였다.
③ 3문단에서 자존심이나 인상 등과 같이 비논리적인 요인에 영향을 받아 귀인 오류를 범하는데 이는 사실을 왜곡해 문제가 될 수 있다고 하였다.
④ 3문단에서 귀인 오류는 타인에 대한 인상 때문에 나타나는 경우도 많다고 하였다. 인상은 독특성, 일치성, 일관성 등을 고려하는 논리적 사고를 가로막는 요인이 된다고 볼 수 있다.

2 〈보기〉의 속담은 자기의 재간이 모자라는 것은 생각하지 아니하고 객관적인 조건만 탓함을 비유적으로 이르는 말이다. 이는 곧 '글 잘 못 쓰는 것'과 '농사지을 줄 모르는 것'의 원인을 자신의 재간이 모자란 데서 찾아야 하는데(내부 귀인), 그렇지 않고 외부 요소에서 원인을 찾는 외부 귀인을 하고 있음을 문제점으로 지적하고 있는 것이다.

|오답 풀이|

① 〈보기〉는 내부 귀인을 해야 할 때 외부 귀인을 하는 잘못을 범하지 않아야 한다는 의미이다. 외부 귀인을 할 때 결과를 원인으로 혼동하는 것에 대해 말하고 있는 것은 아니다.
② 〈보기〉는 환경을 고려한 외부 귀인을 강조한 것이 아니다.
④ 〈보기〉는 잘못된 외부 귀인에 대해 말하고 있으므로 적절하지 않다.
⑤ 내부 귀인과 외부 귀인의 장점을 취해 원인을 파악해야 한다는 내용은 이 글에 제시되어 있지 않고 속담의 의미와도 거리가 멀다.

3 ㉠의 '-는데'는 앞서 제시된 사실에 대해 반대의 상황을 뒤에 이어서 제시할 때 사용한다. 즉, ㉠ 앞에는 '울지 않는다'는 내용이, 뒤에는 '운다'는 내용이 이어 제시되어 있다. ①의 '-는데'도 앞뒤 내용이 '안 먹는다'와 '먹는다'로 반대되는 상황이 이어서 제시되어 있다.

어휘·어법

4 '몹시 감탄하는 소리.'를 뜻하는 단어는 '탄성'이다. '탄식'은 '한탄하여 한숨을 쉼. 또는 그 한숨.'을 뜻한다.
8 '마음속에 품은 감정이나 정서 따위의 심리 상태가 겉으로 드러남. 또는 그런 모습.'을 뜻하는 단어는 '표정'이다. '인상'은 '어떤 대상에 대하여 마음속에 새겨지는 느낌.'을 뜻한다.

2018년 고1 전국연합학력평가 3월

1 ② **2** ②

지문 분석

문단 요약

1문단 흄은 (경험)을 중심으로 한 새로운 (철학) 이론을 구축하려 함.

▼

2문단 흄은 지식의 근원을 (경험)으로 보고 이를 (인상)과 (관념)으로 구분하여 설명함.

▼

3문단 흄은 과학적 탐구 방식으로서의 (인과 관계)에 대해서도 비판적 입장을 보임.

▼

4문단 흄은 경험을 통해 얻은 과학적 지식조차 (진리) 여부는 판단할 수 없다고 봄.

▼

5문단 흄은 (근대 철학)에 새로운 방향성을 제시했다는 평가를 받음.

정보 확인

```
단순 인상      단순 인상  +  단순 인상
                          복합 인상
   ↓              ↓
단순 관념       복합 관념
```

1) 복합 인상이 없어도 복합 관념은 성립할 수 있다. ───── (○)
2) 인상 없는 관념도 과학적 지식으로 성립할 수 있다. ───── (×)
3) 단순 인상의 결합으로 복합 관념이 성립할 수 있다. ───── (○)
4) 단순 인상이 없어도 단순 관념은 존재할 수 있다. ───── (×)

어휘·어법

1 ⓒ   **2** ⓜ   **3** ⓔ   **4** ⓛ   **5** ⓙ
6 형성   **7** 추측   **8** 사조   **9** 반기

해제 | 이 글은 18세기 경험론의 대표적인 철학자인 흄의 이론을 소개하고 있다. 흄은 지식의 근원을 경험으로 보고, 경험을 인상과 관념으로 나눈 뒤, 인상이 없는 관념은 과학적 지식이 될 수 없다고 주장하였다. 과학적 탐구 방식인 인과 관계는 시공간적으로 인접한 두 사건에 대한 주관적 판단에 불과하며 이를 통해 얻은 과학적 지식이 필연적이라고 볼 수 없다고 비판하였다. 또한 과학적 지식이라 하더라도 그것이 진리인지를 확인할 수 없다는 회의적인 태도를 취했다. 흄은 지나치게 경험만을 중시한 나머지, 극단적인 회의주의자라는 비판을 받기도 했지만, 이성만을 중시했던 당시 철학 사조에 반기를 들고 근대 철학에 새로운 방향성을 제시했다는 평가를 받기도 하였음을 언급하고 있다.

주제 | 경험론의 대표적인 철학자인 흄의 이론

출전 최희봉, 「흄」

---

1 4문단을 통해 전통적인 진리관에서는 진술의 내용이 사실(事實)과 일치할 때 진리라고 보는 반면, 흄은 진술 내용이 사실과 일치하는지의 여부를 판단할 수 없다고 하였음을 알 수 있다. 진리 여부를 판단하는 것이 불가능하다고 본 입장은 전통적 진리관이 아닌 흄의 입장에 해당한다.

| 오답 풀이 |

①, ④ 1문단의 '이성을 중심으로 진리를 탐구했던 데카르트의 합리론을 비판하고 경험을 중심으로 한 새로운 철학 이론을 구축하려 하였다.'라는 내용을 통해 확인할 수 있다.

③ 2문단의 '흄은 지식의 근원을 경험으로 보고'라는 내용을 통해 확인할 수 있다.

⑤ 2문단의 '인상이 없는 관념은 과학적 지식이 될 수 없다.'라는 내용을 통해 확인할 수 있다.

2 단순 인상은 단일 감각을 통해 얻은 인상을 의미하고, 복합 인상은 단순 인상들이 결합된 인상을 의미한다. 사과의 빨간색은 시각이라는 단일 감각을 통해 얻은 인상이므로 단순 인상에 해당한다.

| 오답 풀이 |

① 관념은 인상을 머릿속에 떠올리는 것을 의미한다. 그러므로 사과의 달콤한 맛을 떠올리는 것은 관념에 해당한다.

③ 흄은 경험을 통해 얻은 지식이라도 그것이 진리인지의 여부는 확인할 수 없다고 하였으므로, 사과가 빨갛다는 것은 나의 감각 기관을 통해 인지한 사과의 색깔이 빨갛게 보인다는 의미이다.

④ 흄은 인과 관계로 판단되는 두 사건의 인과적 연결 관계를 관찰할 수 없다고 주장하였다.

⑤ 흄은 인과 관계란 시공간적으로 인접한 두 사건이 반복해서 발생할 때 갖는 관찰자의 습관적인 기대에 불과하다고 보았다.

어휘·어법

2 '인간의 인식은 주관적·상대적이라고 보아서 진리의 절대성을 의심하고 궁극적인 판단을 하지 않으려는 태도.'를 뜻하는 단어는 '회의주의'이다.

4 '어떤 대상에 관한 인식이나 의식 내용.'을 뜻하는 단어는 '관념'이다.

6 '어떤 형상을 이룸.'을 뜻하는 단어는 '형성'이다.

7 '미루어 생각하여 헤아림.'을 뜻하는 단어는 '추측'이다.

9 '반대의 뜻을 나타내는 행동이나 표시.'를 뜻하는 단어는 '반기'이다.

2017년 고1 전국연합학력평가 3월

1 ⑤　　**2** ①

지문 분석

문단 요약

1문단	시뮬레이션 휴리스틱의 개념과 특징
2문단	휴리스틱의 개념과 종류
3문단	대표성 휴리스틱의 개념과 특징
4문단	휴리스틱의 가치
5문단	회상 용이성 휴리스틱의 개념과 특징

글의 구조

휴리스틱	대표성 휴리스틱	개념	어떤 대상이 특정 집단의 (전형적) 이미지와 닮은 정도를 기준으로 그 집단에 속할지 여부를 판단하는 것
		특징	• (신속한 결정)을 내리는 데 도움이 됨. • 항상 (정확)하고 (객관적)인 것이라고 보기 어려움.
	회상 용이성 휴리스틱	개념	당장 머릿속에 잘 떠오르는 (정보)에 의존하여 판단하는 것
		특징	실제 사건 발생 확률과는 다를 수 있음.
	(시뮬레이션) 휴리스틱	개념	과거의 사건이나 미래의 사건을 상상해 보는 것
		특징	상상을 사실처럼 생각하여 오류를 범할 수 있음.

어휘·어법

1 어림짐작　2 속성　3 추정　4 전형적　5 기반
6 착오　7 심문　8 입증　9 대안

해제| 이 글은 휴리스틱에 의한 인간의 판단과 추론을 설명한 글이다. 휴리스틱에는 대표성 휴리스틱, 회상 용이성 휴리스틱, 시뮬레이션 휴리스틱 등이 있는데, 대표성 휴리스틱은 특정 대상이 전형적인 사례와 닮은 정도에 따라 추론하는 경향을 말한다. 회상 용이성 휴리스틱은 특정 사건과 관련된 사례를 머릿속에 떠올리기 쉬운 정도에 따라 추론하는 경향이다. 또 시뮬레이션 휴리스틱은 특정 사건에 대해 그 사건의 발생에서부터 결과에 이르는 과정을 상상하는 것이다. 휴리스틱은 종종 잘못된 판단을 하기도 하지만, 인지적 노력에 대한 부담을 감소시킴으로써 쉽게 결정을 내릴 수 있게 하는 효율적인 의사 결정 방식임을 언급하고 있다.

주제| 다양한 휴리스틱에 의한 인간의 판단과 추론

출전 한덕웅, 「사회 심리학」

1 4문단에서 시뮬레이션 휴리스틱은 가상의 일들을 반복적으로 상상하다 보면 그것이 사실처럼 느껴질 수 있다고 하였다. 객관적인 근거 없이 가상적인 상황을 생각하는 것이므로 정확하고 객관적인 판단을 내린다고 볼 수 없다.

|오답 풀이|

① 1문단에서 과거 경험을 바탕으로 어림짐작하는 것이 휴리스틱이라고 하였다.
② 3문단에서 사람들은 충격적이거나 극적인 사례를 더 쉽게 회상한다고 하였다.
③ 5문단에서 휴리스틱은 종종 판단 착오를 낳기도 한다고 하였다.
④ 4문단에서 가상적 장면을 자꾸 머릿속에 떠올리다 보면, 그 용의자가 정말 범인인 것처럼 생각하게 된다고 한 것을 통해 알 수 있다.

2 5문단을 통해 인간의 판단과 추론이 항상 합리적인 사고 과정을 거치는 것이 아니며, 무언가를 결정할 때 휴리스틱이 자동적으로 작용하면서 수많은 대안 중 몇 가지만 남겨 판단을 쉽게 만들어 준다는 것을 알 수 있다. 이로 미루어 인간이 인지적 노력을 절약하려는 경향을 있음을 짐작할 수 있다.

|오답 풀이|

② 이 글에 제시되어 있지 않은 내용이다.
③ 과학적이고 체계적으로 정보를 처리하여 정확하고 객관적인 판단을 하는 데에는 많은 시간과 노력이 필요하므로 ㉠과는 거리가 멀다.
④ 5문단에서 휴리스틱은 쓰고 싶지 않아도 거의 자동적으로 작용한다고 하였으므로 휴리스틱을 의도적으로 사용한다고 보기는 어렵다.
⑤ 5문단에서 휴리스틱은 수많은 대안 중 순식간에 몇 가지 혹은 단 한 가지의 대안만을 남긴다고 하였으므로 인간이 일상생활 속 판단에서 가능한 모든 대안을 고려하는 것은 아님을 알 수 있다.

어휘·어법

1 '대강 헤아리는 짐작.'을 뜻하는 단어는 '어림짐작'이다.
4 '어떤 부류의 특징을 가장 잘 나타내는. 또는 그런 것.'을 뜻하는 단어는 '전형적'이다.
6 서점 담당자의 잘못이므로 '착각을 하여 잘못함. 또는 그런 잘못.'을 뜻하는 '착오'가 적절하다.
7 경찰관이 피의자에게 하는 것이므로 '자세히 따져서 물음.'을 뜻하는 '심문'이 적절하다.
8 교통사고의 목격자가 없는 것이므로 '어떤 증거 따위를 내세워 증명함.'을 뜻하는 '입증'이 적절하다.
9 디자인이 마음에 들지 않지만 어쩔 수 없다고 했으므로 '어떤 안(案)을 대신하는 안.'을 뜻하는 '대안'이 적절하다.

2017년 고1 전국연합학력평가 6월

1 ⑤   **2** ③

◆ 지 문 분 석 ◆

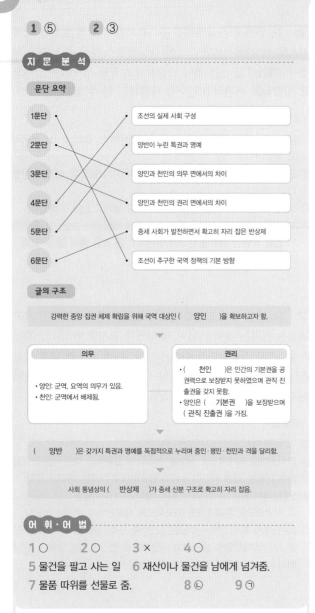

문단 요약

1문단 ——— 조선의 실제 사회 구성

2문단 ——— 양반이 누린 특권과 명예

3문단 ——— 양인과 천인의 의무 면에서의 차이

4문단 ——— 양인과 천인의 권리 면에서의 차이

5문단 ——— 중세 사회가 발전하면서 확고히 자리 잡은 반상제

6문단 ——— 조선이 추구한 국역 정책의 기본 방향

글의 구조

강력한 중앙 집권 체제 확립을 위해 국역 대상인 (양인)을 확보하고자 함.

▼

의무	권리
• 양인: 군역, 요역의 의무가 있음. • 천인: 군역에서 배제됨.	• (천인)은 인간의 기본권을 공권력으로 보장받지 못하였으며 관직 진출권을 갖지 못함. • 양인은 (기본권)을 보장받으며 (관직 진출권)을 가짐.

▼

(양반)은 갖가지 특권과 명예를 독점적으로 누리며 중인·평민·천민과 격을 달리함.

▼

사회 통념상의 (반상제)가 중세 신분 구조로 확고히 자리 잡음.

◆ 어 휘 · 어 법 ◆

1 ○   2 ○   3 ×   4 ○

5 물건을 팔고 사는 일   6 재산이나 물건을 남에게 넘겨줌.

7 물품 따위를 선물로 줌.   8 ㉡   9 ㉠

해제 | 이 글은 조선 전기 사회의 신분 제도에 대해 설명하고 있다. 조선 시대의 신흥 사대부들은 중앙 집권 체제의 확립을 추구하면서 노비를 줄이고 양인을 늘리는 것을 조선의 국역 정책의 기본 방향으로 삼았다. 조선 시대 신분 제도는 법적으로는 양천제를, 사회 통념상으로는 반상제가 서로 혼재된 구조였다. 이후 조선 사회는 차츰 양천제라는 법제적 틀에서 사회 통념상의 신분 규범이 규정 요소로서 확고히 자리 잡는 방향으로 변화해 갔음을 밝히고 있다.

주제 | 조선 전기 사회의 신분 제도

출전 | 김돈 외, 「노비를 줄이고 양인을 늘리다」

1 1문단에서 조선을 건국한 신흥 사대부는 노동력이 필요했지만, 중앙 집권 체제의 확립을 위해 양인을 더 많이 확보하려는 것이 국역 정책의 기본 방향이었음을 알 수 있다. 그러므로 ⑤에서 노동력 확보를 위해 노비의 수를 늘리는 것을 우선시하였다고 이해한 것은 적절하지 않다.

|오답 풀이|

① 5문단에서 반상의 반(班)에는 중인이 들어가지 않았음을 알 수 있다.

② 4문단에서 '양인 중 수가 가장 많았던 평민 계층'이라는 표현을 통해 양인 가운데 평민층의 수가 양반층의 수보다 더 많았음을 알 수 있다.

③ 4문단을 통해 조선 사회의 구성원은 사회 통념상 양반, 중인, 평민, 천민의 네 부류로 나뉘었음을 알 수 있다.

④ 6문단에서 조선의 신분 구조는 양천제라는 법제적 틀에서 차츰 사회 통념상의 신분 규범(반상제)이 자리 잡는 방향으로 변화했으며, 이는 지주제의 확대와 발전을 나타내는 것임을 알 수 있다.

2 문헌의 내용을 통해 '채수'는 역관, 의관 등 기술직의 중인을 양반에 발탁하려는 임금의 명령에 반대하고 있다. 5문단에서 반상제는 신분을 지배자와 피지배자로 나눈 것으로서 최고 신분인 양반의 지배자적 위치를 돋보이게 하려는 의식에서 생겼음을 알 수 있다. 이로 미루어 채수의 견해에는 양반의 지배자적 위치를 돋보이게 하려는 의식이 반영된 것으로 추론할 수 있다.

|오답 풀이|

① '채수'가 벼슬의 경중을 언급하며 중인이 사대부 반열에 낄 수 없다고 한 것은 양인과 천인으로 나누려는 의도가 아니라, 양반 계층과 중인 계층을 나누려는 의도라고 볼 수 있다.

② 양천제는 모든 사회 구성원을 양인과 천인으로 나누는 법적 제도이며, 의관이나 역관은 중인에 속했다. '채수'가 이들의 발탁을 반대한 것은 양천제가 아니라 반상제가 흔들릴 것에 대한 위기감을 드러낸 것이라고 볼 수 있다.

④ '채수'가 '기술직을 권장하는 대책을 세우고 시행하는 데 대해 우려를 나타낸 것'은 지금까지 양반들이 누려 온 독점적 권력을 중인과 '나누어 가져야 할 것'에 대한 불만을 드러낸 것으로 볼 수 있다.

⑤ 신분에 따라 공권력으로 인간의 기본권을 보장받을 수 있는 범위는 양인이냐 천인이냐에 따라 달랐다(양천제). '채수'가 임금이 명령에 놀라움을 드러낸 것은 중인 계층을 양반 계층에 발탁하려고 한 것이므로 양천제 때문이 아니라 반상제 때문이다.

◆ 어 휘 · 어 법 ◆

3 '서로 같지 아니하고 다름. 또는 그런 정도나 상태.'를 뜻하는 단어는 '차이'이다. '차등'은 '고르거나 가지런하지 않고 차별이 있음. 또는 그렇게 대함.'을 뜻한다.

행복, 에우다이모니아

32~35쪽

2016년 고1 전국연합학력평가 11월

1 ④　　**2** ⑤

지문 분석

문단 요약

1문단	그리스어 '에우다이모니아', (아리스토텔레스)의 에우다이모니아, 막스 뮐러의 에우다이모니아
2문단	(신체적) 감각을 통한 향유, 순간성
3문단	공동체적 삶, 공동체 속 자유와 책임 있는 행동, (역사적) 시간
4문단	(관조)의 삶, 진리를 향한 (학문) 활동, 영원성
5문단	전 생애에 걸친 에우다이모니아의 구현

중심 내용

막스 뮐러가 주장한 에우다이모니아의 세 가지 측면

글의 구조

	막스 뮐러의 에우다이모니아
의미	• 그리스어로 '(행복)'을 의미함. • 아리스토텔레스의 에우다이모니아에 시간적 속성을 부여한 것
속성	① 감각적 향유로서의 에우다이모니아 ② (공동체)적 삶을 통해 실현할 수 있는 에우다이모니아 ③ 관조의 삶을 통해 실현할 수 있는 에우다이모니아
시사점	전 생애에 걸쳐 순간성, 역사성, (영원성)의 에우다이모니아를 함께 구현하기 위해 노력해야 함.

어휘·어법

1 향유　　2 쾌감　　3 안락　　4 탐닉　　5 훈육

6 ⓛ　　7 ㉠　　8 ㉣　　9 ㉢

해제 | 이 글은 인간의 이성을 통해 실현되는 '에우다이모니아(eudaimonia)'의 의의에 대해 설명하고 있다. 막스 뮐러는 '행복'이라고 번역되는 아리스토텔레스의 '에우다이모니아'에 시간적 속성을 부여하여 '감각적 향유로서의 에우다이모니아', '공동체적 삶을 통해 실현할 수 있는 에우다이모니아', '관조(觀照)의 삶을 통해 실현할 수 있는 에우다이모니아'의 세 가지 측면으로 나누어 설명하였다. 뮐러에 따르면 인간의 이성을 통해 실현되는 에우다이모니아는 모두 그 자체로 의미가 있다. 그리고 그는 에우다이모니아의 순간성, 역사성, 영원성이 서로 무관한 것이 아니므로, 인간은 전 생애에 걸쳐 이 세 가지 에우다이모니아를 함께 구현하기 위해 노력해야 한다고 보았음을 알려 주고 있다.

주제 | 막스 뮐러가 주장한 에우다이모니아의 세 가지 측면

출전 박찬국, 「목적론적 입장에서 본 행복」

1 2문단에서 '먹고 마시는 행위와 같은 신체적 감각을 통한 향유가 이성의 테두리 안에서 이루어질 때 얻게 되는 것이다.'를 보면 ㉠은 정신을 배제한 신체적 감각을 중시한다고 볼 수 없으므로 ④는 적절하지 않다.

| 오답 풀이 |

① 2문단에서 '감각적 향유가 이성을 벗어나 극단적 탐닉에 빠질 때에는 부정적인 것으로 인식된다.'를 통해 확인할 수 있다.
② 4문단에서 '인간이 세계의 영원한 질서를 인식하게 됨으로써 얻을 수 있는 것이다.'를 통해 확인할 수 있으므로 적절하다.
③ 1문단에서 '에우다이모니아를 인간 고유의 기능인 이성을 발휘하여 그것을 완전하게 실현한 상태라고 규정하였다.'를 통해 확인할 수 있으므로 적절하다.
⑤ 4문단에서 '시간적 한계를 뛰어넘는 영원성을 갖는다.'라고 한 것으로 보아 ㉡은 순간성이 아니라 영원성에 의해 규정된다는 것을 알 수 있다. 또 2문단에서 '감각적 향유의 과정에서 실현할 수 있는 에우다이모니아는 순간적인 것으로 규정된다.'라고 한 것으로 보아 ㉠은 순간성에 의해 규정되므로 적절하다.

2 4문단에서 관조란 향락적 활동이나 영리적 활동이 아니라, 감각적으로 포착할 수 없는 영원불변한 진리를 학문을 통해 바라보는 영혼의 활동이라고 하였다. 윤 씨의 연구는 불변의 수학적 질서를 알아내기 위한 것이므로 향락적 활동에 해당하지 않는다.

| 오답 풀이 |

① ㄱ의 '다른 사람을 고려하지 않고'와 2문단에서 '이성을 벗어나 타인을 배려하지 않고 극단적 탐닉에 빠질 때에는 부정적인 것으로 인식된다.'를 보면 김 씨의 행위는 극단적 탐닉에 빠진 것이므로 적절하다.
② 2문단에서 '신체적 감각을 통한 향유가 이성의 테두리 안에서 이루어질 때 얻게 되는 것이다.'를 보면 ㄱ의 김 씨가 다른 사람들을 배려하여 고기를 나누어 먹는다는 것은 이성의 테두리를 벗어나지 않은 감각적 향유로 볼 수 있으므로 적절하다.
③ 3문단에서 '책임 있는 행동을 함으로써 얻게 되는 것이다.'와 '인간의 이성은 공동체의 훈육을 통해서만 개발될 수 있으므로'를 보면 ㄴ의 이 씨가 공동체인 주민 회의를 통해 책임 있는 행동을 하게 되었다고 볼 수 있으므로 적절하다.
④ 4문단에서 '영원불변한 진리를 학문을 통해 바라보는 영혼의 활동'과 '인간에게 가장 궁극적인 에우다이모니아를 가져다준다.'를 보면 ㄷ의 윤 씨가 끊임없이 연구를 하는 것은 관조의 삶을 통해 실현할 수 있는 에우다이모니아에 해당하므로 적절하다.

08 인문 콜버그의 도덕성 단계 이론

36~39쪽

2015년 고1 전국연합학력평가 3월

1 ①   **2** ②

지문 분석

문단 요약

1문단	어떤 행위나 의도를 일정한 기준에 따라 옳거나 정당하다고 판단하는 것을 도덕적 판단이라 하며, 이에 따라 도덕성 발달 단계를 구분한다.	(○)
2문단	콜버그의 가장 낮은 도덕성 발달 단계는 자기중심적인 단계이다.	(○)
3문단	도덕성 발달 3단계는 전 관습적 수준으로, 사회에 속한 사람들이 욕망하는 것이 곧 판단 기준이 된다.	(×)
4문단	도덕성 발달 5단계부터는 집단을 넘어 개인의 양심을 기준으로 한 판단이 가능하다.	(○)
5문단	콜버그는 사회성 발달을 위한 도덕 교육을 제안하였다.	(×)

글의 구조

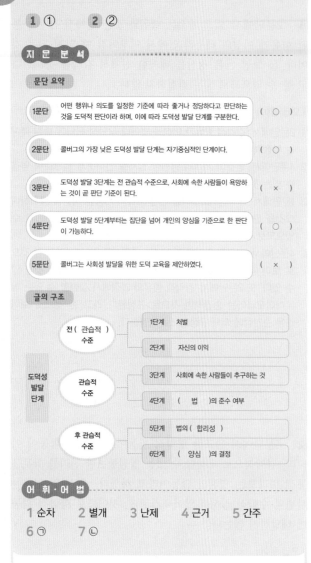

도덕성 발달 단계	전 (관습적) 수준	1단계	처벌
		2단계	자신의 이익
	관습적 수준	3단계	사회에 속한 사람들이 추구하는 것
		4단계	(법)의 준수 여부
	후 관습적 수준	5단계	법의 (합리성)
		6단계	(양심)의 결정

어휘·어법

1 순차   2 별개   3 난제   4 근거   5 간주
6 ㉠   7 ㉡

해제 | 이 글은 인간의 도덕성 발달 단계에 대한 콜버그의 이론을 설명하고 있다. 콜버그는 하인즈 딜레마에 대한 사람들의 도덕적 판단 근거를 기준으로 도덕성 발달 단계를 '전 관습적 수준', '관습적 수준', '후 관습적 수준'으로 나눈 후 다시 이를 세분화하여 총 여섯 단계로 구성하였다. 콜버그 이론의 특징은 도덕성 발달이 단계에 따라 순차적으로 이루어진다는 점, 도덕성 발달은 자기 수준보다 높은 도덕적 난제를 스스로 해결하는 과정에서 이루어진다는 점이며, 그의 이론이 도덕성 발달을 이끌어 줄 수 있는 유용한 도덕 교육의 틀을 제시했다는 점에서 가치가 있음을 강조하고 있다.

주제 | 인간의 도덕성 발달 단계에 대한 콜버그의 이론

출전 강현식, 「꼭 알아야 할 심리학의 모든 것」

1 이 글은 콜버그의 이론을 소개한 후 그의 이론이 유용한 도덕 교육의 틀을 제시하고 있다고 설명하고 있다. 그러므로 특정한 이론을 소개한 후 그 의의를 밝히고 있다고 할 수 있다.

|오답 풀이|
② 권위자의 이론을 설명하고 있지만 장단점을 분석하고 있지는 않다.
③, ④ 콜버그의 이론을 소개하고 있을 뿐, 다양한 이론이나 상반된 이론을 소개하고 있지는 않다.
⑤ 콜버그의 이론에 대한 통념을 소개하고 그 문제점을 설명하고 있지 않다.

2 ㉠은 행위자에게 미치는 직접적인 결과가 판단의 기준이 되는 수준으로 자기중심적인 단계라고 하였다. 그러므로 이 수준은 처벌이나 칭찬처럼 이기적인 욕망에 따라 도덕성을 판단하는 수준이라고 할 수 있다. ㉡은 ㉠의 수준을 넘어 집단의 기대나 법을 판단 기준으로 삼는 단계라고 하였다. 그러므로 자신이 속한 집단의 가치를 고려하는 수준이라고 할 수 있다. ㉢은 집단을 넘어 개인의 양심에 근거하는 단계로 인간 존엄과 같은 본질적 가치가 판단의 기준이 되는 단계라고 하였다. 그러므로 보편적인 도덕 원칙을 지향하는 수준이라고 할 수 있다.

|오답 풀이|
① 5문단에서 도덕성 발달은 단계에 따라 순차적으로 이루어진다고 하였으므로 관습적 수준(㉡)에 다다르기 위해서는 전 관습적 수준(㉠)을 거쳐야 한다.
③ 집단의 질서를 지향하는 수준은 관습적 수준(㉡)이다.
④ 개인의 자율성이 중시되는 단계는 후 관습적 수준(㉢)이다.
⑤ 도덕성은 성장하면서 발달하는 것이므로 성인에게서 관습적 수준(㉡)이, 아동에게서 후 관습적 수준(㉢)이 많이 보인다고 하기 어렵다.

어휘·어법

1 '돌아오는 차례.'를 뜻하는 단어는 '순차'이다.
2 '관련성이 없이 서로 다름.'을 뜻하는 단어는 '별개'이다.
4 '어떤 일이나 의논, 의견에 그 근본이 됨. 또는 그런 까닭.'을 뜻하는 단어는 '근거'이다.
6 '인물이나 지위 따위가 감히 범할 수 없을 정도로 높고 엄숙함.'을 뜻하는 단어는 '존엄'이다.
7 '높이어 귀중하게 대함.'을 뜻하는 단어는 '존중'이다.

8 · 중학 국어 비문학 독해 3

2006년 고1 전국연합학력평가 3월

1 ③   **2** ①

지문 분석

문단 요약

1문단 노블레스 오블리주의 의미: 높은 지위에 맞는 (도덕적) 의무감, 지도층의 지위에 맞는 (도덕적) 양심과 행동

2문단 지도층의 도덕성 못지않게 중요한 일반 (국민)의 도덕성

3문단 노블레스 오블리주를 강조하는 이유: 지도층의 도덕적 의무감이 일반 국민을 도덕 체계 속으로 끌어들이는 데 가장 (효과적(효율적))인 방법이기 때문임.

4문단 우리 사회 지도층의 현실
 – '도덕적 (상층)'이라고 불리지 못함.
 – 돈, 힘, 높은 지위를 가지고 있으나 도덕성이 떨어짐. 일부는 (지탄)의 대상이 됨.

5문단 우리 사회의 건전한 (발전)을 위해 필요한 노블레스 오블리주

정보 확인

도덕성이 떨어지는 사회 지도층이 일반 국민에게 신뢰감을 주지 못하기 때문이다.

정보 확인

우리나라	선진국
• 도덕적 상층이라 불리지 못함. • (존경)의 대상이 되지 못함. • 돈, 힘, 높은 지위를 가지고 있으나 (도덕성)이 떨어짐.	• 도덕적 상층이라고 불림. • (존경)의 대상이 됨. • 도덕적 수준이 일반 국민에 비해 상당히 높음.

어휘·어법

1 ○   2 ×   3 ○   4 ×   5 ○
6 명백하다 7 고사하다 8 혼돈 9 확고하다

해제 | 이 글은 사회적으로 강조되고 있는 '노블레스 오블리주'에 대해 설명하고 있다. '노블레스 오블리주'는 사회 지도층의 지위에 맞는 도덕적 의무감을 뜻하는 말로, 일반 국민들의 도덕적 의무감을 가장 효과적으로 이끌어 낼 수 있는 방법이다. 하지만 우리 사회 지도층의 상당수는 여전히 자신의 높은 지위에 걸맞은 도덕성을 갖추지 못한 경우가 많고, 이는 사회적 혼돈과 갈등의 원인이 되고 있다. 그런 맥락에서 우리 사회의 건전한 발전을 위해서는 노블레스 오블리주가 확고한 사회적 덕목으로 자리 잡을 필요가 있음을 강조하고 있다.

주제 | 노블레스 오블리주의 의미와 사회적 필요성

출전 송복, 「왜 노블레스 오블리주인가?」

1 3문단을 통해 도덕적 실천에서는 지도층이 꼭 절대적 기준이 되는 것도 아니며 완벽한 기준은 존재하지 않음을 확인할 수 있다.

| 오답 풀이 |

① 1문단에서 노블레스 오블리주가 지도층의 도덕적 의무감을 뜻하는 말임을 확인할 수 있다.
② 2문단에서 화합하는 사회, 인간이 존중되는 사회는 국민 전체의 도덕성이 중요하다고 언급한 부분을 확인할 수 있다.
④ 4문단에서 우리 사회 지도층의 상당수가 도덕성이 떨어져 국민에게 존경을 받지 못하고 있다는 내용을 확인할 수 있다.
⑤ 5문단에서 우리 사회의 건전한 발전을 위해 노블레스 오블리주가 확고한 사회적 덕목으로 자리 잡아야 한다는 내용을 확인할 수 있다.

2 이 글은 사회 지도층의 도덕성을 의미하는 노블레스 오블리주가 일반 국민의 도덕성을 이끌어 내는 데 가장 효율적인 방법이 될 수 있다고 언급하고 있다. 그러므로 글쓴이의 생각을 정리하면, '남보다 앞장서서 행동해서 몸소 다른 사람의 본보기가 됨.'이라는 의미를 지닌 '솔선수범(率先垂範)'이라는 말로 정리할 수 있다.

| 오답 풀이 |

② 이 글에서 강사에 대응되는 사회 지도층의 실력이나 능력이 뛰어나야 한다는 내용은 찾아볼 수 없다.
③ 이 글에서는 초일류 기업에 대응되는 사회 지도층의 수가 늘어나야 한다는 주장을 하고 있는 것이 아니라, 사회 지도층의 도덕성을 중시하고 이들의 선도적 역할을 강조하고 있으므로 ③은 글쓴이의 생각을 정리한 내용으로 적절하지 않다.
④ 이 글에서는 건전한 사회를 만드는 효과적인 방법으로 사회 지도층의 도덕성을 특히 강조하고 있으므로 학생과 교사가 각자의 역할에 충실해야 한다는 내용은 적절하지 않다.
⑤ 이 글에는 대통령에 대응하는 사회 지도층에게 더 많은 권한이나 지위 등을 부여해야 한다는 내용은 제시되어 있지 않다.

어휘·어법

2 '남의 말이나 글을 자신의 말이나 글 속에 끌어 씀.'을 뜻하는 단어는 '인용'이다. '모방'은 '다른 것을 본뜨거나 본받음.'을 뜻한다.
4 '방향이나 목적, 기준 따위를 나타내는 표지.'를 뜻하는 단어는 '지표'이다. '좌표'는 '사물이 처하여 있는 위치나 형편을 비유적으로 이르는 말.'을 뜻한다.

2006년 고1 전국연합학력평가 11월

1 ③　　**2** ②

지문 분석

문단 요약

1문단　(블루오션) 전략으로 성공한 솔레이유

▼

2문단　레드오션과 블루오션의 (개념)과 특징

▼

3문단　레드오션에서 (경쟁)하는 방법

▼

4문단　(레드오션)의 극복과 블루오션의 창출

정보 확인

1) 이제는 기업 전략을 레드오션과 블루오션 중 어떤 것으로 할 것인지 결정해야 한다. ────────── (○)

2) 세계 시장에서 살아남으려면 경쟁사를 이기는 데 집중해야 한다. ── (×)

3) 기업의 가치와 비용을 축소하기 위해 노력해야 한다. ───── (×)

4) 시장 경쟁에서 자유로워지고 이를 통해 새로운 시장 공간을 창출해야 한다. ── (○)

정보 확인

	레드오션	블루오션
개념	(존재)하는 모든 산업을 뜻하며 이미 세상에 알려진 시장 공간임.	현재 존재하지 않는 모든 산업을 뜻하며 (미지)의 시장 공간임.
산업 간의 경계선	경계선이 명확함.	기존 산업의 경계선 (밖)에서 창출되거나 기존 산업을 확장하여 만듦.
경쟁 유무	기존 수요에서 큰 (점유율)을 얻기 위해 경쟁함.	경쟁과는 무관함.

어 휘 · 어 법

1 유혈　**2** 잠재　**3** 인식　**4** 사양　**5** 미지

6 ⓒ　**7** ⓔ　**8** ⓛ　**9** ㉠

해제 | 이 글은 기업 전략으로 알려져 있는 레드오션과 블루오션에 대해 설명하고 있다. 레드오션은 기존에 존재하는 모든 산업으로서 이미 알려진 시장 공간을 말한다. 이에 반해 블루오션은 현재 존재하지 않는 모든 산업을 나타내는 미지의 시장 공간을 말한다. 레드오션에서는 시장 공간에서 점유율 경쟁이 필요하며, 지속적으로 높은 실적을 내기 어렵다. 그래서 기업은 이를 극복하기 위해 블루오션을 창출할 필요가 있다. 지난 20년간 기업의 경영 전략의 포커스는 경쟁을 바탕으로 한 레드오션이었다면 이제는 세계 시장에서 살아남기 위한 다양한 전략을 통해 새로운 시장 공간을 창출하는 노력이 필요함을 강조하고 있다.

주제 | 레드오션, 블루오션의 개념과 블루오션으로의 전환의 필요성

출전 김위찬·르네 마보안, 「블루오션의 전략」

---

1 2, 3문단에 따르면 시장 공간에서 치열하게 경쟁하여 다른 기업이나 경쟁자를 능가하려고 애쓰는 것은 레드오션임을 알 수 있다.

| 오답 풀이 |

① 1문단에서 베일리는 기존에 있던 세계 최고의 서커스 기업으로, 레드오션 전략을 사용한 기업으로 볼 수 있다. 솔레이유는 미개척 시장 공간을 새롭게 개발하는 블루오션 전략을 사용한 기업에 해당한다.

② 2문단에 따르면 레드오션은 기존 수요에서 보다 큰 점유율을 얻기 위해 경쟁하며 시장 참가자가 늘면 수익과 성장에 대한 기대치가 낮아진다고 하였으므로 수요에 비해 공급이 과잉되는 것으로 볼 수 있다. 이에 반해 블루오션은 미개척 시장 공간으로 새로운 수요를 창출해 고수익 성장을 향한 기회로 정의된다는 것을 알 수 있다.

④ 2문단에서 레드오션은 기존에 존재하는 모든 산업을 뜻하며 이미 세상에 알려진 시장 공간임을 알 수 있다. 하지만 블루오션은 현재 존재하지 않는 모든 산업을 나타내는 미지의 시장 공간임을 알 수 있다.

⑤ 2문단에 따르면 레드오션은 산업 간의 경계선이 명확하게 그어져 있는 반면, 블루오션은 기존 산업의 경계선 밖에서 완전히 새롭게 창출되거나 기존 산업을 확장하여 만든다고 하였다.

2 ㉠의 기업은 레드오션에서 경쟁하는 기업으로 볼 수 있다. 4문단에서 글쓴이는 세계 시장에서 살아남기 위해서는 기업의 가치를 비약적으로 증대시키고 비용을 절감함으로써 시장 경쟁에서 자유로워지고 이를 통해 새로운 시장 공간을 창출해야 한다고 언급하고 있다. 그러므로 기업이 선택해야 할 영역은 가치가 높고 비용이 낮은 ㉣이다.

어 휘 · 어 법

1 대립국이 충돌하면서 피를 흘렸다는 의미이므로 '피를 흘림. 또는 흘러나오는 피.'를 뜻하는 '유혈'이 적절하다.

2 선생님이 소년의 숨겨진 능력을 발견했다는 의미이므로 '겉으로 드러나지 않고 속에 잠겨 있거나 숨어 있음.'을 뜻하는 '잠재'가 적절하다.

3 국민들이 선거를 공정했다고 판단했다는 의미이므로 '사물을 분별하고 판단하여 앎.'을 뜻하는 '인식'이 적절하다.

4 인쇄 산업의 앞날을 그리기 어렵다는 의미이므로 '새로운 것에 밀려 점점 몰락해 감을 비유적으로 이르는 말.'을 뜻하는 '사양'이 적절하다.

5 모르는 것에 대한 두려움이라는 의미이므로 '아직 알지 못함.'을 뜻하는 '미지'가 적절하다.

2010년 고1 전국연합학력평가 11월

1 ③   **2** ③   **3** ②

지 문 분 석

정보 확인

차별 배제 모형	동화 모형	다문화 모형
• 특정 경제 영역에만 외국인이나 이민자를 받아들이고, 복지와 사회적 영역에서는 받아들이지 않는 (배타적) 모형 • 경제적 (세계화)와 결혼 이민자 증가로 그 입지가 제한됨.	• 외국인이나 이민자의 모든 면이 (주류 사회)와 똑같아져야 한다는 모형 • 외국인이나 이민자의 (정체성)을 무시하고, 그들에 대한 불이익과 (편견)을 간과했다는 점에서 비난을 받음.	• 다른 인종과 민족에 대해 (포용적) 태도를 취하는 모형 • 외국인이나 이민자가 그들만의 문화를 지키는 것을 인정하고 장려하며, 정책의 목표를 (공존)에 두고 있음.

중심 내용

한국 사회는 다문화주의라는 목표를 지향해야 한다.

정보 확인

다문화 모형

(문화다원주의)	다문화주의
주류 사회가 존재함을 분명히 하면서 문화의 다양성과 다원성을 인정하는 소극적인 다문화 모형	(주류 사회)의 중요성을 부각하기보다는 다양한 문화가 (평등)하게 인정되어야 함을 강조

공통점	다양성을 인정하고 사회적 (통합)을 추구함.

어 휘 · 어 법

1 지향점   **2** 편견   **3** 불이익   **4** 정체성   **5** 패러다임

6 ○   **7** ○   **8** ×   **9** ○

해제 | 이 글은 다문화 사회의 주요 패러다임을 소개하고 한국 사회의 지향점을 제시하고 있다. 다문화 사회의 주요 패러다임으로는 차별 배제 모형과 동화 모형, 다문화 모형이 있으며, 이러한 패러다임은 국가가 외국인과 이민자를 받아들이는 데 있어 어떠한 정책과 제도를 채택하고 있는지에 따라 분류된다. 다문화 모형은 다른 인종과 민족에 대해 포용적인 태도를 취하는 모형으로 문화다원주의와 다문화주의로 분류할 수 있는데, 이들은 다양성을 인정하고 사회적 통합을 추구한다는 공통점이 있다. 하지만 문화다원주의는 주류 사회가 존재함을 인정하고 문화의 다양성과 다원성을 인정하는 정도가 소극적인 데 반해, 다문화주의는 주류 사회의 중요성을 부각하기보다는 다양한 문화가 평등하게 인정되어야 함을 강조한다. 이와 관련하여, 한국 사회는 장기적 목표를 다문화주의에 두고 단·중기적으로 실시할 수 있는 단계별 정책 목표와 구체적 사업을 정하고 추진할 필요가 있음을 강조하고 있다.

주제 | 다문화 사회의 주요 패러다임과 한국 사회의 지향점

출전 김은미·양옥경·이해영, 「다문화 사회, 한국」

1 이 글에서 다문화 관련 정책 중 현재 시행되고 있는 것들에 대한 언급은 찾아볼 수 없다.

| 오답 풀이 |

① 2문단에서 다문화 모형의 정책 목표는 '공존'에 두고 있다고 언급하고 있다.

② 3문단에서 다문화주의를 지향해야 하는 이유로 외국인과 이민자에 대한 차별적 태도와 이중적 기준 적용의 문제를 해소하고 조화와 소통을 지향하기 위해서라고 언급하고 있다.

④ 2문단에서 다문화 사회를 정의하는 패러다임으로 차별 배제 모형, 동화 모형, 다문화 모형을 들고 있다.

⑤ 2문단에서 다문화 모형은 외국인이나 이민자들의 문화를 인정하고 장려하며, 정책의 목표를 '동화'가 아닌 '공존'에 두고 있으므로, 현재 급격히 변화하는 세계 속에서 한국 사회는 다문화 모형에 초점을 두고 접근할 필요가 있다고 하였다.

2 ㄱ은 A국 주류 사회에서 사용하고 있는 A국의 언어를 이민자들이 사용하도록 하고, 정규 학교에 취학하는 것을 지원하고 있다. 그러므로 A국은 이민자들이 주류 사회에 적응하여 동화되도록 하는 정책을 펴고 있으므로 동화 모형[(나)]이 적용된 것으로 볼 수 있다.

ㄴ은 외국인 노동자를 받아들이면서도 영주권이나 시민권은 주고 있지 않다. 이는 특정 경제 영역에서만 외국인을 수용하고 복지와 사회적 영역에서는 그들을 받아들이지 않는 것이므로 차별 배제 모형[(가)]을 적용하고 있는 것이라고 볼 수 있다.

ㄷ은 이민자들이 출신국의 특성을 간직하게 하고 조화로운 사회를 구성하는 정책을 펴고 있으므로 다문화 모형[(다)]을 적용하고 있다고 볼 수 있다.

3 ⓐ의 '더하다'는 '어떤 정도나 상태가 더 크거나 심하게 되다.'의 의미로 사용되었다. 문맥상 이러한 의미로 사용된 예는 ②이다.

| 오답 풀이 |

① '더 보태어 늘리거나 많게 하다.'의 의미로 사용되었다.

③, ⑤ '어떤 요소가 더 있게 하다.'의 의미로 사용되었다.

④ '어떤 기준보다 정도가 심하다.'의 의미로 사용되었다.

어 휘 · 어 법

8 '두 가지 이상의 사물이나 현상이 함께 존재함.'을 뜻하는 단어는 '공존'이다. '공유'는 '두 사람 이상이 한 물건을 공동으로 소유함.'을 뜻한다.

2007년 고1 전국연합학력평가 6월

1 ②　　2 ⑤

지문 분석

문단 요약

1문단 세금은 정부가 사회 안전과 질서 유지, 공공재 공급 비용의 마련을 위해 가계나 기업의 소득을 가져가는 것이다. (○)

2문단 납세자 대부분은 정부에서 제공하는 공공 서비스의 확충을 위해 세금을 늘리는 것에 동의한다. (×)

3문단 세계 대부분의 국가는 조세 저항을 줄이고 원활한 재정 활동을 위한 조세 정책 마련에 힘쓰고 있다. (○)

4문단 많은 경제학자들이 제시하는 바람직한 조세 원칙 중 대표적인 것으로는 공평의 원칙과 정의의 원칙이 있다. (×)

5문단 콜베르는 거위가 소리를 가장 크게 지르게 하면서 털을 가장 많이 뽑는 것이 가장 훌륭한 조세 원칙이라고 주장했다. (×)

6문단 세금을 거둘 때에는 납세자들이 세금을 내는 것이 불편하지 않게 해야 하며, 납세자 모두에게 공평하게 과세해야 한다. (○)

7문단 세금을 거둘 때에는 납세자의 상태를 감안하여 과세하여야 한다. (○)

정보 확인

공평의 원칙	(효율)의 원칙
특권 계급을 인정하지 않고 국민은 누구나 자신의 (능력)에 따라 세금을 부담해야 한다는 조세 원칙	정부가 효율적인 제도로 세금을 과세해야 하며 납세자들로부터 (불만)을 최소화할 수 있는 방안으로 징세해야 한다는 조세 원칙

어휘·어법

1 편익　2 확충　3 반대급부　4 규정　5 이전
6 ㉠　7 ㉣　8 ㉡　9 ㉢　10 ㉤

해제 | 이 글은 세금의 개념과 조세 원칙에 대해 설명하고 있다. 세금은 정부가 사회 안전과 질서를 유지하고 국민 생활에 필요한 공공재를 공급하는 비용을 마련하기 위해 가계나 기업의 소득을 가져가는 부의 강제 이전을 말한다. 그런데 납세자들은 세금을 더 많이 내는 것을 선호하지 않으며, 자신에게 혜택이 없거나 부당한 세금에 대해서는 조세 저항을 표출하기도 한다. 한편 대표적인 조세 원칙으로는 특권 계급을 인정하지 않고 누구나 자신의 능력에 따라 세금을 부담해야 한다는 '공평의 원칙'과 정부가 효율적인 제도로 세금을 과세해야 하며 납세자들로부터 불만을 최소화할 수 있는 방안으로 징세해야 한다는 '효율의 원칙'이 있다. 그리고 이러한 조세 원칙은 사회적 상황과 그것이 실행되었을 때 발생할 수 있는 부작용 등을 감안하여 실현되어야 함을 알려 주고 있다.

주제 | 세금의 개념과 조세 원칙

출전 김예기, 「최고의 과세 원칙이란」

1 2문단에서 공공 서비스 확충을 위해 세금을 더 많이 내겠다고 나서는 사람은 보기 드물다는 내용을 확인할 수 있다.

| 오답 풀이 |

① 7문단에서 거위 각각의 상태를 감안하여 깃털을 뽑아야 한다는 내용을 확인할 수 있다. 이때 거위는 납세자, 깃털은 세금에 대응되는 것으로 이러한 표현은 정부가 납세자의 상황을 고려하여 세금을 부과해야 한다는 것을 의미한다.
③ 7문단에서 거위의 깃털을 무리하게 뽑을 경우 거위는 죽고 결국에는 깃털을 생산할 수 없게 될 것이라고 언급한 부분을 확인할 수 있다.
④ 4문단에 제시된 바람직한 조세 원칙 중 하나인 효율의 원칙에 따르면 납세자들로부터 불만을 최소화할 수 있는 방안으로 징세해야 한다는 사실을 확인할 수 있다. 또한 7문단에서도 거위의 깃털을 무리하게 뽑지 말아야 한다는 언급을 확인할 수 있다.
⑤ 4문단에서 공평의 원칙이란 특권 계급을 인정하지 않고 국민은 누구나 자신의 능력에 따라 세금을 부담해야 한다는 의미라는 내용을 확인할 수 있다.

2 ㉠은 거위가 소리를 크게 내지 않는 범위 내에서 최대한 깃털을 뽑아야 한다는 내용이다. 그리고 이러한 의미는 납세자가 부담을 느끼거나 불편함을 겪지 않는 범위 내에서 최대한 세금을 걷어야 한다는 의미이다. 그러나 〈보기〉에 따르면 정부의 재정 활동에서 세입과 세출이 일치해야 하는데, 세금을 더 많이 거두어들이면 그만큼 국민 경제에 나쁜 영향을 주는 것이라고 언급하고 있다. 따라서 ㉠에 대한 비판으로는 세금을 최대한 많이 걷을 것이 아니라 세출의 크기를 정확히 계산하고 그에 맞게 세금을 거두어야 한다는 내용이 적절하다.

| 오답 풀이 |

① 〈보기〉에서 정부가 시장 경제에 개입해서는 안 된다는 내용과 관련된 부분은 찾을 수 없다.
② 〈보기〉에서는 편리한 세금 납부 방법에 관한 내용을 언급한 바 없다.
③ 〈보기〉에는 세금을 사회 보장 분야에 써야 한다는 내용이 언급된 부분을 찾아볼 수 없다.
④ 〈보기〉에는 경제 운영 자금의 원활한 공급과 관련된 내용이 제시되어 있지 않다.

05 집단지성

사회

56~59쪽

2011년 고1 전국연합학력평가 11월

1 ⑤   2 ②   3 ①

지문 분석

문단 요약

1문단 (집단지성)의 개념

▼

2문단 (인터넷)의 비약적인 발달과 집단지성

▼

3문단 집단지성의 대표적인 성공 사례: (리눅스) 커뮤니티

▼

4문단 집단지성의 (성공) 요건

▼

5문단 아이디어의 (공유)가 중요해진 21세기

정보 확인

20세기에는 무엇을 소유하느냐가 중요했다면, 21세기에는 무엇을 공유하느냐가 중요하게 될 것이다.

정보 확인

성공 사례	성공 요건
오픈소스 소프트웨어 커뮤니티 리눅스 ←	① 기여자들을 끌어들일 수 있는 훌륭한 (핵심)이 있어야 함. ② 자발적 기여자의 규모가 되도록 크게 성장해야 하고, 기여자들은 (다양한) 기술과 관점을 지닌 사람들로 구성되어야 함. ③ 모든 구성원이 (네트워크)를 형성하고 서로 교류할 수 있어야 함. ④ 확고한 (자율 규제)가 이루어져야 함.

어휘·어법

1 창조   2 화두   3 비약   4 혁신   5 네트워크

6 포괄   7 개선   8 위계

해제 | 이 글은 집단지성의 개념을 설명하고 대표적인 성공 사례인 리눅스 커뮤니티를 통해 집단지성의 성공 요건을 소개하고 있다. 집단지성은 다수의 개체가 서로 협력함으로써 얻게 되는 집단의 지적 능력을 의미하는데, 인터넷의 비약적인 발전이 집단지성의 전 지구적 활성화에 기여하였다. 집단지성의 성공 요건으로는 첫째 기여자들을 유인할 수 있는 훌륭한 핵심이 있어야 하고, 둘째 자발적 기여자의 규모가 크게 성장해야 하고, 기여자들은 다양한 기술과 관점을 지녀야 한다. 셋째 구성원들이 서로 교류할 수 있는 통로가 있어야 하며, 넷째 공동체 내에 확고한 자율 규제가 이루어져야만 함을 알려 주고 있다.

주제 | 집단지성의 개념과 성공 요건

출전 찰스 리드비터, 『집단지성이란 무엇인가』

1 이 글에서 집단지성이 제약된 사회에서 발생하는 문제점과 관련한 내용은 찾아볼 수 없다.

|오답 풀이|

① 1문단에서 집단지능이 다수의 개체가 서로 협력함으로써 얻게 되는 집단의 지적 능력을 의미한다고 언급하고 있다.

② 3문단에서 리눅스 커뮤니티가 어떻게 구성되었는지 확인할 수 있다.

③ 2문단에서 집단지성이 주목받는 데에는 인터넷의 비약적인 발전과 관련이 있다는 내용을 확인할 수 있다.

④ 3문단에서 리눅스 프로그램이 성공하게 된 과정과 결과를 확인해 볼 수 있다. 이를 통해 리눅스가 어떻게 집단지성의 성공 사례가 되었는지 확인할 수 있다.

2 ㉠은 공유를 통해 어떤 새로운 것을 창출해 내는 것을 의미한다. 그러므로 ㄱ은 스마트폰 기술을 사용자들이 공유한 후 이를 통해 다양한 프로그램이 만들어지고 있으므로 ㉠이 구현된 사례로 볼 수 있다. 또 ㄹ은 기여자들의 정보 공유를 바탕으로 방대한 규모의 백과사전을 창조해 낸 것이므로 역시 ㉠이 구현된 사례로 볼 수 있다.

|오답 풀이|

ㄴ. 아이디어를 공유한다는 속성이 나타나지만 자발적 기여자들이 참여한 것이 아니므로 ㉠이 구현된 사례로 보기 어렵다.

ㄷ. 공유와 창조의 요소가 드러나 있지 않다. 그러므로 ㉠이 구현된 사례로 보기 어렵다.

3 ㉡의 '꾸려지다'는 '일을 추진하여 처리해 나가거나, 생활을 규모 있게 이끌어 나가게 되다.'의 의미를 가지고 있다. 이러한 사전적 의미와 문맥을 고려할 때 ㉡은 커뮤니티가 '형성되다', '이루어지다'의 의미를 가진 것으로 볼 수 있다. 그러므로 ㉡과 바꾸어 쓸 수 있는 말은 '형성(形成)되었다'이다.

|오답 풀이|

② '양성(養成)'은 「1」 가르쳐서 유능한 사람을 길러 냄.', 「2」 실력이나 역량 따위를 길러서 발전시킴.'이라는 의미를 지닌 말이다.

③ '달성(達成)'은 '목적한 것을 이룸.'이라는 의미를 지닌 말이다.

④ '작성(作成)'은 「1」 서류, 원고 따위를 만듦.', 「2」 운동 경기 따위에서, 기록에 남길 만한 일을 이루어 냄.'이라는 의미를 지닌 말이다.

⑤ '완성(完成)'은 '완전히 다 이룸.'이라는 의미를 지닌 말이다.

1 ②　　　2 ①

지 문 분 석

문단 요약

1문단	사회적 기업의 개념: 사회적 가치 추구를 위해 (이윤)을 창출하는 기업
2문단	사회적 기업의 특성 ① → 사회적 가치 창출을 위한 (공익성)과 이를 위한 이윤 추구의 성격을 모두 가지고 있는 혼성 조직
3문단	사회적 기업의 특성 ②, ③ → 자원 동원 방법이 다양함. → 구성원 모두의 (자발적)인 참여를 유도하고, 구성원의 의견을 (민주적)으로 모아서 기업이 운영됨.
4문단	사회적 기업의 역할 → 이윤을 사회 또는 취약 계층에 되돌려 사회 (통합)에 기여함.
5문단	사회적 기업의 가치와 의의

정보 확인

○○ 기업: 예술품을 만들어 수익을 얻고 그중 70%를 환경 단체에 기부함.
◇◇ 기업: 기업 창립에 가장 많은 돈을 기부한 창립자도 다른 일반 구성원과 동등한 의사 결정권을 가짐.
□□ 기업: 회사의 수익만으로는 지속적인 기업 운영이 어려워 기부나 후원, 정부 보조 등을 받음.

여러 가지 다양한 방법으로 자원을 동원함.
사회적 가치 창출을 위한 공익성과 이윤 추구의 성격을 모두 가짐.
기업 구성원의 의견을 민주적으로 모아서 기업을 운영함.

어 휘 · 어 법

1 ○　　2 ○　　3 ○　　4 ×　　5 ○

6 절실　7 대안　8 취약　9 소외감

해제 | 이 글은 '사회적 기업'의 개념과 특성을 설명하고 있는 글이다. 사회적 기업은 사회적 가치 추구를 위해 이윤을 창출하는 기업을 말하는데, 다음과 같은 특성을 가지고 있다. 첫째 사회적 기업은 공익성과 이윤 추구의 속성을 모두 가지고 있으며, 둘째 구성원 모두가 자발적으로 참여하고 그들의 의견이 민주적으로 기업 운영에 반영된다. 마지막으로 사회적 기업은 취약 계층의 소외감을 줄이고 사회 통합에 기여한다. 그래서 이러한 사회적 기업은 사회 공동체의 다양한 문제를 극복하기 위한 대안으로 떠오르고 있음을 밝히고 있다.

주제 | 사회적 기업의 개념과 특성

출전 최조순, 「사회적 기업의 지속 가능성과 기업가 정신」

1 이 글에서는 사회적 기업의 개념과 특성에 대해 설명하고 있을 뿐 사회적 기업의 권한에 대해 설명한 내용은 찾아볼 수 없다.

| 오답 풀이 |

①, ③ 5문단에서 사회적 기업은 사회의 다양한 문제들을 해결할 수 있는 대안으로 떠오르고 있다는 내용을 확인할 수 있다. 아울러 2, 3, 4문단의 내용을 통해 사회적 기업이 사회의 공익성을 높이고 취약 계층의 소외감을 줄이는 등 사회 통합에 기여한다는 것을 확인할 수 있다.

④ 2, 3, 4문단에서 사회적 기업의 특성을 설명하기 위해 A, B, C 기업의 사례가 제시된 것을 확인할 수 있다.

⑤ 1문단에서 사회적 기업은 사회적 가치와 이윤을 모두 추구하지만 일반 기업은 이윤 추구를 목적으로 한다는 내용을 확인할 수 있다.

2 ㉠의 '만들다'는 '노력이나 기술 따위를 들여 목적하는 사물을 이루다.'라는 의미를 지닌 말로 '제작(製作)하다'와 바꾸어 쓰는 것이 적절하다. '제공하다'는 '무엇을 내주거나 갖다 바치다.'를 뜻한다.

| 오답 풀이 |

② '수렴(收斂)하다'는 '의견이나 사상 따위가 여럿으로 나뉘어 있는 것을 하나로 모아 정리하다.'라는 의미를 가진 말이다.

③ '환원(還元)하다'는 '본디의 상태로 다시 돌아가다. 또는 그렇게 되게 하다.'라는 의미를 지닌 말이다.

④ '일조(一助)하다'는 '얼마간의 도움이 되다.'라는 의미를 지닌 말이다.

⑤ '부상(浮上)하다'는 '어떤 현상이 관심의 대상이 되거나 어떤 사람이 훨씬 좋은 위치로 올라서다.'라는 의미를 지닌 말이다.

어 휘 · 어 법

4 '돈이나 그 밖의 값나가는 모든 물건.'을 뜻하는 단어는 '재물'이다. '재산'은 '재화와 자산을 통틀어 이르는 말.'을 뜻한다.

6 기술의 첨단화가 국가 경쟁력 강화에 꼭 필요하고 중요하다는 의미이므로 '매우 시급하고도 긴요한 상태에 있다.'를 뜻하는 '절실하다'가 적절하다.

7 어려움을 해결할 수 있는 방안을 찾는다는 의미이므로 '어떤 일에 대처할 방안.'을 뜻하는 '대안'이 적절하다.

8 수학 과목이 약하다는 의미이므로 '무르고 약함.'을 뜻하는 '취약'이 적절하다.

9 교실에서 남들과 멀고 고립된 느낌이 드는 것이므로 '남에게 따돌림을 당하여 멀어진 듯한 느낌.'을 뜻하는 '소외감'이 적절하다.

2021년 고1 전국연합학력평가 6월

1 ⑤   **2** ②   **3** ⑤

지 문 분 석

문단 요약

1문단 수요의 가격 탄력성은 (가격)이 변할 때 (수요량)이 변하는 정도를 나타내는 지표임.

▼

2문단 수요의 가격 탄력성에 영향을 주는 대표적인 요인 세 가지는 (대체재)의 존재 여부, (필요성)의 정도, 소득에서 (지출)이 차지하는 비중임.

▼

3문단 수요의 가격 탄력성은 수요량의 (변화율)을 가격의 (변화율)로 나누어 계산함.

▼

4문단 수요의 가격 탄력성은 판매자의 (총수입)에 큰 영향을 미침.

글의 구조

```
                    ┌─ 수요의 가격 탄력성이 비탄력적인 경우
                    │   가격 상승 → 총수입 ( 증가 )
   총수입 ─────────┤
상품의 ( 가격 )×거래량   │   수요의 가격 탄력성이 탄력적인 경우
                    └─  가격 상승 → 총수입 ( 감소 )
                              ↓
              수요의 가격 탄력성을 파악하는 것은
              ( 판매자 )에게 매우 중요한 일임.
```

어 휘 · 어 법

1 ©   2 ®   3 ©   4 ⊙   5 증가
6 수요량   7 감소   8 요인   9 필수재

해제 | 이 글은 상품의 가격이 변할 때 수요량이 변하는 정도를 나타내는 지표인 수요의 가격 탄력성을 설명하고 있다. 수요의 가격 탄력성에 영향을 미치는 대표적인 요인을 대체재의 존재 여부, 필요성의 정도, 소득에서 지출이 차지하는 비중으로 나누어 예를 들어 설명하고 있다. 또한 수요의 가격 탄력성 계산 방식과, 수요의 가격 탄력성이 판매자에게 중요한 이유를 밝히고 있다.

주제 | 수요의 가격 탄력성에 영향을 주는 요인과 계산법

---

1 2문단에서 수요의 가격 탄력성에 영향을 주는 대표적인 요인으로 '대체재의 존재 여부', '필요성의 정도', '소득에서 지출이 차지하는 비중' 세 가지를 제시하고 있다. 그러나 이 세 가지 요인들 간의 관계에 대해서는 설명하고 있지 않다.

| 오답 풀이 |

① 1문단에서 수요의 가격 탄력성 개념은 가격이 변할 때 수요량이 변하는 정도를 나타내는 지표임을 설명하고 있다.

② 3문단에서 수요의 가격 탄력성을 계산하는 방식은 수요량의 변화율을 가격의 변화율로 나누는 것임을 설명하고 있다.

③ 4문단에서 총수입과 상품 판매자의 판매 수입, 상품에 대한 소비자의 지출액이 모두 같은 것임을 밝히고, 상품 판매자의 판매 수입은 상품의 가격에 거래량을 곱하는 것임을 설명하고 있다.

④ 2문단에서 수요의 가격 탄력성에 영향을 주는 대표적인 요인의 하나로 '대체재의 존재 여부'를 제시하고 있고, 어떤 상품에 밀접한 대체재가 있을 경우 소비자들은 그 상품에 대한 대체재를 사용할 수 있으므로 그 상품 수요의 가격 탄력성은 탄력적이라고 설명하고 있다.

2 2문단에서 필요성의 정도에 따라 필수재 수요의 가격 탄력성은 대체로 비탄력적인 반면에, 사치재 수요의 가격 탄력성은 대체로 탄력적임을 설명하고 있다. 〈보기〉에서 쌀을 주식으로 하는 갑국의 경우 쌀은 필수재이기 때문에 밀을 주식으로 하는 나라에 비해 쌀 수요의 가격 탄력성은 비탄력적임을 짐작할 수 있다. 또한 오토바이가 주요 이동 수단인 을국의 경우 자동차는 사치재에 해당하므로, 자동차 수요의 가격 탄력성은 탄력적임을 짐작할 수 있다.

3 ⑩ '산출(算出)'은 '계산하여 냄.'을 의미하는 단어이므로 ⑤는 ⑩의 사전적 의미로 적절하지 않다. '어떤 일에 필요한 돈이나 물자 따위를 내놓음.'을 의미하는 단어는 '출자(出資)'이다.

| 오답 풀이 |

① ⊙ '민감(敏感)'은 '자극에 빠르게 반응을 보이거나 쉽게 영향을 받음. 또는 그런 상태.'를 의미하므로 적절하다.

② © '밀접(密接)'은 '아주 가깝게 맞닿아 있음. 또는 그런 관계에 있음.'을 의미하므로 적절하다.

③ © '급격(急激)'은 '변화의 움직임 따위가 급하고 격렬함.'을 의미하므로 적절하다.

④ ® '초래(招來)'는 '일의 결과로서 어떤 현상을 생겨나게 함.'을 의미하므로 적절하다.

사회
08 금리의 이해

68~71쪽

2017년 고1 전국연합학력평가 9월

1 ②　　2 ⑤　　3 ②

지 문 분 석

문단 요약

1문단	금리의 개념과 역할 – 개념: 이자 금액을 (원금)으로 나눈 비율. 이자율이라고도 함. – 역할: 자금의 수요자와 공급자를 연결함.

2문단	금리의 종류 – 명목 금리: 금융 자산의 (액면 금액)에 대한 금리 – 실질 금리: 물가 상승률을 감안한 금리. 명목 금리에서 (물가 상승률)을 뺌.

3문단	이자와 대출 금리의 실효 수익률 계산

4문단	단리와 복리에 따른 (실효 수익률) 계산

5문단	(금리)에 대한 정확한 이해와 계산의 필요성

정보 확인

현재의 소비와 미래의 소비를 결정하는 중요한 기준이기 때문이다.

정보 확인

정기 예금	정기 적금
만기 시 맡긴 돈에 대해 명목 금리를 곱한 금액을 (이자)로 받음.	첫째 달에 불입한 금액은 (만기)까지 약정된 명목 금리를 받음. 둘째 달에는 '만기−1개월'의 명목 금리를 곱해 이자를 받음.

단리	복리
(원금)에 대한 이자만 붙음.	매번 지급된 이자가 원금이 되어 이자에 (이자)가 붙음.

어 휘 · 어 법

1 원금　2 수요자　3 대가　4 공급자　5 가치
6 ○　7 ○　8 ×

해제 | 이 글은 금리 곧 이자율의 개념과 종류 등에 대해 설명하고 있다. 금리는 자금의 수요자와 공급자를 연결해 주는 것으로, 명목 금리와 실질 금리로 나눌 수 있다. 그리고 명목 금리보다는 일정 기간 실현된 실제의 이자 수익률인 실효 수익률을 따져 보아야 한다. 특히 정기 예금과 정기 적금, 단리와 복리에 대한 실효 수익률을 따져 볼 필요가 있다. 그런 맥락에서 현재의 소비와 미래의 소비를 결정하는 중요한 기준인 금리에 대해 정확하게 이해하고 계산할 필요성이 있음을 강조하고 있다.

주제 | 금리에 대한 이해와 실효 수익률 계산의 필요성

출전 | 금융 감독원, 「고등학교 생활 금융」

---

1 2문단에서 실질 금리는 금융 자산의 액면 금액에 대한 금리인 명목 금리에서 물가 상승률을 뺀 것임을 알 수 있다.

| 오답 풀이 |

① 1문단에서 금리는 이자 금액을 원금으로 나눈 비율임을 알 수 있다.
③ 3문단에서 실효 수익률은 일정 기간 실현된 실제 이자 수익률을 의미한다는 것을 알 수 있다.
④ 4문단에서 복리는 매번 지급된 이자가 원금이 되어 이자에 이자가 붙는 것임을 알 수 있다.
⑤ 4문단에서 이자는 금융 소득으로 소득세 14.0%와 주민세 1.4%를 내야 한다는 내용을 확인할 수 있다.

2 3문단에 따르면 정기 예금은 목돈을 납입하고 만기 시 이자를 받는 상품이고, 정기 적금은 매월 일정액을 불입해 목돈을 만드는 방법임을 알 수 있다.

| 오답 풀이 |

① 1문단에서 자금의 수요자에게는 자금을 빌린 대가로 지급하는 비용이 발생하고, 공급자에게는 현재의 소비를 희생한 대가로 이자 수익이 생긴다고 언급하고 있다. 그러므로 금리는 자금의 수요자와 공급자가 존재해야 결정될 수 있음을 알 수 있다.
② 2문단에서 물가 상승률이 높아지면 실질 금리는 낮아지고, 물가 상승률이 낮아지면 실질 금리는 높아진다고 한 것을 통해 알 수 있다.
③ 5문단에서 금리는 현재의 소비와 미래의 소비를 결정하는 중요한 기준이라고 언급된 부분을 확인할 수 있다.
④ 3문단에서 정기 예금과 정기 적금의 실효 수익률 계산을 위해 이자가 붙는 시기와 이자가 계산되는 방식을 따지는 것을 확인할 수 있다. 4문단에서도 단리와 복리의 실효 수익률 계산을 위해 이자가 붙는 시기와 이자가 계산되는 방식을 따지는 것을 확인할 수 있다.

3 '용이(容易)하다'는 '어렵지 아니하고 매우 쉽다.'라는 의미를 지닌 말로 '다르다'와는 의미가 다르다.

| 오답 풀이 |

① 인상(引上)되다: 물건값, 봉급, 요금 따위가 오르다.
③ 상환(償還)하다: 갚거나 돌려주다.
④ 부가(附加)되다: 주된 것에 덧붙다.
⑤ 보류(保留)하다: 어떤 일을 당장 처리하지 아니하고 나중으로 미루어 두다.

어 휘 · 어 법

8 '돈을 내는 것.'을 뜻하는 단어는 '불입'이다. '예치'는 '맡겨 둠.'을 뜻한다.

2017년 고1 전국연합학력평가 9월

1 ②   2 ④

지문 분석

문단 요약

1문단	우주 탐사선의 추진력만으로는 일정 속도 이상으로 끌어올릴 수 없으므로 스윙바이를 활용한다.	(○)
2문단	스윙바이는 탐사선이 곡선 궤도를 그리며 방향을 바꾸어 행성의 자전 방향에 가까워지면 탐사선의 속도가 크게 증가하는 원리를 이용한다.	(×)
3문단	탐사선의 속도 증가에 행성의 중력도 영향을 미치지만, 탐사선의 '속도의 크기' 변화에는 영향을 미치지 못한다.	(○)
4문단	스윙바이를 이용하면 탐사선의 속도가 빨라진 것만큼 행성의 속도도 함께 빨라지게 된다.	(×)

중심 내용

스윙바이를 하는 이유와 스윙바이의 원리

글의 구조

	스윙바이
개념	탐사선이 (　행성　)에 잠깐 다가갔다가 다시 멀어지는 것
원리	① 탐사선이 (　공전　)하는 행성에 접근하여 중력의 영향권인 중력장에 진입할 때 → 행성의 공전 방향과 탐사선의 진입 방향이 서로 달라 탐사선의 속도가 크게 증가하지 않는다. ② 탐사선이 곡선 궤도를 그리며 방향을 바꾸어 행성의 공전 방향에 가까워질 때 → 탐사선이 행성에서 멀어지는 방향이 행성의 공전 방향에 가까울수록 스윙바이를 통한 속도 증가의 효과가 크기 때문에, 탐사선의 속도가 크게 (　증가　)한다.
활용 이유	우주 탐사선이 지구에서 태양계 끝까지 날아가기 위해서는 일정 속도 이상에 이르러야 하지만, 탐사선의 (　추진력　)만으로는 이러한 속도에 도달하기 어렵기 때문이다.

어휘·어법

1 탐사선   2 공전   3 행성   4 ○   5 ×
6 ×

해제 | 이 글은 '스윙바이(Swing-by)'의 원리에 대해 설명하고 있다. 우주 탐사선이 지구에서 태양계 끝까지 날아가기 위해서는 일정 속도 이상에 이르러야 하는데, 탐사선의 추진력만으로는 이러한 속도에 도달하기 어렵다. 그래서 탐사선을 다른 행성에 접근시켜 행성의 공전을 이용하는 스윙바이를 통해 속도를 얻는다. 탐사선이 곡선 궤도를 그리며 방향을 바꾸어 행성의 공전 방향에 가까워지면 탐사선의 속도는 크게 증가된다. 그리고 탐사선이 스윙바이를 하면 탐사선의 속도가 빨라진 것처럼 행성의 속도는 느려진다. 실제로 지구와의 스윙바이를 통해 초속 8.9km의 속도를 얻은 '갈릴레오호'로 인해 지구의 공전 속도는 1억 년 동안 1.2cm쯤 늦어지게 되었다.

주제 | '스윙바이(Swing-by)'를 하는 이유와 스윙바이의 원리

출전 홍준의 외, 『살아 있는 과학 교과서 1』

---

1 이 글은 스윙바이를 하는 이유와 스윙바이의 원리에 대해 설명하면서, 탐사선의 속도 증가에 행성의 중력이 영향을 준다고 설명하고 있다. 그러나 스윙바이 동안에 행성의 중력이 변한다는 내용과 그 이유에 대해서는 언급하고 있지 않다.

|오답 풀이|

① 우주 탐사선이 지구에서 태양계 끝까지 날아가기 위해서는 일정 속도 이상에 이르러야 한다. 그러나 탐사선의 추진력만으로는 이러한 속도에 도달하기 어렵기 때문에, 탐사선이 스윙바이를 통해 속도를 얻는 것이다.
③ 스윙바이는 탐사선을 행성에 접근시켜 행성의 공전을 이용한다. 그러므로 스윙바이를 할 때 행성의 공전이 중요하다.
④ 탐사선이 행성에서 멀어지는 방향이 행성의 공전 방향에 가까울수록 스윙바이를 통한 속도 증가의 효과는 크다. 따라서 스윙바이를 통해 속도를 효과적으로 얻기 위해서는 탐사선이 행성에서 멀어지는 방향을 행성의 공전 방향에 가깝게 하면 된다.
⑤ 행성과 탐사선이 서로 주고받은 운동량은 같은데 이는 질량과 속도 변화량을 곱한 것이므로 행성에 비해 질량이 작은 탐사선은 속도가 크게 증가하지만, 질량이 매우 큰 행성은 속도가 거의 줄어들지 않는다. 이러한 이유로 스윙바이 후 행성의 공전 속도 변화가 매우 작다고 할 수 있다.

2 ⓒ는 탐사선이 행성의 공전 방향과 가까워지면서 속도가 크게 증가하는 구간이다. 〈보기〉의 그래프에서도 ⓒ에서 속도의 크기 변화가 ⓑ에서보다 큼을 확인할 수 있다.

|오답 풀이|

① ⓐ에서 탐사선 속도의 크기가 거의 변화하지 않는 것으로 보아, 이때 탐사선은 행성의 중력에 영향을 받지 않음을 알 수 있다.
② ⓑ에서 탐사선 속도가 증가하기 시작하는 것으로 보아, 이때 탐사선은 행성에 점점 가까워지고 있음을 알 수 있다.
③ 스윙바이로 속도가 빨라진 탐사선은 ⓓ에서 속도의 크기가 거의 변화하지 않는 것으로 보아, 이 구간에서 행성으로부터 멀어져 감을 알 수 있다.
⑤ 탐사선의 속도가 ⓑ~ⓒ에서 크게 증가하는 것으로 보아, 이때 탐사선이 방향을 바꾸어 행성의 공전 방향에 가까워짐을 알 수 있다.

어휘·어법

5 '진입'은 '향하여 내처 들어감.'을 뜻한다. '자신과 직접적인 관계가 없는 일에 끼어듦.'을 뜻하는 단어는 '개입'이다.
6 '궤도'는 '행성, 혜성, 인공위성 따위가 중력의 영향을 받아 다른 천체의 둘레를 돌면서 그리는 곡선의 길.'을 뜻한다. '천체가 스스로 고정된 축을 중심으로 회전함. 또는 그런 운동.'을 뜻하는 단어는 '자전'이다.

2016년 고1 전국연합학력평가 11월

1 ④   **2** ③

지문 분석

핵심 어휘

염증 반응, 상처, 병원체 제거, 대식 세포, 비만 세포, 신체 보호, 단핵구, 단백질 분비, 케모카인, 면역 반응의 하나, 사이토카인, 호중구, 고름, 통증, 혈관 확장, 히스타민

1문단	2문단	3문단	4문단	5문단
염증 반응, (상처)	병원체 제거, (면역 반응의 하나), (신체 보호)	대식 세포, 비만 세포, (히스타민), (혈관 확장)	단핵구, (단백질 분비), 사이토카인, 케모카인, 호중구	(고름), 통증

중심 내용

염증 반응의 발생 원인과 과정

글의 구조

병원체 침입 → (대식 세포)의 병원체 포식 및 파괴

↓

비만 세포의 (히스타민) 분비 → 혈관 확장 → (단핵구)가 감염 부위로 이동 → 단핵구가 (대식 세포)로 분화 → 병원체 포식 및 파괴

↓

(호중구)의 병원체 포식 및 파괴 ← (호중구)를 감염 부위로 유도 ← 대식 세포로 분화된 단핵구의 단백질 분비

어 휘 · 어 법

1 제거하다 **2** 포식하다 **3** 관여하다 **4** 활성화되다
5 방지하다 **6** 인식하다 **7** 분포하다 **8** 유도하다

해제 | 이 글은 우리 몸에서 일어나는 염증 반응의 원인과 그 과정에 대해 설명하고 있다. 염증 반응은 우리 몸에 침입한 병원체를 제거하여 병원체가 몸 전체로 퍼져 나가는 것을 방지하고, 손상된 세포나 조직을 제거하는 면역 반응의 하나이다. 우리 몸에 병원체가 침입하여 감염을 일으키면 병원체들은 대식 세포에 의해 포식되어 파괴된다. 이와 더불어 비만 세포가 히스타민을 분비하는데, 이로 인해 혈관이 확장되어 단핵구가 혈관 벽을 통과해 감염 부위로 들어온다. 단핵구는 대식 세포로 분화하여 병원체를 포식하고, 단백질을 분비해 호중구가 감염 부위로 들어올 수 있도록 유도한다. 감염 부위로 이동한 호중구는 병원체를 포식하고 파괴한다. 이렇게 세포들이 병원체를 파괴하는 과정에서 죽기도 하는데, 이때 고름이 생긴다. 또 히스타민에 의해 혈관이 확장되어 상처 부위가 혈장으로 채워지면서 부어오르거나 통증이 생기게 된다.

주제 | 염증 반응의 발생 원인과 과정

출전 디 언그로브 실버톤, 「인체 생리학」

---

1 이 글에서는 우리 몸에 들어온 병원체가 염증 반응에 의해 어떻게 파괴되는지를 설명하고 있을 뿐, 병원체가 우리 몸에서 어떤 과정으로 퍼져 나가는지에 대해서는 언급하고 있지 않다.

| 오답 풀이 |

① 3문단의 '대식 세포 표면에는 병원체의 고유한 특징을 인식하는 수용체가 있어서 이것이 병원체 표면의 특징적인 분자들을 인식해'를 통해 답을 찾을 수 있는 질문이다.
② 5문단의 '히스타민에 의해 혈관이 확장되면서 상처 부위가 혈장으로 채워지기 때문에 빨갛게 부어오르고, 상처 부위가 부어올라 신경을 물리적으로 누르면 통증이 나타나기도 한다.'를 통해 답을 찾을 수 있는 질문이다.
③ 4문단의 '백혈구의 일종인 단핵구'와 '또 다른 백혈구의 일종인 호중구' 등을 통해 답을 찾을 수 있는 질문이다.
⑤ 2문단의 '체내로 들어오는 특정 병원체를 표적으로 하는 다른 면역 반응과 달리 염증 반응은 병원체의 종류를 가리지 않고 나타난다는 특징이 있다.'를 통해 답을 찾을 수 있는 질문이다.

2 4문단의 내용으로 보아 케모카인을 분비하는 것은 호중구가 아니라, 단핵구에서 분화된 대식 세포이므로 적절하지 않은 내용이다.

| 오답 풀이 |

① 3문단과 4문단에서 비만 세포가 화학 물질인 히스타민을 분비하면 혈관이 확장되고, 이때 백혈구의 일종인 단핵구가 혈관 벽을 통과하여 병원체가 있는 감염 부위로 들어오게 된다고 하였으므로 적절한 내용이다.
② 4문단에서 대식 세포는 사이토카인과 케모카인이라는 단백질을 분비하는데, 사이토카인은 혈관을 확장시키고 호중구가 혈관 벽에 잘 달라붙을 수 있게 하며 케모카인은 이 호중구가 혈관 벽 내피세포 사이로 빠져나와 감염 부위로 이동할 수 있게 한다고 하였다. 따라서 호중구가 혈관을 빠져나와 감염 부위로 이동한 데에는 케모카인이라는 특정 단백질이 관여했다고 볼 수 있다.
④ 4문단에서 감염 부위로 이동한 호중구는 대식 세포와 같은 방법으로 병원체를 삼킨다고 하였다. 그리고 5문단에서 세포들이 병원체를 포식하여 파괴하는 과정에서 병원체와 함께 죽으면 고름의 주성분을 이루며, 이 고름은 대식 세포에 의해 점차적으로 제거되기도 한다고 하였다. 따라서 호중구가 병원체를 파괴하고 자신도 죽게 된다면, 고름의 주성분이 되어 대식 세포에 의해 제거될 수 있다고 볼 수 있다.
⑤ 4문단에서 단핵구는 혈관 벽을 통과한 후 대식 세포로 분화하는데, 이러한 대식 세포는 사이토카인과 케모카인이라는 단백질을 분비해 병원체를 제거할 다른 방어 체제를 유도한다고 하였으므로 적절한 내용이다.

2015년 고1 전국연합학력평가 11월

1 ⑤   2 ①

지 문 분 석

문단 요약

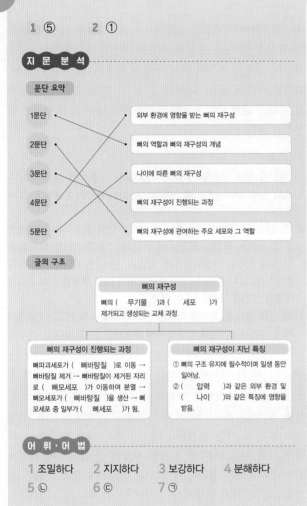

1문단 •   • 외부 환경에 영향을 받는 뼈의 재구성

2문단 •   • 뼈의 역할과 뼈의 재구성의 개념

3문단 •   • 나이에 따른 뼈의 재구성

4문단 •   • 뼈의 재구성이 진행되는 과정

5문단 •   • 뼈의 재구성에 관여하는 주요 세포와 그 역할

글의 구조

뼈의 재구성
뼈의 (무기물)과 (세포)가 제거되고 생성되는 교체 과정

뼈의 재구성이 진행되는 과정
뼈파괴세포가 (뼈바탕질)로 이동 → 뼈바탕질 제거 → 뼈바탕질이 제거된 자리로 (뼈모세포)가 이동하여 분열 → 뼈모세포가 (뼈바탕질)을 생산 → 뼈모세포 중 일부가 (뼈세포)가 됨.

뼈의 재구성이 지닌 특징
① 뼈의 구조 유지에 필수적이며 일생 동안 일어남.
② (압력)과 같은 외부 환경 및 (나이)와 같은 특징에 영향을 받음.

어 휘 · 어 법

1 조밀하다   2 지지하다   3 보강하다   4 분해하다
5 ㉡   6 ㉢   7 ㉠

해제 | 이 글은 뼈의 재구성이 어떻게 이루어지는지에 대해 설명하고 있다. 뼈의 재구성은 뼈바탕질의 교체부터 시작되는데, 이를 위해서는 뼈바탕질이 파괴되어야 한다. 이 역할을 하는 뼈파괴세포는 재구성이 필요한 뼈바탕질로 이동한 후, 산과 단백질 분해 효소를 분비하여 뼈바탕질의 무기물과 아교 섬유를 분해하며 뼈바탕질의 표면을 이동해 가면서 계속 뼈바탕질을 녹여 나간다. 뼈파괴세포가 뼈바탕질을 녹이며 지나간 자리로 주변에 있던 뼈모세포가 이동하여 분열하게 되고, 그 과정에서 뼈파괴세포가 분해한 무기물과 아교 섬유 등을 이용하여 뼈바탕질을 새롭게 형성하고 강화하면서 재구성은 완료된다. 그리고 이렇게 뼈바탕질을 새롭게 생산하던 뼈모세포들 중 일부는 더 이상 새로운 뼈바탕질을 만들어 내지 못하고 뼈세포가 된다. 이러한 과정을 통해 예전의 뼈는 새롭게 보강되고 단단해진다.

주제 | 뼈의 재구성 과정

출전 이영돈 외, 『해부 생리학』

1 〈보기〉는 뼈의 재구성이 진행되는 과정 중 뼈파괴세포에 의한 뼈바탕질의 분해 과정에서부터 뼈바탕질을 생산하기 위해 뼈모세포가 분열된 과정까지를 도식화한 것이다. (가)는 뼈파괴세포에 의해 뼈바탕질이 분해되는 과정이고, (나)는 뼈파괴세포가 녹인 뼈바탕질의 자리로 새로운 뼈바탕질을 생산하기 위해 뼈모세포가 이동한 과정이다. 그리고 (다)는 뼈모세포가 뼈바탕질을 생산하려고 분열하는 과정이다. 2문단에서 뼈세포는 뼈모세포가 더 이상 뼈바탕질을 생산할 수 없게 된 세포라고 설명하고 있으며, 3문단에서 뼈바탕질을 새롭게 생산하던 뼈모세포들 중 일부는 더 이상 새로운 뼈바탕질을 만들어 내지 못하고 뼈세포가 된다는 것을 확인할 수 있다. 따라서 뼈의 재구성 과정 중 뼈세포가 된 뼈모세포들은 더 이상 새로운 뼈바탕질을 생산할 수 없음을 알 수 있다.

| 오답 풀이 |

① 3문단에서 뼈의 재구성 과정은 뼈바탕질의 교체부터 시작하는데, 이를 위해서는 먼저 뼈바탕질이 파괴되어야 한다고 하였다. 그리고 이 역할을 뼈파괴세포가 하며, 뼈파괴세포는 이를 위해 재구성이 필요한 뼈바탕질로 이동한다고 하였으므로 적절한 진술이다.

② 3문단에서 뼈의 재구성 과정 중 뼈파괴세포는 산과 단백질 분해 효소를 분비하여 뼈바탕질을 녹이며 이동한다고 하였으므로 적절한 진술이다.

③ 3문단에서 뼈파괴세포가 뼈바탕질을 녹이며 지나간 자리로 주변에 있던 뼈모세포가 이동한다고 하였으므로 적절한 진술이다.

④ 3문단에서 뼈파괴세포가 뼈바탕질을 녹이며 지나간 자리로 이동한 뼈모세포가 분열하여 새로운 뼈바탕질을 생산한다고 하였으므로 적절한 진술이다.

2 〈보기〉는 우주와 같이 중력이 낮고 뼈에 가해지는 압력이 낮은 공간에서의 뼈의 재구성에 대해 학생이 반응한 내용을 추론한 것이다. 4문단에서 뼈는 우주와 같이 중력이 낮은 공간에서는 지구에서처럼 중력에 의한 압력을 견딜 만큼 단단해질 필요가 없어진다고 하였다. 그래서 뼈의 재구성 활동 중 뼈모세포의 활동이 줄어들게 되지만, 뼈의 분해는 계속 진행된다고 하였다. 뼈의 분해는 뼈파괴세포에 의해 이루어지기 때문에, 우주에서는 뼈모세포의 활동이 뼈파괴세포의 활동보다 줄어들어 뼈의 강도가 약해진다는 것을 추론할 수 있다.

2014년 고1 전국연합학력평가 9월

1 ⑤　　**2** ②

지문 분석

문단 요약

1문단	물은 상온에서 액체 상태이며, 100℃에서 끓어 기체인 수증기로 변하고, 0℃ 이하에서는 고체인 얼음으로 변한다.	(○)
2문단	극성을 띤 물 분자들끼리는 서로 다른 물 분자의 수소와 산소 사이에 전기적 인력이 작용하는 결합이 형성된다.	(○)
3문단	물은 여러 물질을 잘 녹이는 특성이 있어서 우리 몸에서 용매 역할을 하고 각종 물질을 운반하며, 온도 변화에 민감한 특성도 있어서 체온을 유지해 준다.	(×)

정보 확인

ㄱ:(O)　ㄴ:(H)

글의 구조

	(극성)을 가지고 있는 물 분자	전기적 인력으로 결합된 물 분자
특성	여러 물질을 잘 녹이는 특성을 가짐.	물의 (비열)을 크게 만듦.
몸에서의 기능	• (용매) 역할을 함. • 각종 물질을 운반하는 기능을 함.	체온이 내려가는 것을 막아 줌.

어휘·어법

1 인력　　2 체액　　3 대사　　4 공유　　5 의존

6 민감

해제 | 이 글은 물 분자 구조의 특징에 대해 설명하고 있다. 생물체가 생명을 유지하기 위해서 물에 의존하는 것은 무엇보다 물 분자 구조의 특징에서 비롯된다. 물 1분자는 1개의 산소 원자와 2개의 수소 원자가 공유 결합을 이루고 있는데, 이때 산소 원자와 수소 원자는 전자를 1개씩 내어서 전자쌍을 만들어 공유한다. 그런데 물 분자는 극성을 가지고 있어서 서로 다른 물 분자의 수소와 산소 사이에 전기적 인력이 작용하는 결합이 형성된다. 극성을 지닌 물 분자로 인해 물은 여러 가지 물질을 잘 녹이는 특성을 가진다. 그래서 우리 몸에서 용매 역할을 하며, 각종 물질을 운반하는 기능을 담당한다. 또한 전기적 인력으로 결합된 구조는 물이 비열이 큰 성질을 갖게 한다. 체액은 대부분 물로 구성되어 있어서 상당한 추위에도 어느 정도까지는 체온이 내려가는 것을 막아 준다. 특히 우리 몸의 여러 생리 작용은 효소 단백질에 의해 일어나는데, 단백질은 온도 변화에 민감하므로 체온을 유지하는 것은 매우 중요하다.

주제 | 물 분자 구조의 특징

출전 전동렬 외, 「물의 화학적 성질과 생명 현상」

---

1 3문단에서 비열은 물질 1g을 온도 1℃를 높일 때 필요한 열량을 말하며, 물질의 고유한 특성이라고 하였다. 고유하다는 것은 본래부터 지니고 있어 특유하다는 의미이므로, 비열은 변하지 않는 특성이라고 볼 수 있다. 따라서 물의 비열 변화가 단백질의 기능에 영향을 미친다는 ⑤의 설명은 적절하지 않다.

| 오답 풀이 |

① 2문단을 통해 극성을 띤 물 분자들끼리는 서로 다른 물 분자의 수소와 산소 사이에 전기적 인력이 작용하는 결합이 형성됨을 알 수 있다.

②, ③ 3문단을 통해 극성을 지닌 물 분자로 인해 물은 여러 가지 물질을 잘 녹이는 특성이 있음을 알 수 있다. 그리고 이러한 특성을 지닌 물은 혈액을 구성하고 있어 영양소, 산소, 호르몬, 노폐물 등을 운반하며, 대사 반응, 에너지 전달 과정의 매질 역할을 하며 혈액의 역할에 영향을 미침을 알 수 있다.

④ 2문단을 통해 물 분자를 이루는 산소 원자와 수소 원자는 전자를 1개씩 내어서 전자쌍을 만들고 이를 공유함을 알 수 있다.

2 [A]에 따르면 물 1분자는 1개의 산소 원자와 2개의 수소 원자가 공유 결합을 이루고 있으며, 산소 원자와 수소 원자는 전자를 1개씩 내어서 전자쌍을 만들어 공유한다. 이때 산소 원자는 약한 음전하(−)를, 수소는 약한 양전하(+)를 띠게 되어 서로 다른 물 분자의 수소와 산소 사이에 전기적 인력이 작용하는 결합이 형성된다. 따라서 이를 도식화한 것으로는 ②가 가장 적절하다.

| 오답 풀이 |

①, ③ 1개의 수소 원자만 1개의 산소 원자에 결합되어 있어 적절하지 않다.

④ 1개의 산소 원자와 2개의 수소 원자가 공유 결합을 이루고는 있으나, 극성을 띤 물 분자들끼리는 서로 다른 물 분자의 수소와 산소 사이에 전기력 인력이 작용하는 결합이 형성되므로 ④에서 수소와 수소 사이에 전기적 인력을 나타낸 것은 적절하지 않다.

⑤ 서로 다른 물 분자의 수소와 산소 사이에 전기적 인력이 작용하는 결합을 나타낸 것이 아니라, 서로 다른 물 분자의 산소와 산소 사이에 전기적 인력을 나타내고 있어 적절하지 않다.

어휘·어법

4 '공유'는 '두 사람 이상이 한 물건을 공동으로 소유함.'을 뜻하므로 빈칸에 들어가기에 적절하다.

5 '의존'은 '다른 것에 의지하여 존재함.'을 뜻하므로 빈칸에 들어가기에 적절하다.

6 '민감'은 '자극에 빠르게 반응을 보이거나 쉽게 영향을 받음. 또는 그런 상태.'를 뜻하므로 빈칸에 들어가기에 적절하다.

2014년 고1 전국연합학력평가 6월

1 ④　　　**2** ⑤

지 문 분 석

핵심 어휘

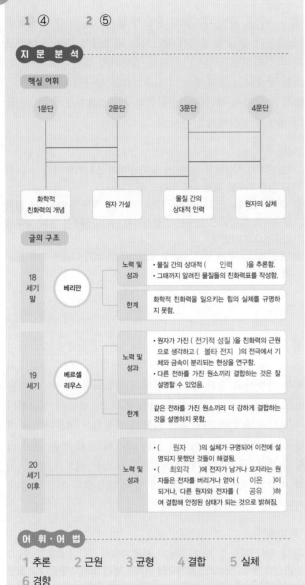

1문단	2문단	3문단	4문단
화학적 친화력의 개념	원자 가설	물질 간의 상대적 인력	원자의 실체

글의 구조

18세기 말 — 베리만
- 노력 및 성과
  - 물질 간의 상대적 (인력)을 추론함.
  - 그때까지 알려진 물질들의 친화력표를 작성함.
- 한계
  - 화학적 친화력을 일으키는 힘의 실체를 규명하지 못함.

19세기 — 베르셀리우스
- 노력 및 성과
  - 원자가 가진 (전기적 성질)을 친화력의 근원으로 생각하고 (볼타 전지)의 전극에서 기체와 금속이 분리되는 현상을 연구함.
  - 다른 전하를 가진 원소끼리 결합하는 것은 잘 설명할 수 있었음.
- 한계
  - 같은 전하를 가진 원소끼리 더 강하게 결합하는 것을 설명하지 못함.

20세기 이후
- 노력 및 성과
  - (원자)의 실체가 규명되어 이전에 설명되지 못했던 것들이 해결됨.
  - (최외각)에 전자가 남거나 모자라는 원자들은 전자를 버리거나 얻어 (이온)이 되거나, 다른 원자와 전자를 (공유)하여 결합해 안정된 상태가 되는 것으로 밝혀짐.

어 휘 · 어 법

1 추론　　**2** 근원　　**3** 균형　　**4** 결합　　**5** 실체
6 경향

해제 | 이 글은 화학적 친화력에 대한 연구 과정을 설명하고 있다. 화학적 친화력은 물질 간에 더 잘 결합하는 정도를 말하며 18세기 이후 화학자들이 이를 연구하기 시작했다. 18세기 말에 베리만은 친화력표를 작성하여 친화력의 규칙을 찾으려 했지만, 힘의 실체를 규명하지 못했다. 19세기에 베르셀리우스는 친화력을 물질 간의 전기적 인력으로 설명하려 했지만 같은 전하를 가진 원소끼리 결합하는 것은 설명하지 못했다. 20세기에 들어 베르셀리우스가 설명하지 못했던 문제가 해결되었으며, 현재는 화학적 친화력을 원자들이 보다 안정된 상태가 되려는 경향으로 설명하고 있다.

주제 | 화학적 친화력에 대한 화학자들의 연구 과정

출전 서인호, 「화학 스페셜」

---

1 이 글에서는 화학적 친화력에 대한 18세기 말 베리만의 연구 방법, 19세기 베르셀리우스의 연구 방법, 20세기 이후의 관점을 시대순으로 보여 주고 있다.

| 오답 풀이 |

①, ⑤ 이 글에서 비슷한 대상에 빗대어 개념을 설명한 부분이나, 대립되는 견해를 절충하여 결론을 이끌어 내는 부분은 찾을 수 없다.

②, ③ 이 글에서 중심 화제인 화학적 친화력의 장단점을 설명한 부분이나, 화학적 친화력의 범주에 대해 설명한 부분은 찾을 수 없다.

2 (가)는 Na와 Cl이 전자를 버리거나 얻어 이온화된 뒤 전기적 인력에 의해 결합하는 이온 결합을 보여 주는 예이다. 그리고 (나)는 최외각에 전자가 하나 모자라는 Cl 원자가 다른 Cl 원자와 전자를 공유하면서 최외각을 채우는 공유 결합을 보여 주는 예이다. (가)에서는 Cl이 전자를 얻는 결합을 하는 것이 맞지만, (나)에서는 공유 결합을 하고 있다. 그리고 (가)에서는 이온들끼리의 전기적 인력에 의한 결합을 보여 주므로 ⑤에서 화학 결합이 전자를 얻는 것이라고 한 진술은 적절하지 않다.

| 오답 풀이 |

① 4문단에서 최외각에 전자가 남거나 모자라는 원자들은 전자를 버리거나 얻어 이온이 된다고 하였다. (가)에서 Na는 최외각의 전자를 버려 (+)전하를 띤 이온이 되므로 원자의 이온화를 보여 준다.

② 3문단에서 베르셀리우스는 (−)전하를 가진 원자는 전기력에 의해 (+)전하를 가진 원자와 결합함을 주장했다고 하였다. 따라서 (가)에서 (+)전하를 가진 Na와 (−)전하를 가진 Cl이 전기적 인력에 의해 결합하는 것은 베르셀리우스의 주장에 부합하는 예이다.

③ 4문단에서 최외각에 전자가 모자라는 원자끼리 전자를 공유하여 결합하면 두 원자 모두 최외각의 전자를 채워 안정된 결합을 이루게 된다고 하였다. (나)에서도 최외각에 전자가 모자라는 Cl끼리 전자를 공유하여 결합하고 있다.

④ 3문단에서 베르셀리우스는 서로 다른 전기적 성질을 가진 원소끼리 결합한다고 하였으나, (나)는 같은 성질을 가진 원자끼리의 결합을 보여 주므로 베르셀리우스가 설명하지 못한 결합을 보여 준다.

어 휘 · 어 법

5 '실물'은 '실제로 있는 물건이나 사람.'을 뜻하고 '실체'는 '실제의 물체. 또는 외형에 대한 실상(實相).'을 뜻하므로, 빈칸에는 '실체'가 들어가는 것이 적절하다.

6 '경향'은 '현상이나 사상, 행동 따위가 어떤 방향으로 기울어짐.'을 뜻하고 '취향'은 '하고 싶은 마음이 생기는 방향. 또는 그런 경향.'을 뜻하므로, 빈칸에는 '경향'이 들어가는 것이 적절하다.

과학

06 집중 호우의 원리

92~95쪽

1 ④ 2 ①

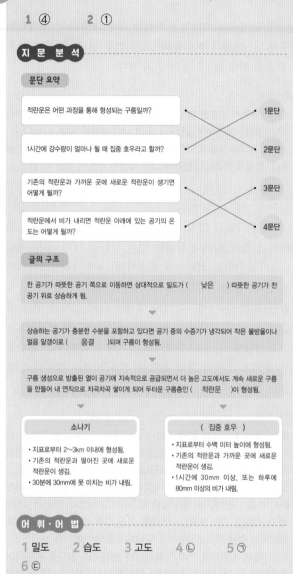

지문 분석

문단 요약

적란운은 어떤 과정을 통해 형성되는 구름일까?	2문단
1시간에 강수량이 얼마나 될 때 집중 호우라고 할까?	1문단
기존의 적란운과 가까운 곳에 새로운 적란운이 생기면 어떻게 될까?	4문단
적란운에서 비가 내리면 적란운 아래에 있는 공기의 온도는 어떻게 될까?	3문단

글의 구조

찬 공기가 따뜻한 공기 쪽으로 이동하면 상대적으로 밀도가 (낮은) 따뜻한 공기가 찬 공기 위로 상승하게 됨.

▼

상승하는 공기가 충분한 수분을 포함하고 있다면 공기 중의 수증기가 냉각되어 작은 물방울이나 얼음 알갱이로 (응결)되며 구름이 형성됨.

▼

구름 생성으로 방출된 열이 공기에 지속적으로 공급되면서 더 높은 고도에서도 계속 새로운 구름을 만들어 내 연직으로 차곡차곡 쌓이게 되어 두터운 구름층인 (적란운)이 형성됨.

▼

소나기	(집중 호우)
• 지표로부터 2~3km 이내에 형성됨. • 기존의 적란운과 떨어진 곳에 새로운 적란운이 생김. • 30분에 30mm에 못 미치는 비가 내림.	• 지표로부터 수백 미터 높이에 형성됨. • 기존의 적란운과 가까운 곳에 새로운 적란운이 생김. • 1시간에 30mm 이상, 또는 하루에 80mm 이상의 비가 내림.

어휘·어법

1 밀도 2 습도 3 고도 4 ㉡ 5 ㉠
6 ㉢

해제 | 이 글은 집중 호우의 메커니즘을 설명하고 있다. 집중 호우를 내리게 하는 구름인 적란운이 발생하기 위해서는 대기의 상층으로 올라가는 공기의 덩어리 자체가 매우 따뜻하고 습해야 한다. 적란운에서 비가 내리면 적란운 바닥과 지표 사이의 차가운 공기가 주위로 퍼져 나가게 되는데, 이때 주위에 따뜻하고 습한 공기가 있다면 다시 적란운을 만들어 낸다. 일반적인 적란운을 형성하는 공기보다 온도와 습도가 높을 경우 새 적란운은 낮은 높이에서 발달하며 기존의 적란운 바로 가까이에 생긴다. 이러한 과정이 반복되면서 두 개 이상의 적란운이 겹쳐져 한 지역에 많은 양의 비가 집중적으로 쏟아지는 집중 호우가 나타나게 된다.

주제 | 집중 호우 발생의 메커니즘

출전 김경익 외, 『생활 환경과 기상』

2013년 고1 전국연합학력평가 6월

1 구름은 주변 대기보다 온도가 높을수록 더 크게 발달한다. 2문단 중간에 공기가 상승하는 과정에서 주변의 대기보다 차가워지면 구름이 더 이상 발달하지 않는다고 하였다. 또한 상승하는 공기에 열이 지속적으로 공급될 때 새로운 구름들이 쌓이며 적란운이 발달한다고 하였으므로 ④는 이 글의 내용과 일치하지 않는다.

| 오답 풀이 |

① 2문단에서 적란운은 형성되는 높이에 따라 소나기를 내릴 수도 있고 집중 호우를 내릴 수도 있다고 하였다.

②, ③ 2문단에서 공기 중 수증기가 냉각되어 작은 물방울이나 얼음 알갱이로 응결되면서 구름이 형성되고, 이 과정에서 열이 외부로 방출된다고 하였다.

⑤ 1문단에서 하루에 연 강수량의 10% 이상의 비가 내리면 집중 호우에 해당된다고 하였다.

2 적란운의 바닥과 지표 사이의 높이가 상대적으로 낮다면 차가운 공기가 주변으로 퍼지기 어렵다. 이런 상황에서 매우 따뜻하고 습한 공기가 옆에서 유입되면 또다시 적란운 바로 옆에 새로운 적란운을 만들게 되고, 이것이 성장하여 비를 내리게 하여 적란운이 반복해서 생긴다. 4문단에서 적란운의 바닥과 지표 사이에 있는 공기의 양이 적은 것이 집중 호우의 한 요인이 된다고 설명하고 있는 것으로 보아, ⓐ의 바닥과 지표 사이의 공기의 양이 많을수록 집중 호우의 가능성은 낮아짐을 알 수 있다.

| 오답 풀이 |

②, ③ 4문단에서 적란운의 바닥과 지표 사이의 공간이 좁으면, 즉 그 공간의 높이가 낮으면 차가워진 공기가 멀리 퍼지지 못한다고 하였다. 이 상황에서 매우 따뜻하고 습한 공기가 유입되면 이 공기가 상승되면서 기존의 적란운 바로 가까이에 새로운 적란운이 형성된다고 하였다. 그리고 이 과정이 반복되어 여러 개의 적란운이 몰리어 형성되면서 단시간에 많은 양의 비를 내리게 하는 집중 호우가 일어나게 된다고 하였다.

④ 2문단에서 상승하는 공기에 포함된 수증기의 양이 적으면, 주변의 대기보다 차가워지면서 공기가 더 이상 상승하지 못하고 구름이 발달하기 어렵게 된다고 하였다. 반면 상승하는 공기가 일반적인 공기에 비해 매우 따뜻하고 습한 공기일 경우에는 적란운이 잘 형성된다고 하였다. 따라서 ⓒ가 습기가 적고 차가운 공기라면 새로운 적란운을 형성하기 어려우므로 집중 호우 지역이 더 확대되지 않을 것이다.

⑤ 3문단에서 적란운에서 비가 내리면 차가운 공기가 주위로 퍼져 나가게 되고, 이 찬 공기가 다시 따뜻하고 습한 공기와 만나면 새로운 적란운이 만들어진다고 하였다.

2004년 고1 전국연합학력평가 11월

1 ③   2 ④   3 ⑤

지문 분석

정보 확인

1) 주어진 기둥의 크기가 감당할 수 있는 것보다 더 무거운 하중이 실리면 건물이 무너질 수 있다. ──────(○)
2) 인장력을 받는 부재들은 꼭 필요한 강도만큼의 굵기만 사용하면 된다. ─────(○)
3) 같은 길이의 부재라도 지지점에서 멀어질수록 벤딩모멘트의 크기가 커진다. ──(×)
4) 다리 상판을 긴 줄로 이어 당겨 주는 사장교나 현수교 같은 교량은 줄의 인장력으로 다리 상판의 압축력을 완화시킨 경우이다. ──(○)

중심 내용

압축력, 인장력, 벤딩모멘트

글의 구조

압축력	(인장력)	벤딩모멘트
부재에 길이 방향으로 가해지는 힘	재료를 잡아당기는 힘	부재를 (휘려고) 하는 힘

세 가지 힘의 종류가 어떻게 달라지느냐에 따라
건물의 디자인과 설계가 달라지고 건축에 소요되는 재료의 종류와 양이 결정됨.

어휘·어법

1 감당   2 소요   3 직관적   4 낚싯대. 낚시꾼

해제 | 이 글은 빌딩과 같은 건축물이 무게를 견디는 힘에 대해 설명하고 있다. 이 힘과 관련된 여러 요인 중 대표적인 것이 압축력(壓縮力), 인장력(引張力), 벤딩모멘트(bending moment)이다. 압축력은 부재(部材)에 길이 방향으로 가해지는 힘이고, 인장력은 재료를 잡아당기는 힘이며, 벤딩모멘트는 부재를 휘려고 하는 힘이다. 압축력은 건물의 위층, 또는 지붕의 하중(荷重)에 의해서 생긴다. 따라서 하중이 커질수록 기둥의 굵기 역시 커져야 한다. 이러한 건물의 압축력을 완화시키는 데 응용되는 힘이 인장력이라고 할 수 있다. 인장력을 받는 부재들은 꼭 필요한 강도만큼의 굵기를 사용한다. 그리고 벤딩모멘트는 부재를 휘려고 하는 힘인데, 플라스틱 자를 한 손에 잡고 옆으로 당겼을 경우 자가 휘게 되는 경우를 말한다. 이러한 벤딩모멘트는 부재의 길이와 지점에 따라 그 크기가 달라지는 것이 특징이다.

주제 | 건축물이 무게를 견딜 수 있도록 하는 세 가지 힘

출전 서현, 『건축, 음악처럼 듣고 미술처럼 보다』

---

1 인장력은 건물의 압축력을 완화시키는 데 응용되는 힘이다. 그러나 이러한 인장력과 건물의 모양의 관계에 대해서는 이 글에서 언급하고 있지 않다.

| 오답 풀이 |

① 4문단에서 벤딩모멘트는 부재를 휘려고 하는 힘이며, 낚싯대에 고기가 걸리면 낚싯대가 휘게 될 경우 낚싯대가 지탱해야 하는 힘을 말한다고 하였다.
② 2문단에서 압축력은 건물의 위층, 또는 지붕의 하중에 의해서 생기며, 하중이 커질수록 기둥의 굵기 역시 커져야 한다고 하였다. 그리고 30층의 건물이라면 30층에 있는 기둥보다 1층에 있는 기둥이 더 굵어야 한다고 하였다. 이를 통해 건물의 높이와 압축력의 관계를 알 수 있다.
④, ⑤ 3문단에서 건물의 압축력을 완화시키는 데 응용되는 힘이 인장력이라고 하면서, 사장교나 현수교와 같이 줄의 인장력으로 다리 상판의 압축력을 완화시킨 사례에 대해 설명하고 있다.

2 부재를 휘려고 하는 힘인 벤딩모멘트의 개념과 4문단의 낚싯대가 휘게 되는 원리를 종합해 보면, (가) 부분에는 벤딩모멘트가 작용함을 알 수 있다. 또한 재료를 잡아당기는 힘이 인장력이므로, 그넷줄인 (나)에는 사람의 몸무게로 인해 인장력이 발생함을 알 수 있다. 압축력은 부재의 길이 방향으로 가해지는 힘이므로, 사람의 체중이 그네 상판에 실리면서 그네를 지탱하는 기둥인 (다)에는 압축력이 발생함을 알 수 있다.

3 ⊙의 '-치'는 '값'의 뜻을 더하는 접미사이다. 이와 같은 의미의 접미사가 사용된 단어는 '기준치', '최고치', '기대치', '평균치' 등이 있다. ⑤의 '날림치'는 '정성을 들이지 아니하고 대강대강 아무렇게나 만든 물건.'이라는 뜻으로, '날림치'에는 '물건'의 뜻을 더하는 접미사 '-치'가 사용되었다. 이와 같은 의미의 접미사 '-치'가 쓰인 단어로는 '당년치', '중간치', '버림치' 등이 있다.

어휘·어법

4 '낚싯대[낙씨때/낙씯때]'는 순우리말인 '낚시'와 '대'로 이루어진 합성어로, 뒷말의 첫소리가 된소리로 난다. 따라서 사이시옷을 받쳐 적어 '낚싯대'로 표기하는 것이 옳다. 반면 '낚시꾼[낙씨꾼]'은 '낚시'와 '-꾼'으로 이루어진 파생어이며 뒷말의 첫소리가 처음부터 된소리이다. 이는 두 단어가 합성되면서 사잇소리 현상이 나타난 경우가 아니므로 사이시옷을 받쳐 적지 않고 '낚시꾼'으로 표기하는 것이 옳다.

2007년 고1 전국연합학력평가 9월

1 ③　　2 ⑤　　3 ①

지 문 분 석

중심 내용

(옆줄)	대개의 물고기들은 이것을 통해 다른 생물이나 물체, 물의 흐름, 진동, 온도, 깊이 등을 감지한다.
(소용돌이)	물고기가 좌우로 꼬리를 흔들며 헤엄쳐 나갈 때 뒤쪽에 생기는 것으로, 물고기들은 서로 다른 방향으로 형성되는 이것 사이를 좌우로 헤엄치면서 이동한다.
(유체 역학)적 원리	기러기가 바람의 저항을 최소화하기 위해 'ᄉ' 대형으로 날아가는 것은 이 원리를 이용한 것으로, 물고기 역시 이를 이용해 역류되는 소용돌이가 밀어주는 방향으로 최소한의 에너지를 사용하여 나아갈 수 있다.

정보 확인

물고기가 좌우로 꼬리를 흔들며 헤엄쳐 나갈 때 (뒤)쪽에 소용돌이가 생김.

▼

물고기들은 (역류)되는 소용돌이가 밀어주는 방향으로 헤엄치며 최소한의 에너지를 사용해 이동함.

글의 구조

물고기들은 여러 위험에도 불구하고 어떻게, 그리고 왜 무리 지어 다닐까?

무리를 이루는 방법	무리 지어 다니는 이유
• 반짝이는 몸이 시각을 자극하여 무리의 움직임을 유도함. • 미세한 변화에도 반응하는 (옆줄 감각) 체계를 활용함.	• 최소한의 에너지를 사용하여 단거리를 이동해 갈 수 있음. • (포식자)를 피하는 데 도움이 됨. • 먹이를 찾고 짝을 찾는 데에도 무리를 짓는 것이 유리함.

어 휘 · 어 법

1 대형　　2 역류　　3 저항　　4 파장　　5 일제히
6 순차적　　7 일사불란

해제 | 이 글은 물고기들이 무리 지어 다니는 이유에 대해 설명하고 있다. 물고기들이 무리를 이룰 때 동원되는 감각 중 중요한 것은 시각과 옆줄 감각이다. 무리 지어 다니는 물고기들은 대개 반짝이는 몸을 가졌는데, 이것이 시각을 자극하여 무리의 움직임을 유도하는 기능을 한다. 또한 다른 생물이나 물체, 물의 흐름, 진동, 온도, 깊이 등을 감지하는 옆줄을 이용해 무리가 흐트러지지 않고 대열을 유지할 수 있도록 한다. 무리 안에서 각 개체들은 동료들이 만든 소용돌이를 이용해 에너지 소비를 최소한으로 줄여 별로 힘들이지 않고도 단거리를 이동해 갈 수 있다. 이 밖에도 물고기들은 무리를 이루어서 포식자를 피하고, 먹이를 찾으며 짝을 찾는 등 여러 가지 면에서 이득을 얻고 있다.

주제 | 물고기들이 무리 지어 다니는 이유

출전 박시룡, 「물고기의 무리 짓기」

1 　물고기가 무리를 지어 다니면 앞의 동료가 만든 소용돌이를 이용하여 에너지를 최소한으로 들여 나아갈 수 있고, 포식자를 피하는 데도 도움이 된다. 이 내용으로 보아 물고기의 무리 짓기가 생존에 유리한 면이 있다는 사실은 파악이 가능하나, 이 글에서 물고기의 생존에 유리한 생태 환경에 대해 언급하고 있지는 않다.

| 오답 풀이 |

① 6문단의 "물고기들은 무리를 이루어서 에너지의 효율적 이용, 포식자로부터의 방어 등 여러 가지 면에서 이득을 얻고 있다."에서 물고기가 무리를 짓는 이유에 대해 언급하고 있다.
② 4문단의 "개체마다 중앙 부분이 굵고 머리 끝과 꼬리 끝으로 가면서 차츰 가늘어지는 체형을 이용하여 자기 뒤로 물의 소용돌이를 만든다. 물고기들은 그것을 이용하여 별로 힘들이지 않고도 단거리를 이동해 갈 수 있다."에서 이동에 유리한 물고기의 체형에 대해 언급하고 있다.
④ 2~3문단에서 물고기가 무리를 지어 이동하는 방법에 대해 언급하고 있다.
⑤ 3문단의 "물고기들이 무리를 이룰 때 동원되는 감각 중 중요한 것은 시각과 옆줄 감각이다."에서 물고기가 무리를 이룰 때 동원되는 감각에 대해 언급하고 있다.

2 　[A]에는 소용돌이가 발생하는 원리와 물고기가 그 소용돌이를 이용하여 나아가는 방법이 제시되어 있다. 물고기가 꼬리를 흔들며 헤엄치면서 뒤쪽으로 생긴 소용돌이는 순차적으로 서로 반대 방향을 이루며 형성된다. 이때 물고기는 이 소용돌이 사이를 좌우로 헤엄치면서 이동하는데, 역류되는 소용돌이가 밀어주는 방향으로 이동한다. 따라서 물고기가 나아갈 방향은 '다 → ㄴ → ㄷ'이거나 '가 → ㄴ → A'이다.

3 　3문단에서 물고기의 옆줄은 다른 생물이나 물체, 물의 흐름, 진동, 온도, 깊이 등을 감지하는 감각 기관이라고 하였다.

| 오답 풀이 |

② 물고기가 무리를 지어 다니면 포식자가 작은 물고기 떼를 큰 물고기로 착각하기도 하지만, 옆줄 자체가 포식자를 위협하여 쫓아내는 것은 아니다.
③, ⑤ 먹이를 찾고 짝을 찾는 데에도 무리를 짓는 것이 유리하지만, 물고기의 옆줄 자체가 먹이를 유인하거나 짝짓기 상대를 유혹하는 것은 아니다.
④ 명암을 구분하는 것은 물고기의 시각을 통해 이루어진다.

2021년 고1 전국연합학력평가 9월

1 ③   2 ①

지문 분석

문단 요약

1문단	자동차에서 배출되는 오염 물질로 인한 문제가 심각해지면서 친환경차가 주목을 받게 됨.	(○)
2문단	친환경차에는 전기차, 수소전기차, 하이브리드차, 내연 기관차가 있으며, 회생 제동 장치 사용으로 에너지 효율을 높임.	(×)
3문단	하이브리드차와 전기차는 전기 에너지를 모터로 공급하여 움직이며, 수소전기차는 연료 전지를 통해 수소를 전기 에너지로 변환하여 동력원으로 사용함.	(○)
4문단	수소전기차에 사용하는 연료 전지는 다른 연료 전지에 비해 출력이 적고 저온에서 작동이 안 되며 구조가 복잡함.	(×)
5문단	수소전기차의 연료 전지에서 전자가 외부 회로로 흐르며 전기 에너지가 발생하고, 이 전기 에너지는 모터로 전해져 동력원이 되고 일부는 배터리에 축전됨.	(○)
6문단	수소전기차는 에너지 효율이 높고 오염 물질 등의 배출이 적으며 공기 정화 기능을 하지만, 가격이 높고 보관과 이동에 어려움이 있음.	(○)

정보 확인

수소를 저장한 연료 탱크로부터 (수소)가 –극으로, 공기 공급기로 유입되는 외부의 공기 속 (산소)가 +극으로 공급됨.

→ –극에 공급된 수소는 촉매 속 (백금)에 의해 수소 양이온(H^+)과 전자(e^-)로 분리됨.

전자가 외부 회로로 흐르며 생성된 전기 에너지는 (모터)로 전해져 동력원이 되고 일부는 배터리에 축전됨.

→ 수소 양이온은 (고분자 전해질 막)을 통과해 +극으로, 전자는 외부 회로를 통해 +극으로 이동함.

어휘 · 어법

1 ⓒ   2 ⓒ   3 ⓒ   4 ⓔ   5 저감
6 구동   7 정화   8 연소   9 촉매

해제 | 이 글은 최근 주목을 받고 있는 친환경차의 종류와 특징 및 원리에 대해 설명하고 있다. 친환경차에는 전기차, 수소전기차, 하이브리드차가 있다. 이 중 전기차와 수소전기차는 모터로 구동되고, 하이브리드차는 출발할 때에는 모터로 구동되고 주행 시에는 모터와 엔진을 적절히 이용한다. 한편 수소전기차는 백금을 넣은 촉매와 고분자 전해질 막을 지닌 연료 전지를 많이 사용하는데, 이 연료 전지를 통해 전기 에너지를 생성하여 동력원으로 쓴다. 수소전기차는 에너지 효율이 높고 오염 물질과 온실가스의 배출이 적으며 공기 정화 기능을 한다는 장점이 있지만, 가격이 비싸고 보관과 이동에 어려움이 있다는 단점이 있다.

주제 | 친환경차의 종류와 특징 및 수소전기차의 원리

출전 이선명, 「수소전기차」

---

1 6문단에서 수소전기차에 사용되는 수소는 가솔린의 세 배나 되는 단위 질량당 에너지 밀도를 지니고 있어 에너지 효율이 높다고 하였다. 따라서 수소가 연료로 쓰이는 이유가 가솔린보다 에너지 효율은 낮지만 친환경적이기 때문이라는 내용은 적절하지 않다.

| 오답 풀이 |

① 6문단에서 수소는 고압으로 압축해야 하므로 폭발할 위험성이 커 보관과 이동에 어려움이 있다고 하였다.

② 6문단에서 수소전기차는 외부로부터 공급되는 공기를 필터로 정화하여 사용한 후 배출하므로 공기를 정화하는 기능도 한다고 하였다.

④ 6문단에서 수소전기차는 고가인 백금과 고분자 전해질 막을 사용해 연료 전지를 제작하므로 가격이 비싸다고 하였다. 따라서 저가의 원료를 개발하면 연료 전지의 가격을 낮출 수 있다는 내용은 적절하다.

⑤ 3문단에서 수소전기차는 연료 탱크에 저장된 수소를 연료 전지를 통해 전기 에너지로 변환하여 동력원으로 사용하는데, 연료 전지는 차량 구동에 필요한 수준의 전기 에너지를 발전시키기 위해 다수의 연료 전지를 직렬로 연결하여 가로로 쌓아 만든다고 하였다.

2 ㉠은 전기차와 수소전기차인데 3문단에서 전기차는 고전압 배터리에 충전을 해 전기 에너지를 모터로 공급하여 움직인다고 하였으므로 연료 탱크가 필요 없지만, 수소전기차는 연료 탱크에 저장된 수소를 연료 전지를 통해 전기 에너지로 변환하여 동력원으로 사용한다고 하였으므로 연료 탱크가 필요하다.

| 오답 풀이 |

② 3문단에서 하이브리드차는 출발할 때에는 전기 에너지를 이용하여 모터를 구동하고 주행 시에는 주행 상황에 따라 모터와 엔진을 적절히 이용한다고 하였다.

③ 2문단에서 내연 기관차는 마찰 제동 장치를 사용하므로 차가 감속할 때 운동 에너지가 열에너지로 변환된 후 사라지는 반면, 친환경차는 감속 시 운동 에너지를 전기 에너지로 변환하여 배터리에 충전해 다시 활용할 수 있다고 하였다.

④ 3문단에서 하이브리드차는 일반 내연 기관차보다 연비가 좋고 배기가스가 저감되는 효과가 있다고 하였고, 6문단에서 수소전기차는 오염 물질이나 온실가스의 배출이 적고 외부로부터 공급되는 공기를 필터로 정화하여 사용한 후 배출하므로 공기를 정화하는 기능도 한다고 하였다.

⑤ 2문단에서 전기차와 수소전기차는 전기 에너지를 운동 에너지로 변환하여 주는 모터만으로 구동된다고 하였고, 3문단에서 하이브리드차는 출발할 때에는 전기 에너지를 이용하여 모터를 구동한다고 하였다. 반면 2문단에서 내연 기관차는 열에너지를 운동 에너지로 바꿔 주는 엔진을 사용하여 구동된다고 하였다.

1 ④   2 ④

지 문 분 석

문단 요약

1문단	플라스틱은 새로운 절연체를 찾던 과정에서 만들어졌다.	(○)
2문단	플라스틱은 가볍고 가공이 쉬운 반면 열에 약한데, 오늘날에는 내열성과 내충격성까지 갖춘 엔지니어링 플라스틱이 개발되고 있다.	(○)
3문단	플라스틱은 종이를 대신할 수는 있지만 전기가 통하지는 않는다.	(×)
4문단	빛을 흡수하면서 변하는 성질을 가진 스마트 윈도는 첨단 플라스틱을 이용한 제품이다.	(○)
5문단	생분해성, 광분해성 플라스틱이 개발되어 널리 사용되고 있다.	(×)

정보 확인

경량 제품	디스플레이 장치	정밀 센서	초음파 탐지 장치
• (초경량 전지) • 무게를 줄인 자동차	성형성이 뛰어난 텔레비전 화면과 컴퓨터 (모니터)	휴먼 로봇의 촉각 센서나 (가속도 센서)	• 어군 탐지 장비 • (의료용)진단 촬영 장비

정보 확인

썩지 않는 성질로 인해 환경 문제를 일으키고 있다. 플라스틱 원료로 쓰이는 화석 연료들이 고갈될 우려가 있다.

어 휘 · 어 법

1 상아, 화폐, 초음파   2 ⑩   3 ㉣   4 ㉡
5 ㉠   6 ㉢

해제 | 이 글은 플라스틱의 특성과 다양한 쓰임에 대해 설명하고 있다. 플라스틱은 전기 공업에 필요한 새로운 절연체를 찾는 과정에서 개발된 것으로, 그 종류가 매우 많고 쓰임이 다양하다. 플라스틱은 금속보다 가볍고 가공이 쉽지만 열에 약하고 무른 단점이 있으나, 최근에는 다양한 엔지니어링 플라스틱이 개발되면서 이를 극복하고 있다. 또 전도성 고분자 재료 플라스틱이 개발되면서 다양한 경량 제품, 디스플레이 제품, 센서 제품 등에 널리 사용되고 있다. 하지만 이러한 첨단 플라스틱도 썩지 않는 성질로 인해 환경 문제를 일으키고 있어, 이를 극복하기 위한 다양한 연구가 진행되고 있다.

주제 | 플라스틱의 특성과 다양한 쓰임

출전 최성우, 「상상은 미래를 부른다」

---

1 3문단에서 사용 연한이 기존의 종이 화폐에 비해 몇 배나 더 긴 플라스틱 화폐가 개발되었다고 언급하고 있다. 그리고 중국을 비롯한 여러 나라에서 플라스틱 화폐 발행을 계획하고 있다고 언급하고 있다. 하지만 플라스틱 화폐의 개발 비용이 비싸 경제성이 떨어진다는 내용은 이 글에서 찾아볼 수 없다.

| 오답 풀이 |

① 2문단에서 일반적으로 플라스틱은 열에 약하고 무른 단점이 있다고 하였다.

② 2문단에서 엔지니어링 플라스틱은 본래의 플라스틱이 지닌 우수한 성형성과 가공성에다 내열성, 내충격성까지 겸비하여, 열에 강하고 총탄도 뚫을 수 없을 만큼 강하다고 하였다. 이러한 특성을 지닌 엔지니어링 플라스틱은 금속이나 세라믹 등의 다른 재료들을 대체할 정도에까지 이르렀다고 한 진술로 볼 때 세라믹보다 엔지니어링 플라스틱이 충격에 강하다고 볼 수 있다.

③ 5문단에서 플라스틱은 썩지 않는 성질 때문에 환경 문제를 일으키고 있는데, 우리나라에서는 이러한 문제를 해결하기 위해 대장균과 같은 세균을 이용해 썩는 플라스틱을 생산하는 방법이 연구되고 있다고 하였다.

⑤ 5문단에서 플라스틱의 원료로 쓰이는 화석 연료들은 무한하지 않다는 문제가 있는데, 이를 해결하기 위해 생물 공학을 응용한 방법이 널리 연구되고 있다고 하였다.

2 ㉠은 미국의 한 기업에서 플라스틱을 생산하는 박테리아의 유전자를 식물에 이식해 플라스틱을 생산하는 방법을 개발했다는 내용이다. 따라서 ⓐ는 이식된 대상이므로 플라스틱을 생산하는 박테리아의 유전자로 볼 수 있다. ⓑ는 이러한 유전자가 이식된 식물이며, ⓒ는 이러한 식물이 성장함에 따라 플라스틱 인자가 증식한 것이라고 볼 수 있다. ⓓ는 결과적으로 생산된 플라스틱이므로 ④는 적절하지 않은 내용이다.

어 휘 · 어 법

1 외래어는 외국에서 들어온 말로 국어에서 널리 쓰이는 단어를 말한다. 〈보기〉 중 이에 해당하는 단어는 '플라스틱(plastic)', '컴퓨터(computer)', '모니터(monitor)', '로봇(robot)', '박테리아(bacteria)'이다. '코끼리의 엄니.'를 뜻하는 '상아(象牙)', '상품 교환 가치의 척도가 되며 그것의 교환을 매개하는 일반화된 수단.'을 뜻하는 '화폐(貨幣)', 그리고 '사람의 귀에 소리로 들리는 한계 주파수 이상이어서 들을 수 없는 음파.'를 뜻하는 '초음파(超音波)'는 모두 한자어에 해당한다.

2017년 고1 전국연합학력평가 9월

1 ③   **2** ③

지문 분석

문단 요약

1문단 (종이)의 개발과 제책 기술의 발달

2문단 서양의 초기 제책 기술: (양장)

3문단 18세기 말 산업 혁명기의 제책 기술: 옆매기와 (중철)

4문단 20세기 중반의 제책 기술: (무선철)

정보 확인

독서 인구가 늘어남에 따라 책의 대량 생산이 요구되었기 때문이다.

글의 구조

양장
• 표지에 가죽을 씌우거나 나무판을 덧대는 방법
• (내지 묶기)와 표지 제작을 따로 한 후에 합침.

옆매기
• 간편하게 (철사)를 사용해 책을 매는 기술
• 책장 넘김이 용이하지 않음.

무선철
• 실이나 철사 없이 (화학 접착제)만으로 책을 묶는 방식
• 자동화가 가능해 대량 생산에 적합하고 생산 단가가 낮아 책의 (대중화)에 기여함.

(중철)
• 인쇄지를 포개 놓고 책장이 접히는 한가운데 부분을 ㄷ자형 철침을 이용해 매는 방식
• 분량이 (적은) 인쇄물에 사용
• 책 넘김이 쉽고 휴대성이 높음.

어휘·어법

1 덧대어(서)   2 미숙할   3 방대한   4 국한하지
5 ㉡   6 ㉢   7 ㉠

해제 | 이 글은 제책 기술의 발달 과정을 설명하고 있다. 서양에서는 종이 질이 나빠 책의 내구성을 높이기 위한 기술이 필요했는데 이러한 이유로 양장 기술이 개발되었다. 양장은 내지 묶기와 표지 제작을 따로 한 후에 합치는 방식이었다. 한편 18세기 말 산업 혁명으로 인해 독서 인구가 확대되면서 제책 기술도 대량 생산이 가능하도록 발전하였다. 이를 위해 옆매기 기술이 사용되었으나 책장 넘김이 용이하지 않아 철침으로 표지와 내지를 고정하는 중철 방식이 자리를 잡았다. 20세기 중반에는 화학 접착제만으로 책을 묶는 무선철 기술이 등장했다. 이 방식은 대량 생산에 적합하고 제작 단가가 낮아 책의 대중화에 기여했다.

주제 | 제책 기술의 등장 배경과 유형

출전 김진섭, 『책 잘 만드는 제책』

---

1 이 글은 제책 기술이 등장하고 발전하게 된 배경과 구체적 유형을 설명하고 있다. 따라서 이러한 내용을 가장 잘 반영한 표제는 '제책 기술의 등장 배경과 유형'이다. 또 이 글에서는 제책 기술의 구체적 유형을 발전 과정을 중심으로 설명하고 있으므로 가장 적절한 표제와 부제는 ③이다.

| 오답 풀이 |

① 이 글에서는 제책 기술의 발전 과정을 설명하면서 각각의 제책 기술이 나타나게 된 배경과 장단점을 제시하고 있을 뿐, 문제점 진단과 보완 방안을 제시하고 있지 않다.
② 이 글에서는 제책 기술 중 현대에 사용하고 있는 무선철 기술에 대해 소개하고 있지만 이는 전반적인 제책 기술의 발달 과정을 설명하는 내용 중 일부일 뿐, 이 글 전체가 제책 기술의 현대화 경향을 설명하고 있는 것은 아니다.
④ 이 글에서는 제책 기술이 개발된 배경과 구체적인 제책 기술을 소개하고 있을 뿐, 제책 기술의 발전이 미치는 사회적 영향을 중심으로 내용을 전개하고 있지는 않다.
⑤ 1문단에 책의 보존성과 가독성, 휴대성 등을 높이기 위해 제책 기술이 필요했다는 것이 언급되어 있으나, 이것이 이 글의 중심 내용은 아니다.

2 양장에 대해 설명한 2문단의 내용으로 볼 때, ㉠은 책등, ㉡은 표지의 홈, ㉢은 표지, ㉣은 면지, ㉤은 내지이다. 2문단에서 실매기는 내지를 묶을 때 사용하며 표지와 면지를 결합할 때에는 접착제를 사용한다고 하였다.

| 오답 풀이 |

① 2문단에서 표지와 내지를 결합할 때는 책등과 결합되는 내지 부분에 접착제를 발라 책등에 붙인다고 하였다.
② 2문단에서 표지를 부착한 후에는 가열한 쇠막대로 앞뒤 표지의 책등 쪽 가까운 부분을 눌러 홈을 만들어 책의 펼침성이 좋도록 한다고 하였다.
④, ⑤ 2문단에서 표지와 내지를 결합할 때에는 내지보다 두껍고 질긴 종이인 면지를 표지와 내지 사이에 접착제로 붙여 이어 줌으로써 책의 내구성을 높인다고 하였다.

어휘·어법

1 '덧대다'는 '대어 놓은 것 위에 겹쳐 대다.'라는 뜻이므로 문맥상 빈칸에 쓰이기에 적절하다.
2 '미숙하다'는 '일 따위에 익숙하지 못하여 서투르다.'라는 뜻이므로 문맥상 빈칸에 쓰이기에 적절하다.
3 '방대하다'는 '규모나 양이 매우 크거나 많다.'라는 뜻이므로 문맥상 빈칸에 쓰이기에 적절하다.
4 '국한하다'는 '범위를 일정한 부분에 한정하다.'라는 뜻이므로 문맥상 빈칸에 쓰이기에 적절하다.

2008년 고1 전국연합학력평가 3월

1 ② **2** ④

지문 분석

문단 요약

1문단	변기에 일정한 높이의 물이 항상 차 있기 때문에 화장실의 악취를 물리칠 수 있었다.	(○)
2문단	변기가 작동하기 위해서는 'U'자 모양의 굽은 관인 사이펀이 사용된다.	(○)
3문단	변기 안으로 많은 양의 물이 한꺼번에 공급되면 사이펀 내부가 공기로 채워지게 된다.	(×)
4문단	물이 변기에서 모두 빠져나가 버린 후에는 많은 양의 물이 사이펀 안에 빠르게 공급되어 악취가 넘어오지 않는다.	(×)
5문단	과학적 원리를 이용한 변기의 구조는 화장실이 집 안에 들어오게 되는 데 기여하였다.	(○)

정보 확인

변기에 일정한 높이로 항상 차 있는 물이 악취를 막는 역할을 한다.

정보 확인

평상시	레버를 내릴 때	변기의 물이 빠져나간 후
사이펀 안에 (대기압)이 작용하기 때문에 변기 안과 사이펀 내부 일부에 물이 차 있으며 아무 일도 일어나지 않음.	한꺼번에 많은 양의 물이 공급되어 물의 압력으로 (사이펀)이 물로 완전히 채워지고 대기압이 사라지면서 변기의 물이 하수구로 빠져나감.	(적은) 양의 물이 서서히 변기로 흘러들어가, 변기와 사이펀 내부 일부에 물이 찬 상태로 머무르게 됨.

어휘·어법

1 공급 2 고약하다 3 인위적 4 거스르다 5 입성
6 당당히 7 마개

해제 | 이 글은 실내 화장실이 가능할 수 있었던 이유와 관련된 변기의 구조와 작동 원리를 설명하고 있다. 변기 내부에는 'U'자를 뒤집어 놓은 형태의 관인 사이펀이 있는데 평상시에는 변기 안과 사이펀에 물이 일부 차 있다. 이때는 두 군데에 작용하는 대기압이 평형을 이루어 아무 일도 일어나지 않는다. 그런데 변기의 물을 내리면 물의 압력으로 사이펀 내부에 물이 완전히 채워지고, 사이펀 안에 작용하던 대기압이 사라지면서 변기의 물과 용변이 하수구로 빠져나가게 된다. 이것이 사이펀의 원리를 이용한 변기의 작동 원리이다. 변기의 물이 모두 빠져나간 후에는 변기에 공급되는 물의 양과 속도가 줄어들어 다시 일정한 높이로 물이 차 있게 된다. '변기에 차 있는 물'은 악취가 사이펀을 넘어오는 것을 막아주기 때문에 오늘날 화장실이 실내에 위치할 수 있게 된 것이다.

주제 | 변기의 작동 원리

출전 이재인, 「화장실, 악취를 물리치고 당당히 입성하다」

1 이 글에서는 실내 화장실이 가능할 수 있었던 이유를 설명하기 위해 사이펀의 원리가 사용된 변기의 구조와 작동 원리에 대해 설명하고 있다.

| 오답 풀이 |

① 이 글에는 사이펀의 형태에 대한 설명은 제시되어 있지만 그 의미에 대한 내용은 제시되어 있지 않다. 또 사이펀의 의미와 형태만으로는 이 글의 화제인 변기의 작동 원리를 설명할 수 없다.
③ 이 글에는 변기의 구성 요소 중 사이펀에 대한 설명만 제시되어 있을 뿐, 변기의 구성 요소와 기능에 대해서는 설명되어 있지 않다.
④ 사이펀은 변기 내부에 있는 요소이므로 사이펀과 변기 구조의 차이점은 이 글의 주요 설명 내용으로 적절하지 않다.
⑤ 변기의 작동 과정에서 나타나는 대기압의 변화가 제시되어 있기는 하지만 변기의 작동이 대기압에 의해 이루어지는 것은 아니며, 이 글의 주요 설명 내용도 아니다.

2 3문단에 따르면, 변기 안으로 한꺼번에 많은 물이 공급되면 물의 압력이 높아지고 이로 인해 물이 사이펀을 채우게 되어 대기압이 사라진다. 이와 마찬가지로 잔에 술을 가득 채울 경우 술의 압력이 높아져 술이 ⓒ로 흘러나가게 되면서 대기압이 사라지게 된다.

| 오답 풀이 |

① ⓐ에서 ⓒ로 이어지는 부분은 'U'자를 뒤집어 놓은 모양의 관으로 변기의 사이펀처럼 대기압과 술의 압력을 받고 있으므로, 사이펀의 일종으로 볼 수 있다.
②, ③ 변기 안으로 물이 가득 공급되면 사이펀이 물로 완전히 채워지면서, 사이펀 속에 작용하던 대기압이 사라지고 변기의 물이 하수구로 빠져나가게 된다. 계영배에서도 잔을 술로 가득 채우게 되면, 수면이 ⓑ보다 높아지고 ⓐ에서 ⓒ로 이어지는 부분이 완전히 채워지면서 술은 ⓒ로 빠져나가게 된다.
⑤ 2문단에서 관의 안쪽에 물이 완전히 채워지지 않아 공기가 남아 있는 경우에는 컵의 수면에 작용하는 대기압과 관 속의 대기압이 평형을 이룬다고 하였다. 이와 마찬가지로 잔 안에 술이 완전히 채워지지 않아 수면이 ⓑ보다 낮은 경우에는 ⓐ에서 ⓒ로 이어지는 관 속의 대기압과 잔 안에 작용하는 대기압이 같다고 볼 수 있다.

어휘·어법

6 '당당히'는 한글 맞춤법 제51항에서 언급한, 끝음절이 [이]나 [히]로 끝나는 부사에 해당하므로 '당당히'라고 표기해야 한다.
7 한글 맞춤법 제19항 [붙임] 규정에서는 어간에 '-이'나 '-음' 이외의 모음으로 시작된 접미사가 붙어서 다른 품사로 바뀐 것은 그 어간의 원형을 밝히어 적지 아니한다고 하였다. '마개'는 '막-'에 '-애'가 붙어서 명사가 된 단어이므로 '마개'로 적어야 한다.

2012년 고1 전국연합학력평가 9월

1 ③   **2** ②   **3** ②

지 문 분 석

문단 요약

1문단 클라우드의 개념: 인터넷상의 서버를 통해 (데이터)를 저장하고 이를 네트워크로 연결하여 콘텐츠를 사용할 수 있는 컴퓨팅 환경

2문단 클라우드와 기존 (웹하드)의 차이점

3문단 클라우드에 사용되는 기술: 서로 다른 물리적인 위치에 존재하는 (컴퓨팅) 자원을 가상화 기술로 통합해 제공하는 기술

4문단 사용자 입장에서 본 클라우드의 장점
– 저장 공간의 제약을 극복하여 개인의 컴퓨터 (가용률)이 높아짐.

5문단 사용자 입장에서 본 클라우드의 장점과 단점
– 장점: 비용·시간·인력의 절감, (에너지) 절감에 기여
– 단점: 개인 (정보) 유출, 서버 장애 발생 시 자료 이용 불가

정보 확인

웹하드	클라우드
• 일정한 용량의 (저장 공간)을 확보해 인터넷 환경의 PC로 작업한 문서나 파일을 저장, 열람, 편집하고 다수의 사람과 파일을 공유할 수 있음. • 인터넷 (파일) 관리 시스템	• 웹하드의 장점을 수용하면서 콘텐츠를 사용하기 위한 (소프트웨어)를 함께 제공함. • 개인 PC나 스마트폰 등 각종 IT 기기를 통해 언제 어디서든 이용 가능함. • 클라우드 컴퓨팅 기반의 (동기화) 서비스를 통해 서비스가 이루어짐.

정보 확인

사용자들이 안전한 환경에서 서비스를 이용할 수 있도록 보안에 대한 대책을 강구하고 위험성을 최소화할 수 있는 방안을 마련해야 한다.

어 휘 · 어 법

1 절감   **2** 보유   **3** 기반   **4** 제약   **5** 강구
6 ㄹ   **7** ㄷ   **8** ㄴ   **9** ㄱ

해제 | 이 글은 클라우드의 개념과 특징을 설명하고 있다. 클라우드는 인터넷상의 서버를 통해 데이터를 저장하고 이를 네트워크로 연결하여 콘텐츠를 사용할 수 있는 컴퓨팅 환경을 의미한다. 클라우드는 사용자 입장에서 컴퓨터의 가용률을 높이고 컴퓨터 시스템의 유지, 보수, 관리에 필요한 비용과 시간, 인력을 절감시키는 장점을 가지고 있다. 하지만 클라우드는 서버 해킹으로 인한 개인 정보 유출의 위험과 서버 장애 발생 시 자료 이용 불가라는 단점이 있어 이를 보완하는 방안이 마련될 필요가 있다.

주제 | 클라우드의 개념과 특징

출전 찰스 밥콕, 「클라우드 혁명」

1 이 글에 클라우드와 기존의 웹하드를 비교한 내용이 제시되어 있기는 하지만 클라우드의 변천 과정에 대한 내용은 제시되어 있지 않다.

| 오답 풀이 |

① 1문단에서 '인터넷상의 서버를 통해 데이터를 저장하고 이를 네트워크로 연결하여 콘텐츠를 사용할 수 있는 컴퓨팅 환경'이라는 클라우드의 개념을 언급하고 있다.
② 4~5문단에서 클라우드는 저장 공간의 제약을 극복하여 컴퓨터 가용률을 높인다는 점, 컴퓨터 시스템 관리 비용과 시간, 인력을 줄여준다는 점, 그리고 에너지 절감에 기여한다는 점 등의 장점이 있음을 언급하고 있다.
④ 5문단에서 클라우드는 보안에 대한 대책을 강구하고 위험성을 최소화할 수 있는 방안을 마련해야 한다는 해결 과제가 있음을 언급하고 있다.
⑤ 3문단에서 클라우드에는 서로 다른 물리적인 위치에 존재하는 컴퓨팅 자원을 가상화 기술로 통합해 제공하는 기술이 활용된다고 언급하고 있다.

2 ⓐ는 오프라인 컴퓨팅, ⓑ는 웹하드, ⓒ는 클라우드 환경을 나타낸 그림이다. 1~2문단을 통해 웹하드와 클라우드는 온라인(인터넷) 환경의 저장 공간을 사용하고 있음을 알 수 있다.

| 오답 풀이 |

① ⓐ는 PC와 노트북이 연결되어 있지 않고 인터넷이 도입되기 전이므로 온라인 컴퓨팅 작업이 이루어졌다고 보기 어렵다.
③ ⓒ는 클라우드를 나타내는 것으로, 클라우드에 여러 단말기가 연결되어 사용되고 있으므로 클라우드는 운영자 중심의 컴퓨팅 환경이 아니라 사용자 중심의 컴퓨팅 환경임을 알 수 있다.
④ 2문단에 따르면 웹하드는 사용자가 작성한 파일만을 공유하지만 클라우드는 이러한 파일을 사용할 수 있는 소프트웨어까지 서비스한다는 내용을 확인할 수 있다. 따라서 소프트웨어의 제공 유무에 따라 분류되는 것은 ⓐ와 ⓑ가 아니라 ⓑ와 ⓒ이다.
⑤ 2문단의 내용을 통해, 웹하드와 클라우드가 모두 인터넷 서비스를 활용함을 알 수 있다.

3 4문단에 따르면 ㉠은 컴퓨터의 가용률을 높여 자원을 유용하게 활용하는 전략이다. 그러므로 남는 서버를 활용해 컴퓨팅 환경을 제공하거나(ㄱ), 저장 공간을 제공해 개인 컴퓨터의 가용률을 높이는 것(ㄹ)이 클라우드를 ㉠으로 볼 수 있는 이유이다.

2012년 고1 전국연합학력평가 3월

1 ⑤　　**2** ②

지문분석

문단 요약

1문단	절대 습도와 (상대 습도)의 개념 및 상대 습도를 줄이는 방법

▼

2문단	공기 중의 습기를 제거하는 방식 ①: (건조식)

▼

3문단	공기 중의 습기를 제거하는 방식 ②: 냉각식

▼

4문단	공기 중의 습기를 제거하는 방식 ③: 전자식

정보 확인

건조식	(냉각식)	전자식
• 화학 물질인 (흡습제)를 이용해 공기 중의 습기를 직접 흡수, 흡착하여 제거하는 방식. • 흡습제로 (다공성) 물질을 사용함. • 밀폐된 공간에서 소량의 수분을 제거하는 데 유용함.	• 공기 중의 수증기를 물로 응축시켜 습기를 조절하는 방식 • 공기를 냉각시키기 위해 (냉매)를 사용함. • 상대 습도가 높을수록 공기 중의 수증기가 물로 변하기 쉬워 제습에 효과적임.	• (펠티에) 효과를 이용한 열전냉각 방식 • 열전반도체 소자를 사용. • 소음이 없고 소형화가 가능해 카메라나 보청기와 같은 (정밀 기기)를 보관하는 제습함에 사용됨.

정보 확인

팬	(냉각 장치)	냉각관, 물통	응축기
습한 (공기)를 빨아들임.	냉매가 쓰인 냉각 장치를 통과하면 공기 온도가 낮아짐.	공기가 (이슬점)에 도달해 수증기가 물로 변함.	습기가 제거된 공기가 데워진 후에 (실내)로 방출

어휘·어법

1 최대한　**2** 이슬점　**3** 수증기　**4** 비율　**5** 불쾌

6 냉각　**7** 배출　**8** 제거　**9** 흡수

해제 | 이 글은 습도의 개념과 제습기의 종류에 대해 구체적으로 설명하고 있다. 습도에는 절대 습도와 상대 습도가 있다. 상대 습도를 조절하기 위해 제습기가 사용되며 제습 방식에는 냉각식과 건조식이 있다. 건조식 제습기는 화학 물질인 흡습제를 이용해 공기 중의 습기를 직접 흡수하여 제거하는 방식이다. 냉각식 제습기는 냉매를 사용한 냉각 장치로 공기를 통과시켜 이슬점 이하로 냉각시키고 공기 중의 수증기를 물로 응축시켜 제거하는 방식이다. 그 외에 전자식 제습기도 있는데, 이는 펠티에 효과를 이용한 것으로 소음이 없고 소형화가 가능하다.

주제 | 제습기의 종류와 원리

출전 서울 과학 교사 모임, 「제습기의 비밀」

---

1 3문단의 내용에 따르면, 냉각식 제습기는 냉매를 이용해 공기를 냉각시켜 습기를 제거한다. 발열과 냉각이 동시에 일어나는 것은 전자식 제습기만 해당된다.

| 오답 풀이 |

① 1문단에 따르면 상대 습도는 현재 온도의 포화 수증기량에 대한 대기 중의 수증기량을 백분위로 나타낸 것이다.

② 1문단에 따르면 불쾌지수를 따질 때의 습도와 일기예보에서 말하는 습도는 모두 상대 습도이다.

③ 4문단에 따르면 전자식 제습기는 소음이 없고 소형화할 수 있어 카메라나 보청기와 같은 정밀 기기를 보관하는 제습함에 이용된다.

④ 2문단에 따르면 건조식 제습기는 밀폐된 공간에 있는 소량의 습기를 제거하는 데 유용하다.

2 〈보기〉의 ⓐ~ⓓ는 3문단에서 설명한 냉각식 제습기의 제습 과정을 나타낸 것이다. 이 중 ⓑ는 냉매를 이용한 냉각 장치를 통해 공기의 온도를 낮추는 과정이다. 1문단에 따르면 공기의 온도가 올라가면 포화 수증기량이 늘어나므로, 온도가 낮아지는 ⓑ에서는 포화 수증기량이 줄어든다고 할 수 있다.

| 오답 풀이 |

① ⓐ~ⓓ의 과정을 거치면서 공기 중의 수증기가 제거되므로 실내의 절대 습도는 낮아진다.

③ 냉매를 이용한 냉각 장치로 공기가 통과하게 되면 공기의 온도가 낮아진다.

④ 냉각 장치를 거친 공기는 온도가 낮아지면서 이슬점에 도달해 공기 중의 수증기가 물로 변하게 된다.

⑤ 냉각식 제습기의 응축기는 습기가 제거된 건조한 공기를 데워 실내로 방출한다.

어휘·어법

6 '응축'은 '한데 엉겨 굳어서 줄어듦.'을 뜻하고 '냉각'은 '식어서 차게 됨. 또는 식혀서 차게 함.'을 뜻하므로, 빈칸에는 '냉각'이 들어가는 것이 적절하다.

7 '배출'은 '안에서 밖으로 밀어 내보냄.'을 뜻하고 '방출'은 '비축하여 놓은 것을 내놓음.'을 뜻하므로, 빈칸에는 '배출'이 들어가는 것이 적절하다.

8 '제거'는 '없애 버림.'을 뜻하고 '제습'은 '습기를 없앰.'을 뜻하므로, 빈칸에는 '제거'가 들어가는 것이 적절하다.

9 '흡착'은 '어떤 물질이 달라붙음.'을 뜻하고 '흡수'는 '빨아서 거두어들임.'을 뜻한다. 그리고 '흡습'은 '습기를 빨아들임.'을 뜻한다. 따라서 문맥상 빈칸에는 '흡수'가 들어가는 것이 적절하다.

2011년 고1 전국연합학력평가 6월

1 ②   **2** ④   **3** ④

지 문 분 석

정보 확인

1) 기리고차는 일정한 거리를 움직이면 종 또는 북이 자동으로 울리는 전자동 거리 측량 수레이다. ········· (×)
2) 기리고차의 수레바퀴가 12회 회전하는 동안 아래바퀴는 한 번 회전한다. ········· (○)
3) 기리고차가 10리를 갔을 때에는 종이 아닌 북이 여러 번 울린다. ········· (○)
4) 기리고차 이전의 측량법은 톱니바퀴를 이용했기 때문에 길이를 정확하게 재는 데 적합하지 않았다. ········· (×)
5) 기리고차가 제작된 이후 지도 제작이 활발해졌으며, 정밀도가 요구되는 각종 사업에 큰 힘이 되었을 것이라고 추정된다. ········· (○)

정보 확인

수레바퀴 12회 회전 – (120)자 이동	▶	아래바퀴 1회 회전
아래바퀴 (15)회 회전 – 1,800자 이동	▶	중간바퀴 1회 회전
중간바퀴 10회 회전 – 18,000자 이동	▶	(윗바퀴)1회 회전

정보 확인

| 기리고차의 제작 | ▶ | (지도) 제작이 활발해짐. | ▶ | 정확한 (토지) 측량이 가능해짐. | ▶ | 합리적 (세금) 징수로 이어짐. | ▶ | 국가 통치를 체계화하는 (밑거름)이 됨. |

어 휘 · 어 법

1 량   **2** 정   **3** 면   **4** 횟수

해제 | 이 글은 조선 시대의 거리 측량 수레인 기리고차의 구성 요소와 작동 원리를 설명하고 있다. 기리고차는 수레의 형태를 하고 있지만 톱니바퀴를 이용하여 이동한 거리를 종 또는 북이 울리도록 하여 자동으로 알려 주고, 그것이 울리는 횟수를 사람이 기록하는 반자동 거리 측량 수레이다. 기리고차에는 수레바퀴와 연결된 세 개의 톱니바퀴가 있으며 이동한 거리에 따라 종이나 북이 울려 그 횟수를 기록하여 거리를 계산하였다. 물에 젖으면 길이가 달라지는 노끈이나 새끼줄은 길이 측정에 부적합했지만, 기리고차는 톱니바퀴를 사용하여 정확한 거리를 측량하였으며 지형의 굴곡에 상관없이 거리를 측량할 수 있었다. 이로 인해 기리고차가 개발된 이후 지도 제작이 활발해졌으며, 농업 사회인 조선에서 정확한 토지 측량은 물론 합리적 세금 징수가 가능해져 국가 통치를 체계화하는 밑거름이 되었다.

주제 | 기리고차의 구성 요소와 작동 원리

출전 손성근, 「전통의 거리 측량 기구, 기리고차」

1 이 글은 기리고차의 구조와 작동 원리에 대해 설명하고 있을 뿐 기리고차의 종류에 대해서는 설명하고 있지 않다.

| 오답 풀이 |

① 2문단에서 설명하고 있다.
③ 글의 전반을 통해 기리고차가 거리를 측량하는 데 사용되었다는 것을 알 수 있다. 또 5문단에서 기리고차가 토지 측량을 통해 지도 제작과 세금 징수 등에 사용되었을 것이라는 것을 알 수 있다.
④, ⑤ 5문단에서 언급하고 있다.

2 ㉠은 아래바퀴가 15회 회전을 하는 동안 중간바퀴가 한 번 회전한다는 것으로, 이는 두 개의 대상이 일정한 비율로 움직이는 것을 의미한다. 따라서 이와 같은 사례는 시계의 초침이 60 눈금을 움직여 1바퀴 도는 동안 분침이 하나의 눈금을 이동하는 것이라고 볼 수 있다.

| 오답 풀이 |

①, ②, ③, ⑤ 두 가지 대상이 비례 관계를 가지며 이동하거나 작동하는 것과는 관련이 없는 내용들이다.

3 4문단에서 기리고차는 수레바퀴의 이동에 따라 거리를 측정하였기 때문에 직선이든 곡선이든 거리 측정이 가능했다고 언급하고 있다.

| 오답 풀이 |

① 2문단에 따르면, 기리고차의 윗바퀴가 한 번 회전하려면 18,000자, 즉 13.75리를 이동하여야 한다. 그러나 A와 B 사이의 거리는 10리이므로 윗바퀴가 채 한 번 회전하지 못했다는 것을 알 수 있다.
② 3문단에 따르면 기리고차는 10리를 갔을 때 북이 여러 번 울린다는 것을 알 수 있다. B와 C는 A로부터 각각 10리와 20리 떨어져 있으므로 모두 북이 여러 번 울릴 것임을 알 수 있다.
③ 3문단에 따르면 기리고차는 0.5리를 가면 종이 한 번 울린다. 그런데 A와 B, B와 C의 거리는 모두 10리에 해당하므로 종이 한 번 울리는 횟수는 동일하다고 볼 수 있다.
⑤ 4문단에서 기리고차 이전의 측량법은 새끼줄이나 노끈을 사용하여, 이것들이 물에 젖기만 해도 길이가 달라졌다고 하였다. 따라서 이전의 측량법은 날씨에 따라 측정된 거리가 달라질 수 있다는 것을 알 수 있다.

어 휘 · 어 법

4 한자어의 경우 두 음절 단어 '곳간(庫間), 셋방(貰房), 숫자(數字), 찻간(車間), 툇간(退間), 횟수(回數)' 6개만 사이시옷이 들어간다. 따라서 '횟수'가 바른 표기이다.

2018년 고1 전국연합학력평가 3월

1 ①   **2** ④   **3** ④

지문 분석

문단 요약

1문단
초고층 건물의 개념과 건물에 작용하는 하중
– 초고층 건물의 개념: 높이 (200미터) 이상이거나 50층 이상인 건물
– 초고층 건물에 작용하는 하중: 수직 하중과 수평 하중

2문단
수직 하중을 견디기 위한 구조: 보기둥 구조
– 기둥과 기둥 사이를 가로지르는 보를 설치하고 그 위에 (바닥판)을 놓은 구조
– 바닥판에 작용하는 하중이 보에 의해 분산되어 (수직 하중)을 잘 견딤.

3문단
초고층 건물의 안전을 위협하는 수평 하중
– 수평 하중은 사방에서 작용하는 힘으로 초고층 건물의 안전에 큰 영향을 미침.
– 수평 하중의 90% 이상이 (바람)에 의해 발생하며, 바람은 건물의 안전을 위협하는 주요 요인임.

4문단
수평 하중을 견디기 위한 초고층 건물의 구조 ①: 코어 구조
– 코어: 빈 (파이프) 모양의 철골 콘크리트 구조물을 건물 중앙에 세운 것으로, 건물의 높이가 높아질수록 코어의 크기도 커짐.

5문단
수평 하중을 견디기 위한 초고층 건물의 구조 ②: 아웃리거 – 벨트 트러스 구조
– 벨트 트러스: (철골)을 사용해 건물의 외부 기둥들을 삼각형 구조의 트러스로 짜서 벨트처럼 둘러 싼 것으로 (수평 하중)을 지탱하는 역할을 함.
– 아웃리거: 콘크리트를 사용하여 건물 외벽에 설치된 벨트 트러스를 내부의 (코어)와 견고하게 연결한 것

정보 확인

수직 하중	수평 하중
• 건물 자체의 무게로 인해 땅 표면에 (수직) 방향으로 작용하는 힘 • 수직 하중을 견디기 위해 (보기둥) 구조를 사용함.	• 바람이나 지진 등에 의해 건물에 (가로) 방향으로 작용하는 힘 • 수평 하중을 견디기 위해 (코어) 구조와 아웃리거 – 벨트 트러스 구조를 사용함.

어 휘 · 어 법

1 ○   2 ○   3 ×   4 ⓛ   5 ⓒ

6 ⓔ   7 ⓐ   8 ⓜ

해제 | 이 글은 초고층 건물에 작용하는 힘인 수직 하중과 수평 하중을 견디어 내기 위한 초고층 건물의 구조를 설명하고 있다. 수직 하중은 건물 자체의 무게로 인해 땅 표면에 수직 방향으로 작용하는 힘이고, 수평 하중은 바람이나 지진 등에 의해 건물에 가로 방향으로 작용하는 힘이다. 그런데 수평 하중은 위에서 아래 방향으로 작용하는 수직 하중과 달리 사방에서 작용하기 때문에, 초고층 건물에서는 수직 하중보다 수평 하중이 안전에 미치는 영향이 더 크다. 수직 하중을 견디기 위해서는 주로 보기둥 구조가 사용되며, 수평 하중을 견디기 위해서는 코어 구조와 아웃리거–벨트 트러스 구조가 사용된다.

주제 | 수직 하중과 수평 하중을 견디기 위한 초고층 건물의 구조

출전 시공 기술 연구단, 「초고층 빌딩 건축 기술」

1   1문단에서 수직 하중은 건물 자체의 무게로 인해 땅 표면에 수직 방향으로 작용하는 힘이라고 하였고, 3문단에서 수평 하중은 사방에서 작용하는 힘이라고 하였다.

| 오답 풀이 |

② 1문단에서 수직 하중은 건물 자체의 무게로 인해 땅 표면에 수직 방향으로 작용하는 힘이라고 하였다. 따라서 건물이 높아지면 건물 자체의 무게가 커지므로 수직 하중이 증가한다고 볼 수 있다.

③ 2문단에서 보기둥 구조에서는 설치된 보의 두께만큼 건물의 한 층당 높이가 높아진다고 하였다.

④ 3문단에서 건물이 많은 도심에서는 넓은 공간에서 좁은 공간으로 바람이 불어오면서 풍속이 빨라지는 현상이 발생한다고 하였다.

⑤ 3문단에서 바람에 의해 공명 현상이 발생하면 건물이 매우 크게 흔들린다고 하였으므로, 이는 수평 하중을 증가시키는 요인이 된다고 볼 수 있다.

2   5문단에서 트러스는 건물의 외부 기둥들을 둘러싼 것이라고 하였고, 아웃리거가 이 벨트 트러스를 내부의 코어와 견고하게 연결한 것이라고 하였다.

| 오답 풀이 |

① 2문단에서 보기둥 구조는 기둥과 기둥 사이를 가로지르는 수평 구조물인 보를 설치하고 그 위에 바닥판을 놓은 구조라고 하였다.

② 2문단에서 바닥판에 작용하는 하중이 기둥에 집중되지 않고 보에 의해 분산된다고 하였다.

③ 4문단에서 초고층 건물은 그 높이가 높아질수록 수평 하중이 커지고 그에 따라 코어의 크기도 커져야 한다고 하였다.

⑤ 5문단에서 초고층 건물의 높이가 높아질수록 코어 구조만으로 수평 하중을 완벽하게 견뎌 낼 수 없어, 아웃리거-벨트 트러스 구조를 사용해 코어 구조를 보완한다고 하였다.

3   '지탱'은 '오래 버티거나 배겨 냄.'이라는 의미를 지닌 단어이다. '어떤 상태나 현상을 그대로 보존함.'이라는 의미를 지닌 단어는 '유지'이다.

어 휘 · 어 법

1 '초고층'은 접사 '초–'에 명사인 '고층'이 결합된 단어로, 실질 형태소에 접사가 결합하여 하나의 단어가 된 파생어이다. '요술쟁이' 역시 명사 '요술'에 접사 '–쟁이'가 결합된 파생어이다.

2 '풋잠'은 접사 '풋–'에 명사인 '잠'이 결합되어 이루어진 파생어이다.

3 '덮밥'은 동사 '덮다'의 어간인 '덮–'에 명사 '밥'이 결합된 단어로, 둘 이상의 실질 형태소가 결합하여 하나의 단어가 된 합성어이다.

우리 무용의 특징

2007년 고1 전국연합학력평가 9월

1 ③　　**2** ①

지 문 분 석

문단 요약

1문단	우리 춤은 손이 춤을 구성하는 중심축이 되고, 다른 신체 부위는 손을 보조하며 춤을 완성한다.	(○)
2문단	손이 중심이 되어 만들어 내는 우리 춤의 선은 내내 직선과 곡선을 반복적으로 유지한다.	(×)
3문단	우리 춤에 등장하는 곡선의 형태는 다양하지만 그 길이는 항상 같다.	(×)
4문단	호흡의 조절을 통해 다양하게 구현되는 곡선들 사이에는 우리 춤의 구성 요소인 '정지'가 숨어 있다.	(○)
5문단	우리 춤에서의 '정지'는 '마음의 몰입'이 반영된 결과이므로 멈춤 그 자체가 아니라 동작의 연장으로 볼 수 있다.	(○)

정보 확인

서양 춤은 몸의 선이 잘 드러나는 옷을 입고 추는 데 반해 우리 춤은 옷으로 몸을 가린 채 손만 드러내 놓고 추는 경우가 많기 때문이다.

글의 구조

'손으로 추는 선(線)의 예술'인 우리 춤의 특징

곡선	정지
• 우리 춤의 선은 곡선이 (연속)적으로 이어지면서 춤을 완성함.	• 정지하기 어려운 동작에서 하는 정지는 (예술적 기교)로 간주됨.
• 우리 춤에 등장하는 다양한 곡선 – 다양한 (형태): 힘 있는 선, 유연한 선, 동적인 선, 정적인 선, 무거운 선, 가벼운 선 등 – 다양한 (길이): 긴 곡선, 짧은 곡선	• '움직임의 없음'은 '(멈춤)'이 아니라 (동작)의 연장선상으로 이해해야 함. • 상상의 선을 만들어 춤을 이어 가는 (마음의 몰입)이 발현된 결과임.

어 휘 · 어 법

1 자잘하다　**2** 휘돌다　**3** 보조하다　**4** 간드러지다

5 ⓒ　　**6** ⓒ　　**7** ㉠　　**8** ㉣

해제 | 이 글은 우리 춤의 예술적 특징을 설명하고 있다. 손이 중심이 되어 선을 만들어 내는 우리 춤은 춤의 진행 과정 내내 곡선을 유지한다. 그러나 그 곡선 사이에는 우리 춤에서 빼놓을 수 없는 구성 요소인 '정지'가 존재한다. 정지는 '움직임의 없음'인데, 이는 동작의 연장선상에서 이해할 수 있다. 이렇게 '정지'를 동작의 연장으로 보는 것은 '마음의 몰입'으로 인해 가능하다. 우리 춤이 내내 곡선을 유지한다는 것은 실재하는 곡선뿐만이 아니라 마음의 몰입까지 포함한다는 의미이며, 글쓴이는 이를 우리 춤의 가장 큰 특징으로 강조하고 있다.

주제 | 손으로 추는 선의 예술인 우리 춤의 예술적 특징

출전 정병호, 『한국 무용의 미학』

---

1 우리 춤은 '곡선'을 위주로 진행되는 과정 중에 '정지'가 나타나며, 정지의 상태에서도 상상의 선을 느낄 수 있는 경지를 구현한다고 하였다. 우리 춤의 다양한 곡선은 춤을 추는 이의 호흡 조절을 통해 구현되는데, 그렇다고 해서 힘차고 가벼운 동작이 규칙적으로 반복되는 것은 아니므로 ③은 적절하지 않다.

| 오답 풀이 |

① 1문단에 '우리 춤을 손으로 추는 선의 예술이라 한다.'라는 내용이 제시되어 있으므로 적절하다.
② 2문단의 첫 문장에 '우리 춤의 선은 내내 곡선을 유지한다.'라는 내용이 언급되어 있으므로 적절하다.
④ 4문단의 첫 문장에 '호흡의 조절을 통해 다양하게 구현되는 곡선들'이라는 표현이 있으므로 적절하다.
⑤ '정지'는 우리 춤의 중요한 특징 중 하나이며, 우리 춤은 '곡선'과 '정지'를 통해 구현되므로, 우리 춤을 감상할 때 동작의 정지 상태를 잘 살펴야 한다는 설명은 적절하다.

2 우리 춤의 선은 내내 '곡선'을 유지하면서 진행된다. 이 말은 춤이 시종일관 곡선만으로 진행된다는 것이 아니라, '정지'의 순간에도 상상의 선을 만들어 춤을 이어 갈 수 있다는 의미이다. 이는 몰입 현상에 의해 완성되는 우리 춤의 특성을 보여 주는 것으로, '곡선'과 더불어 '정지'의 순간에도 유지되는 선까지 느낄 수 있어야 우리 춤을 제대로 감상하는 것임을 알 수 있게 해 준다. 그러나 ①은 '호흡의 과정'으로 '정지'의 상태를 의미하는 ②~⑤와 의미가 다르다.

| 오답 풀이 |

② '정지하기 어려운 동작에서 정지하는 것'은 춤을 추다가 정지한 상태를 의미한다.
③ '움직임의 없음'에서 정지는 말 그대로의 정지가 아닌 동작의 연상선상에서의 정지를 의미한다.
④ '동작의 연장으로 보는 것'은 우리 춤에 담겨 있는 '마음의 몰입'이 발현된 결과로서의 정지 상태를 의미한다.
⑤ '선을 만들어 내지 않고 멈춰 있는 듯한 장면'도 바로 뒤에 이어지는 내용에 '이런 동작의 정지 상태'라는 언급이 있으므로 정지 상태라고 할 수 있다.

어 휘 · 어 법

2 '어떤 물체를 중심으로 휘어서 돌다.'를 의미하는 단어는 '휘돌다'이다.
3 '주되는 것에 상대하여 거들거나 돕다.'를 의미하는 단어는 '보조하다'이다.

1 ②   2 ③   3 ①

지문 분석

문단 요약

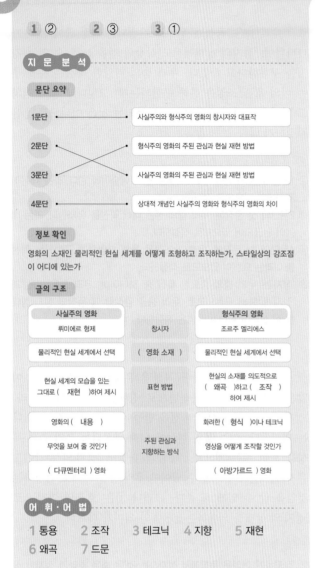

1문단 ──── 사실주의와 형식주의 영화의 창시자와 대표작

2문단 ──┐ ┌─ 형식주의 영화의 주된 관심과 현실 재현 방법

3문단 ──┘ └─ 사실주의 영화의 주된 관심과 현실 재현 방법

4문단 ──── 상대적 개념인 사실주의 영화와 형식주의 영화의 차이

정보 확인

영화의 소재인 물리적인 현실 세계를 어떻게 조형하고 조직하는가, 스타일상의 강조점이 어디에 있는가

글의 구조

사실주의 영화		형식주의 영화
뤼미에르 형제	창시자	조르주 멜리에스
물리적인 현실 세계에서 선택	(영화 소재)	물리적인 현실 세계에서 선택
현실 세계의 모습을 있는 그대로 (재현)하여 제시	표현 방법	현실의 소재를 의도적으로 (왜곡)하고 (조작)하여 제시
영화의 (내용)		화려한 (형식)이나 테크닉
무엇을 보여 줄 것인가	주된 관심과 지향하는 방식	영상을 어떻게 조작할 것인가
(다큐멘터리) 영화		(아방가르드) 영화

어휘·어법

1 통용   2 조작   3 테크닉   4 지향   5 재현

6 왜곡   7 드문

해제 | 이 글은 영화에서의 '형식주의'와 '사실주의'의 유사점과 차이점에 대해 논의를 전개하고 있다. 형식주의 영화와 사실주의 영화의 공통점은 물리적인 현실 세계를 영화의 소재로 삼고 있다는 것이다. 하지만 사실주의 영화는 현실의 모습을 그대로 재현하기 위해 형식이나 테크닉보다는 영화의 내용을 중시하는 반면, 형식주의 영화는 현실에 대한 주관적 경험을 표현하기 위해 현실의 소재를 의도적으로 왜곡하고, 사건의 이미지를 조작한다는 점에서 차이가 있다.

주제 | 사실주의 영화와 형식주의 영화의 차이

출전 루이스 자네티, 「영화의 이해」

---

1   형식주의 영화는 소재를 의도적으로 왜곡하고, 사건의 이미지를 조작하지만 비현실적인 소재를 활용하지는 않는다. 4문단에서 물리적인 현실 세계는 사실주의 영화이든 형식주의 영화이든 모든 영화의 소재가 된다고 하였으므로 ②는 적절하지 않다.

| 오답 풀이 |

① 2문단에서 사실주의 영화의 주된 관심은 형식이나 테크닉이 아니라 오히려 내용이라고 언급하고 있으므로 적절하다.

③ 1문단에 조르주 멜리에스는 「달세계 여행」이라는 판타지 영화를 만들었다는 언급이 있고, 그는 형식주의 영화의 전통적 창시자라고 했으므로 적절하다.

④ 2문단에서 사실주의 영화의 감독들은 영상을 편집하고 조작하기보다는 현실을 드러내는 것을 중시한다고 했으므로 적절하다.

⑤ 3문단에 형식주의 영화는 현실에 대한 주관적인 경험을 표현하는 데 관심을 기울인다는 언급이 있으므로 적절하다.

2   〈보기〉의 관점에서 사실주의 영화의 전제인 ㉠의 관점을 비판할 수 있는지를 묻고 있다. 〈보기〉에서 사진이란 '대상의 전체 물질적인 속성들 가운데 단지 하나 혹은 둘 정도를 선택하여 의도적으로 재현한 것일 뿐이다.'라고 했으므로, 〈보기〉의 관점에서 보면 다큐멘터리 영화도 현실의 일부를 소재로 선택하기 때문에 현실 세계의 완벽한 재현은 불가능하다고 비판할 수 있을 것이다.

| 오답 풀이 |

① 현실에 대한 주관적인 경험을 표현하는 데 관심을 기울이는 것은 형식주의 영화에 대한 내용이므로 사실주의 영화의 전제인 ㉠에 대한 비판적 의문으로 적절하지 않다.

② 현실을 의도적으로 변형하는 것은 형식주의 영화의 특징이라는 점에서, 이는 사실주의 영화 입장에서 형식주의 영화를 비판한 것이므로 적절하지 않다.

④ 사실주의 영화의 입장을 강조하는 의문이므로 적절하지 않다.

⑤ 영화의 표현이 아닌 감상 측면의 의문이므로 적절하지 않다.

3   ⓐ '기발'은 '유달리 재치가 뛰어남.'이라는 뜻이다. ①에 제시된 '수준이 정도 이상으로 뛰어남.'은 '월등'의 사전적 의미이므로 적절하지 않다.

어휘·어법

1 '일반적으로 두루 씀.'을 의미하는 단어는 '통용'이다.

5 '재생'은 '낡거나 못 쓰게 된 물건을 가공하여 다시 쓰게 함.'을 의미하는 단어이다.

03 음악의 감정 표출

예술

03 음악의 감정 표출

예술

03 음악의 감정 표출 (예술)

144~147쪽

2012년 고1 전국연합학력평가 9월

1 ② **2** ④

지문 분석

문단 요약

1문단 음악은 (소리)로 감정을 표현한다는 점에서 (언어)와 유사하다는 측면이 부각됨.

▼

2문단 16세기 르네상스 시대에 들어서면서 음악이 지닌 (감정적 효과)에 대한 관심을 가지기 시작함.

▼

3문단 17세기 바로크 시대에 이르러 음악이 (감정)을 표현한다는 생각이 '(감정) 이론'으로 체계화됨.

▼

4문단 18세기 중반에 이르러 감정 표현은 '서술 원리'에서 '(표출 원리)'로 변함.

글의 구조

고대 그리스	• 음악의 도덕적·윤리적 작용에 관심을 둠.

16세기 르네상스 시대	• 음악이 지닌 감정적 효과에 관심을 둠.
	  – 사람의 마음 상태, 사물, 환경 등을 음악적으로 잘 묘사하려 함.
	• 문예 모임인 피렌체의 카메라타는 (연극)과 음악이 결합된 예술을 지향함.
	• 가사를 잘 전달할 수 있는 단선율 노래인 (모노디) 양식을 고안함.
	  → (오페라)의 탄생에 영향을 줌.

17세기 바로크 시대	• 음악에 대한 '감정 이론'을 체계화함.
	  – 특정한 (정서)를 음정, 화성, 선율, 리듬, 템포로 재현할 수 있다고 믿음.
	  – 작곡자는 다른 사람의 감정을 그리는 (화가)에 비유될 수 있음.
	  – 개인적·주관적인 감정이 아닌 공동체를 기반으로 한 (유형화된) 감정을 표현함.

18세기 중반	• 음악의 감정 표현은 '서술 원리'에서 '표출 원리'로 변함.
	• 철학자 헤겔은 음악의 본질적 특성을 '(주관적 내면성)'으로 봄.
	  – 자신의 내면에서 나오는 추상적인 감정은 규정할 수 없음.
	  – 구체적이고 명료한 표상으로 나아가기 위해 (언어)로 보완될 필요가 있음.

어휘·어법

1 명료 2 비통 3 부각 4 보완 5 증대
6 로써 7 선율

해제 | 이 글은 음악을 언어에 비유하여 '음악은 감정을 표현하는 언어다'라는 측면에서 시대에 따른 음악에 대한 관심의 변화를 드러내고 있다. 고대 그리스 철학자들은 음악의 도덕적·윤리적 작용에 관심을 가졌으나, 16세기 르네상스 시대에는 음악이 지닌 감정적 효과에 대한 관심이 증대되었고, 17세기 바로크 시대에 이르러 이는 '감정 이론'으로 체계화되었다. 하지만 18세기 중반에 감정 표현은 '서술 원리'에서 '표출 원리'로 변하게 되었고, 철학자 헤겔은 음악의 본질적 특성을 '주관적 내면성'으로 보고 추상적인 감정은 규정할 수 없으므로 가사를 가진 음악이 더 낮다는 생각을 드러냈다.

주제 | 음악의 감정 표출에 대한 인식의 변화

출전 노정희, 『서양 음악의 이해』

---

1 2문단에서 여러 성부가 동시에 서로 다른 리듬으로 노래하는 다성 음악 양식은 가사의 내용을 전달하는 데 적합하지 않다고 했으므로, 내용 전달 목적의 노래에서 다성 음악 양식이 효과적이라는 ②는 이 글의 내용과 일치하지 않는다.

| 오답 풀이 |

① 1문단에 언어가 어떤 내용을 전달하는 것처럼 음악도 무언가를 표현한다고 여겼다는 설명이 있고, 2문단에서 16세기 르네상스 시대 이후 사람들은 음악이 지닌 감정적 효과에 관심을 갖기 시작했다고 하였다.
③ 2문단에서 고대 그리스 철학자들은 음악의 도덕적·윤리적 작용을 중시했다는 언급이 있다.
④ 2문단에 르네상스 시대에는 가사를 통해 사람의 마음 상태나 사물 혹은 환경 등을 음악적으로 잘 묘사하려는 구체적인 시도가 나타났다는 언급이 있다.
⑤ 2문단에서 고대 그리스 비극은 연극과 음악이 결합된 예술을 지향했다는 언급이 있다.

2 ㉠은 가사 내용 전달을 위해 다성 음악 양식 대신에 단선율의 모노디 양식을 고안했다는 내용이다. 반면 〈보기〉는 감정을 표현하려는 가사가 오히려 음악을 방해한다는 입장을 취하고 있다. ④는 춤에서 몸동작과 표정에 치중하다가 율동성을 잃어버린다는 내용이므로 밑줄 친 부분을 뒷받침하는 내용으로 적절하다.

| 오답 풀이 |

① 음악의 음들이 끊임없이 변화 발전하여 아름다운 음악적 형상과 음색을 만들어 낸다는 데 주목하고 있으므로 〈보기〉의 내용과 관계가 없다.
② 동백꽃, 백합, 장미 중에 어떤 것이 더 아름답다고 할 수 없다고 하면서 상대적인 아름다움을 말하고 있지만 이는 〈보기〉의 내용과 관계가 없다.
③ 감각을 위한 언어로 우리 안에 잠재해 있는 예술 감각을 일깨우라는 내용으로, 이 역시 〈보기〉의 내용과 관계가 없다.
⑤ 조화로운 구도의 사진처럼 조화의 법칙을 통해 완벽한 표현을 하라는 것인데, 〈보기〉에서는 음악을 방해하는 언어적 요인에 대해 설명하고 있으므로 거리가 멀다.

어휘·어법

4 '모자라거나 부족한 것을 보충하여 완전하게 함.'을 의미하는 단어는 '보완'이다.
7 모음으로 끝나거나 'ㄴ' 받침을 가진 일부 명사 뒤에서는 '–율'로, 그 외의 경우는 '–률'로 표기하므로, '선율'이 올바른 표기이다.

정답과 해설 • **35**

04 예술 한국 전통 건축의 비대칭성

2013년 고1 전국연합학력평가 9월

1 ⑤   2 ③   3 ①

지문 분석

정보 확인

1) 건축을 대칭 구도로 짓는 것은 세계 각국의 일반적인 현상이다. ─────── (○)
2) 궁궐같이 규모가 큰 건축물은 대칭 구도로 짓는 것이 불가능하다. ─────── (×)
3) 한국 전통 건축의 자연관은 주변 자연 지세에 건축물을 맞추는 것이다. ── (○)
4) 한국 전통 건축에서는 비대칭 구도가 대칭 구도보다 더 선호되어 왔다. ─── (○)
5) 한국 전통 건축에는 산만한 혼란으로 인한 무질서적 비대칭이 반영되어 있다. (×)

중심 내용

나름대로 고도의 질서를 구성하여 전체적으로 큰 균형감이 느껴지도록 하는 것

글의 구조

서양 고전 건축		한국 전통 건축
대칭 구도를 선호함. (정형적) 질서를 추구함.	선호하는 구도	비대칭 구도를 선호함.
인간의 선인 (직선)으로 인간만의 새로운 질서를 세우려 함.	자연관	주변의 (자연 지세)에 순응하여 (자연 지세)에 건축물을 맞추려 함.

'(비대칭적 대칭)' 구도를 드러냄.

어휘·어법

1 선호   2 강박 관념 3 정형   4 배치   5 의도적
6 비치는   7 비추고

해제 | 이 글은 한국 전통 건축 구도에 담긴 의미를 비대칭성을 중심으로 설명하고 있다. 건물을 대칭으로 짓는 것이 세계 각국의 일반적인 현상이며, 서양의 경우 대칭 구조를 강박에 가까울 정도로 선호한다는 점에서 한국 전통 건축에 나타나는 비대칭 구도는 대칭 구도를 의도적으로 피한 결과라고 할 수 있다. 이는 서양 고전 건축의 자연관과는 분명히 구별되는 것으로, 주변의 자연 지세(地勢)에 순응하고자 한 한국 전통 건축의 친자연적 건축관을 보여 준다. 글쓴이는 한국 전통 건축의 비대칭은 좌우 모습이 거울에 비치듯 똑같지는 않지만 전체적으로 보았을 때 큰 균형감이 느껴진다는 점에서 무질서적 비대칭과는 다른 것임을 강조하고 있다.

주제 | 한국 전통 건축의 비대칭성

출전 임석재, 「비대칭적 대칭과 무위적 가치」

---

1 ⓒ은 대칭 구도로 지어진 서양 건축물의 사례이고, ⓐ은 '큰 규모의 건축물일지라도 대칭 구도로 짓는 것이 가능하다.'라는 내용이다. 그러므로 ⓜ은 ⓒ과 ⓐ을 절충하여 내린 새로운 결론으로 볼 수 없다.

|오답 풀이|

① ㉠의 '~ 사실이다.'에서 알 수 있듯이 이는 사실에 대한 일반적 진술을 한 것으로 볼 수 있다.
② ㉡의 맨 앞에 위치한 '그러나'를 통해 앞 문장과 상반되는 내용이라는 것을 알 수 있다.
③ ㉢에서는 '~ 등이 이에 해당한다.'라고 하면서 앞 문장에서 언급한 내용에 대한 구체적인 사례를 제시하고 있다.
④ ㉣의 '이는 ~ 잘 보여 준다.'에서 '이는'은 앞서 언급한 내용들을 가리킨다고 할 수 있다. 따라서 ㉡과 ㉢을 바탕으로 이끌어 낸 내용임을 알 수 있다.

2 〈보기〉에서 죽서루의 누대 아래에 제각기 다른 아래층 기둥들은 자연 그대로의 바위 형태에 맞춘 것으로, 죽서루가 자연을 훼손하지 않고 주변의 자연 지세에 순응하고자 했던 건축물임을 알 수 있게 한다. 따라서 길이가 제각기 다른 죽서루의 아래층 기둥에는 자연과의 조화를 중시하는 친자연적 건축관이 반영되었다고 할 수 있다.

|오답 풀이|

① 17개의 기둥이 대칭을 이루고 있다는 언급이 없을 뿐 아니라, 인간의 선인 직선을 활용하여 새로운 질서를 세우고자 한 것은 서양 고전 건축의 자연관이므로 적절하지 않다.
② 죽서루의 누대 아래에 제각기 다른 아래층 기둥들은 자연 그대로의 바위 형태에 맞춘 것으로, 전체적으로 정형적 질서를 지킨 것으로 보기 어렵다.
④ 주변 지세에 순응하고자 했던 것은 서양 고전 건축의 자연관이 아니라 한국 전통 건축의 자연관이므로 적절하지 않다.
⑤ 바위를 다듬거나 갈지 않고 자연 그대로 활용한 것은 대칭 구도를 위한 것이 아니라 주변 지세에 순응한 것이며, 한국의 전통 건축은 대칭 구도가 아니라 비대칭 구도를 선호했으므로 적절하지 않다.

3 ㉠의 '보존'은 '–되다', '–하다'와 결합하여 각각 자동사와 타동사로 쓰일 수 있고, 나머지는 '–하다'와만 결합한다.

어휘·어법

6 '물체의 그림자나 영상이 나타나 보이다.'를 의미하는 단어는 '비치다'이다.
7 '빛을 내는 대상이 다른 대상에 빛을 보내어 밝게 하다.'를 의미하는 단어는 '비추다'이다.

2016년 고1 전국연합학력평가 3월

1 ③　　**2** ①

지 문 분 석

문단 요약

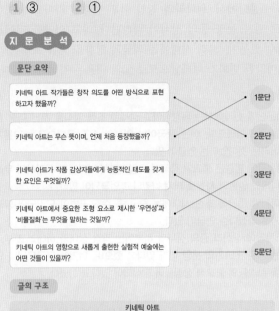

키네틱 아트 작가들은 창작 의도를 어떤 방식으로 표현하고자 했을까?	1문단
키네틱 아트는 무슨 뜻이며, 언제 처음 등장했을까?	2문단
키네틱 아트가 작품 감상자들에게 능동적인 태도를 갖게 한 요인은 무엇일까?	3문단
키네틱 아트에서 중요한 조형 요소로 제시한 '우연성'과 '비물질화'는 무엇을 말하는 것일까?	4문단
키네틱 아트의 영향으로 새롭게 출현한 실험적 예술에는 어떤 것들이 있을까?	5문단

글의 구조

키네틱 아트	
의미	• 그리스어 '키네티코스'에서 유래. '(움직임)'을 의미함. • 움직임을 중시하거나 그것을 주요 요소로 하는 예술 작품을 뜻함.
출현 배경	• 급격하게 기계 문명 사회로 변화하던 시기를 배경으로 출현함. • 1920년대 '키네틱'이라는 단어가 조형 예술에 최초로 사용됨.
표현 방식	• (기계의 움직임)을 예술적 요소로 수용하여 작품 전체나 일부를 움직이게 함. • 외부적인 자연의 힘이나 동력 장치와 같은 (내부적)인 힘에 의해 구현함. • 대상을 사실적으로 재현하는 것이 아니라 추상적 구조물처럼 보이도록 함.
조형 요소	• 우연성: 작품의 예측 불가능한 움직임 • (비물질화): 작품이 고정되지 않고 계속 움직이는 상태 　→ (시각 자극)을 통해 감상자들이 풍부한 이미지를 상상할 수 있도록 함.
의의	• 1960년대 들어 다양한 (실험적) 예술의 길을 열어 줌. 　→ 비디오 아트, 레이저 아트, 홀로그래피 아트 등

어 휘 · 어 법

1 급격　**2** 출현　**3** 동력　**4** 예측　**5** 조형
6 ○　　**7** ○　　**8** ×　　**9** ×

해제 | 이 글은 키네틱 아트의 개념과 등장 배경, 조형 요소, 예술사적 의의를 밝히고 있다. 키네틱 아트는 산업 혁명 이후 기계 문명 사회로 변화하던 시기를 배경으로 출현하였으며, 물체의 실제적인 움직임을 중시하는 예술이다. 키네틱 아트 작가들은 기계의 움직임을 예술적으로 수용하여 작가의 창작 의도를 표현하였으며 우연성, 비물질화를 중요한 조형 요소로 제시하였다. 이러한 키네틱 아트는 1960년대에 들어서 다양한 실험적 예술이 출현하게 되는 계기를 제공하였다.

주제 | 키네틱 아트의 출현과 예술사적 의의

출전 이정인, 「키네틱 아트란 무엇인가?」

---

1 이 글은 1문단에서 키네틱 아트의 어원과 등장 배경을, 3문단에서 조형 요소를, 마지막 문단에서 예술사적 의의를 각각 언급하고 있다. 하지만 이 글에 키네틱 아트 작품의 제작 과정에 대한 구체적인 내용은 언급되어 있지 않다.

|오답 풀이|

① 1문단에 '키네틱 아트'는 움직임을 의미하는 그리스어 '키네티코스'에서 유래한 말이라고 언급되어 있다.
② 1문단에 키네틱 아트는 산업 혁명을 통해 기계 문명 사회로 변화하던 시기를 배경으로 출현하였다는 언급이 있다.
④ 3문단에 키네틱 아트는 '우연성'과 '비물질화'를 조형 요소로 제시하였다는 언급이 있다.
⑤ 마지막 문단에 키네틱 아트는 다양한 실험적 예술의 길을 열어 주었다는 언급이 있다.

2 〈보기〉는 키네틱 아트 작가인 테오 얀센의 「아니마리스」를 설명하고 있다. 이 글에서는 키네틱 아트 작가들이 대상을 사실적으로 재현하는 것이 아니라 추상적 구조물처럼 보이도록 창작했다고 설명하고 있다. 따라서 「아니마리스」가 생명체의 형상을 그대로 재현하는 데 초점을 두고 있다는 언급은 적절하지 않다.

|오답 풀이|

② 「아니마리스」가 바람에 의해 계속 움직이면서 고정되어 있지 않다는 점에서, 형태가 고정되지 않는 특성인 비물질화가 나타난다고 볼 수 있으므로 적절하다.
③ 「아니마리스」가 바람에 의해 다양한 움직임을 나타내면 감상자에게 시각을 자극하는 효과를 줄 수 있으므로 적절하다.
④ 〈보기〉에서 언급한 것처럼 「아니마리스」는 공학 기술과 예술을 접목시킨 작품이라고 할 수 있으므로 적절하다.
⑤ 바람에 의해 움직인다는 점에서 「아니마리스」는 외부적인 자연의 힘으로 움직임이 구현된다고 볼 수 있으므로 적절하다.

어 휘 · 어 법

8 '사람에게 권리·명예·임무 따위를 지니도록 해 주거나, 사물이나 일에 가치·의의 따위를 붙여 줌.'을 의미하는 단어는 '부여'이다.
9 '어떤 일이 일어나거나 변화하도록 만드는 결정적인 원인이나 기회.'를 의미하는 단어는 '계기'이다.

신라의 범종

예술

06

2017년 고1 전국연합학력평가 3월

1 ⑤ **2** ④

지문분석

정보 확인

1) 우리나라의 범종은 불교가 중국에서 유입되면서 나타나기 시작했다. ……… (○)

2) 우리나라 범종의 전형적인 조형 양식은 신라에서 완성되었다. ……… (○)

3) 신라의 범종은 중국이나 일본의 범종과 달리 수직 원통형으로 되어 있다. (×)

4) 주조 공법이 발달했던 신라의 범종에는 섬세한 문양이 장식되어 있다. (○)

5) 고려 후기에는 중국의 대형 종 주조 공법을 도입하였다. ……… (×)

6) 조선 초기에는 왕실이 주도하여 신라의 주조 공법으로 대형 종을 주조하였다. (×)

정보 확인

중국 종은 몸체의 하부가 팔(八) 자로, 일본 종은 수직 원통형으로 되어 있으나, 신라 종의 몸체는 항아리를 거꾸로 세워 놓은 것과 비슷하게 가운데가 불룩하게 튀어나와 있다.

글의 구조

	신라의 범종	중국의 범종	일본의 범종
정상부	• 용뉴(한 마리 용) • 음통이 (있음).	• 용뉴(쌍용 형태) • 음통이 없음.	• 용뉴(쌍용 형태) • 음통이 없음.
몸통 모양	(항아리)를 거꾸로 세워 놓은 모양	하부가 (팔(八)) 자로 벌어져 있는 모양	수직 (원통) 모양
문양	• (불교적) 상징 물이 장식된 상·하대 가 있음. • 상대 아래 네 방향에 사 다리꼴 유곽이 있음. • (연꽃 봉우리) 형상 의 유두가 9개씩 있음. • 타종 부위인 당좌 사이 에 (천인상)이 장식되어 있음.	유두와 유곽이 없음.	• 단순한 꼭지 형상의 유 두가 있음. • 당좌 사이에 가로 세로 의 띠만 있음.

어휘·어법

1 ⓜ **2** ⓒ **3** ⓔ **4** ⓖ **5** ⓛ

6 미약 **7** 견대 **8** 범자 **9** 억제 **10** 계승

해제 | 이 글은 신라 종의 조형 양식의 특징과 계승 양상을 설명하고 있다. 신라 범종은 몸체가 항아리를 거꾸로 세운 형태였고, 정상부의 용뉴에 달린 용은 한 마리였으며, 용뉴 뒤에는 음통이 있었다. 또한 섬세한 문양들이 장식되어 있고, 사다리꼴 모양의 유곽 안에 연꽃 봉우리 형상이 장식된 유두가 9개씩 있었다. 고려 시대에 이러한 양식이 미약한 변화 속에서 계승되었으며, 대형 종의 주조 공법이 사라졌다. 조선 초기에는 중국 종의 주조 공법이 도입되었으며, 이후 불교를 억제하는 정책에 따라 범종 제작이 통제되었다. 16세기에 사찰 주도로 소형 종이 주조되면서 신라 종의 조형 양식이 다시 나타났지만 이후 우리나라의 범종은 쇠퇴기에 접어들게 되었다.

주제 | 신라 범종의 조형 양식의 특징과 계승

출전 곽동해, 『범종』

---

1 4문단에서 '원나라의 침입 이후 전래된 라마교의 영향으로 범자 문양 등의 장식이 나타난다.'라고 언급한 것에서 알 수 있듯이, 고려 시대에는 외국의 영향을 받아 조형 양식에 미약한 변화가 나타났으므로 ⑤의 내용은 적절하지 않다.

|오답 풀이|

① 1문단에 신라에서는 독창적이고 섬세한 조형 양식을 지닌 대형 종을 주조하였으며, 이는 중국이나 일본의 주조 공법으로는 만들기 어려운 것이었다는 언급이 있다.

② 1문단에 범종은 불교가 중국에 유입되면서 나타나기 시작하여 우리나라와 일본의 사찰로 퍼져 나갔다고 언급되어 있다.

③ 마지막 문단에 조선 시대에는 중국 종 주조 공법이 도입되어 당좌가 사라졌다는 언급이 있다.

④ 3문단에서 신라 종의 상부와 하부에는 각각 상대와 하대라고 부르는 동일한 크기의 문양 띠가 있다고 했으며, 여기에 덩굴무늬나 연꽃무늬 등의 불교적 상징물이 장식되어 있다고 하였다.

2 3문단의 '당좌 사이에는 천인상이 아름답게 장식되어 있어 가로 세로의 띠만 있는 일본 종과 차이가 있다.'에서 알 수 있듯이, ⓓ는 천인상이며 일본 종에는 이 천인상이 없다. 따라서 ④의 설명은 적절하지 않다.

|오답 풀이|

① ⓐ는 용뉴인데, 2문단에 '신라 종의 용뉴는 쌍용 형태인 중국 종이나 일본 종의 용뉴와는 달리 한 마리 용의 모습을 하고 있다.'라는 언급이 있으므로 적절하다.

② ⓑ는 음통인데, 2문단에 '용뉴 뒤에는 우리나라의 범종에서만 특징적으로 나타나는 음통이 있다.'라는 언급이 있으므로 적절하다.

③ ⓒ는 유두인데, 3문단에 '상대 바로 아래 ~ 연꽃 봉우리 형상이 장식된 유두가 9개씩 있어, 단순한 꼭지 형상의 유두가 있는 일본 종이나 유두와 유곽 모두 존재하지 않는 중국 종과 차이를 보인다.'라는 언급이 있으므로 적절하다.

⑤ 2문단에서 '신라 종의 몸체는 항아리를 거꾸로 세워 놓은 것과 비슷하게 가운데가 불룩하게 튀어나온 모습을 하고 있다.'라고 했으므로, 몸체의 정점부가 가장 밑부분인 ⓔ보다 불룩하게 튀어나와 있다는 설명은 적절하다. 이와 달리 중국 종은 몸체의 하부가 팔(八) 자로 벌어져 있다고 했고, 일본 종은 수직 원통형으로 되어 있다고 했으므로 신라의 종과 다르다.

어휘·어법

4 '문양'의 사전적 의미는 '옷감이나 조각품 따위를 장식하기 위한 여러 가지 모양.'이다.

7 '절에 있는 범종 윗부분에 띠처럼 두른 무늬.'를 의미하는 단어는 '견대'이다.

10 '조상의 전통이나 문화유산, 업적 따위를 물려받아 이어 나감.'을 의미하는 단어는 '계승'이다.

07 진경산수화의 대가, 정선과 김홍도

160~163쪽

2017년 고1 전국연합학력평가 9월

1 ①　　**2** ③　　**3** ④

지문 분석

문단 요약

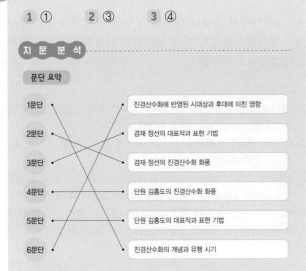

1문단	진경산수화에 반영된 시대상과 후대에 미친 영향
2문단	겸재 정선의 대표작과 표현 기법
3문단	겸재 정선의 진경산수화 화풍
4문단	단원 김홍도의 진경산수화 화풍
5문단	단원 김홍도의 대표작과 표현 기법
6문단	진경산수화의 개념과 유행 시기

글의 구조

겸재 정선		단원 김홍도
(성리학)에 대한 깊은 이해를 바탕으로 자신의 학문적 이상을 화폭에 담아내고자 함.	창작 경향	국가의 (화원)으로 일했던 경험을 바탕으로 실재하는 경치를 (사실적)으로 표현하고자 함.
중국의 화법인 (남종 문인화) 기법에 영향을 받음.	영향받은 화법	중국을 거쳐 들어온 서양 화법인 (원근법), (투시법) 등을 수용함.
「구룡폭도」에서 자신의 감흥을 표현하기 위해 (앞), (위), (아래)에서 본 것을 모두 한 그림에 담아냄.	대표 작품과 표현 방식	「구룡연」에서 구룡폭포를 사진 찍은 듯이 (생략)이나 (과장), 꾸밈이 없이 사실적으로 그려 냄.

어휘·어법

1 감흥　　2 조화　　3 서릿발　　4 본질　　5 전기

6 박진감　　7 자긍심

해제| 이 글은 18세기 조선에서 유행한 진경산수화의 본질에 대한 서로 다른 이해를 보여 준 두 대가에 대해 소개하고 있다. 성리학에 깊은 이해를 가졌던 겸재 정선은 중국의 화법인 남종 문인화 기법을 바탕으로 우리 산하를 주체적으로 그려 냈으며, 국가의 공식 행사를 사실대로 기록하는 화원이었던 단원 김홍도는 계산된 구도로 치밀하고 박진감 넘치는 화풍을 보여 주었다. 글쓴이는 진경산수화를 발전시킨 두 대가의 화풍이 후대의 19세기 여러 작가들에게 영향을 미쳤음을 밝히고 있다.

주제| 조선 시대 진경산수화의 두 대가의 작품 세계

출전 고연희, 『조선 시대 산수화』

---

1 진경산수화를 발전시킨 겸재 정선의 작가 의식은 2문단에 제시되어 있고, 대표 작품은 3문단에 소개되어 있다. 그리고 단원 김홍도의 작가 의식은 4문단에 제시되어 있고, 대표 작품은 5문단에 소개되어 있다. 따라서 진경산수화의 두 대가에 대해 작가 의식과 작품을 연관 지어 서술하고 있다는 설명이 적절하다.

|오답 풀이|

② 이 글에 작품의 독창성에 대한 언급은 있지만 문답 형식은 사용되지 않았다.

③ 진경산수화와 관련하여 두 대가의 화풍을 비교하여 설명하고 있을 뿐, 작품에 대한 여러 관점의 이론은 언급되어 있지 않다.

④ 화풍의 변천 과정에서 나타난 문제점을 제시한 것이 아니라, 18세기 조선에서 유행하였던 진경산수화의 두 대가의 화풍을 비교하여 제시하고 있다.

⑤ 작품의 예술성에 대한 전문가의 평가는 언급되어 있지 않다.

2 2문단에서 겸재 정선은 중국의 남종 문인화 기법을 바탕으로 우리 산하를 주체적으로 그렸다고 하였고, 4문단에서 단원 김홍도는 중국을 거쳐 들어온 서양 화법 중 원근법, 투시법 등을 수용해 사실적인 경치를 그려 냈다고 하였다. 따라서 서양 화법의 영향 없이 우리 고유의 화법으로 진경산수화를 그렸다고 하는 진술은 적절하지 않다.

|오답 풀이|

①은 2문단에서, ②는 4문단에서, ④는 마지막 문단에서, ⑤는 3문단과 5문단에서 확인할 수 있다.

3 ⓐ와 ④에서 '받다'의 의미는 '요구, 신청, 질문, 공격, 도전, 신호 따위의 작용을 당하거나 거기에 응하다.'이다.

|오답 풀이|

① '색깔이나 모양이 어떤 것에 어울리다.'의 뜻인 '받다'가 쓰였다.

② '남의 노래, 말 따위에 응하여 뒤를 잇다.'의 뜻인 '받다'가 쓰였다.

③ '다른 사람이 바치거나 내는 돈이나 물건을 책임 아래 맡아 두다.'의 뜻인 '받다'가 쓰였다.

⑤ '사람을 맞아들이다.'의 뜻인 '받다'가 쓰였다.

어휘·어법

4 '본질'은 '본디부터 가지고 있는 사물 자체의 성질이나 모습.'을 의미하는 단어이다.

6 '박진감'은 '생동감 있고 활기차고 적극적이어서 현실적으로 느껴지는 느낌.'을 의미하는 단어이다.

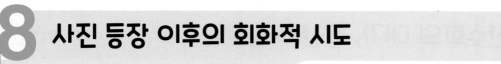

2018년 고1 전국연합학력평가 3월

1 ④　　**2** ⑤

지 문 분 석

정보 확인

1) 사진이 등장하면서 회화는 대상을 사실적으로 재현하는 역할을 사진에 넘겨주었다. ──────── (○)

2) 인상주의 화가들은 대상의 고유한 색은 존재하지 않는다고 생각했다. ─────── (○)

3) 모네는 이전 회화에서 추구했던 사실적 표현에서 완전히 벗어났다는 평가를 받았다. ──────── (×)

4) 세잔은 눈에 보이는 사물의 고유한 형태만을 표현해야 한다고 생각했다. ──────── (×)

5) 세잔은 이중 시점을 적용하여 대상을 다른 각도에서 바라보려고 했다. ──────── (○)

글의 구조

모네	구분	세잔
(인상주의) 화가		(후기 인상주의) 화가
• 빛에 따라 달라지는 사물의 색채와 그에 따른 순간적인 (인상)을 표현하고자 함. • 대상의 세부적인 모습보다는 전체적인 느낌과 분위기, (빛)의 효과에 주목함. • 색채 효과가 (형태 묘사)를 압도하여 대상의 (윤곽)이 뚜렷하지 않음. • 대상을 '눈에 보이는 대로' 표현하려 했다는 점에서 이전 회화 방식에서 완전히 벗어나지 못한 한계가 있음.	회화적 특징 및 화풍	• 지각된 세계를 재현하는 것이 아니라 대상의 (본질)을 구현하고자 함. • 대상을 (원근법)에 억지로 맞추지 않고 (이중 시점)을 적용하여 대상을 다른 각도에서 보려고 함. • 보이는 것이 아니라 (아는 것)을 그려야 한다고 생각함. • 형태를 단순화하여 대상의 본질을 표현하고, (윤곽선)을 강조하여 대상의 존재감을 부각하려 함.

↓

(입체파) 화가들에게
직접적인 영향을 줌.

어 휘 · 어 법

1 추구　　**2** 구현　　**3** 경향　　**4** 압도　　**5** 치중

6 지각　　**7** 윤곽선

해제 | 이 글은 사진의 등장 이후 화가들이 추구한 회화의 새로운 경향에 대해 인상주의 화가 모네와 후기 인상주의 화가 세잔의 시도를 중심으로 설명하고 있다. 인상주의 화가 모네는 빛에 의해 변화하는 대상의 순간적 인상을 표현하고자 그림 전체의 분위기, 빛의 효과 등에 주목하여 색채가 형태를 압도하는 기법을 추구하게 되었다. 이에 비해 후기 인상주의 화가 세잔은 모네를 비판하면서 사물의 본질을 표현하기 위해 대상을 기하학적 형태로 단순화하는 시도를 하였다. 이러한 세잔의 화풍은 이후 입체파 화가들에게 영향을 미치게 되었다.

주제 | 사진 등장 이후의 회화적 시도

출전 박우찬, 「추상, 세상을 뒤집다」

---

1 2문단에서 모네는 대상의 고유한 색은 존재하지 않는다고 생각했으며 빛에 따라 달라지는 시물의 색채를 표현하고자 했음을 알 수 있다.

|오답 풀이|

① 1문단에 사진이 등장하면서 그 시기의 화가들이 회화의 의미에 대해 고민하게 되었다는 내용이 언급되어 있다.

② 1문단에 전통적인 회화에서는 사실주의적 회화 기법을 중시했다는 내용이 언급되어 있다.

③ 3문단에 모네의 그림은 대상의 윤곽이 뚜렷하지 않아 색채 효과가 형태 묘사를 압도하는 듯한 느낌을 준다는 내용이 제시되어 있다.

⑤ 6문단에 세잔은 사물이 본질적으로 구, 원통, 원뿔의 단순한 형태로 이루어졌다는 결론에 도달했다는 내용이 제시되어 있다.

2 3문단에 모네는 사실적 표현에서 완전히 벗어나지 못했다는 언급이 있고, 4문단에 세잔은 사실적 회화에서 근본적으로 벗어났다는 내용이 언급되어 있는 점을 고려할 때, (가)와 (나) 모두 사실적 재현에서 완전히 벗어났다는 평가를 받았다는 대답은 적절하지 않다.

|오답 풀이|

① 3문단에 모네가 빛에 의한 대상의 순간적 인상을 포착하여 그림을 그렸다는 내용이 제시되어 있다. 따라서 (가)에서 포도의 형태를 뚜렷하지 않게 그린 것이 빛에 의한 순간적 인상을 표현한 것이라는 대답은 적절하다.

② 5문단에 세잔은 질서 있는 화면 구성을 위해 대상의 선택과 배치가 자유로운 정물화를 선호하였다는 내용이 제시되어 있다. 따라서 (나)에서 질서 있게 화면을 구성하기 위해 의도적으로 대상이 선택되고 배치된 것으로 볼 수 있다는 대답은 적절하다.

③ 3문단에 모네의 그림은 대상의 윤곽이 뚜렷하지 않다는 내용이 제시되어 있으며, 6문단에는 세잔이 대상의 윤곽선을 강조하여 대상의 존재감을 부각하였다는 내용이 제시되어 있다. 따라서 (가)와 달리 (나)에 있는 정물들의 뚜렷한 윤곽선은 대상의 존재감을 부각시키기 위해 사용한 것이라는 대답은 적절하다.

④ 3문단에서 빛에 의한 대상의 순간적 인상을 포착하여 빠른 속도로 그려 낸 모네의 그림에는 거친 붓 자국과 물감을 덩어리로 찍어 바른 듯한 흔적이 남아 있는 경우가 많다고 하였다. 따라서 (가)의 식탁보의 거친 붓 자국이 대상에서 느껴지는 인상을 빠른 속도로 그려 낸 결과라는 대답은 적절하다.

어 휘 · 어 법

2 '어떤 내용이 구체적인 사실로 나타나게 함.'을 의미하는 단어는 '구현'이다.

3 '현상이나 사상, 행동 따위가 어떤 방향으로 기울어짐.'을 의미하는 단어는 '경향'이다.